興亡の世界史

空の帝国　アメリカの20世紀

生井英考

講談社学術文庫

学術文庫版のためのまえがき

本書は二〇〇六年に講談社から刊行された叢書「興亡の世界史」の一巻、『空の帝国　アメリカの20世紀』を底本とした講談社学術文庫版である。標題にある「空の帝国」はひところ世間で関心の高かった「アメリカ帝国論」を想起させそうだが、アメリカ合衆国が果たして「帝国」であるか否かについての議論は、必ずしも本書の核心をなしてはいない。というのも本書の根底をなすのは、「空を飛ぶ」ことに対するアメリカの人々の憧れや怖れをふくむ日常経験の生活史と、アメリカ国家の軍事化の歴史とを相互に見ながら、両者を文化史の観点から統合的に描き出してみたいという思いだったからである。

本書でもいくらか触れているように、もともと建国以来、世界的にも驚くほど軽装の常備軍兵力しか持たなかったアメリカ合衆国は、二〇世紀に入ったころから軍事化の途を歩み始め、やがて世紀の半ばに達するころには世界一の軍事力、なかんずく空軍力を有する国家になっていた。本書はその過程を、軍事の社会史として描いている。

その一方、アメリカにはライト兄弟に始まる航空技術史の、どちらかといえば職人的かつ庶民的な経験の系譜もある。アメリカの航空産業史はライト兄弟のあと――というか、彼ら兄弟の業績とは切れたところから始まっており、その詳細は第一章に記したとおりだが、兄弟の歴史的な存在感やその職人精神は一種神話的な次元で受け継がれてもいる。たとえば数年前、中西部のどこかの州で高校生の少女がほぼ一年がかりでこつこつと単座の軽飛行機を独力で組み立て、三〇〇マイルほどを単独飛行した、という話が話題になった。三〇〇マイルといえば日本なら東京―大阪間ほどにもなるが、その話題はまるで手作り自転車で走破したといった程度の気軽さで愉しくおおらかに語られており、改めてアメリカ庶民生活の朗らかな頑固さといったものを偲ばせてくれたのだった。そんなたぐいの、「帝国」というこいかめしく肩に力の入った言葉だけではすくい取れない生活史を、本書でも無視したくはなかったのである。

とはいえ現今のアメリカでは、航空史の語り方にも微妙な変化が見受けられるようだ。現に二〇一八年の夏、ひさしぶりにワシントンDCにあるスミソニアン航空宇宙博物館を訪ねたところ、ライト兄弟の事績が以前よりも小さくなり、代わってグレン・カーティスの存在感がずいぶんと大きくなっていることに驚かされた。いつに変わらず世界中からの観光客がつどうなかでも、少し気を抜くといつのまにか新しい理屈が手ぐすね引いて待ち構えている。こんな一面もまたアメリカらしいと感じたものである。なお本書の末尾には、原本が刊行された二〇〇六年から現在までを概観した「補章」を付した。限られた紙幅ではあるが、まったく新しい論題をあつかっており、読者諸兄姉に一読いただければと思う。

二〇一八年一一月一五日

著者

目次

空の帝国　アメリカの20世紀

興亡の世界史

空の帝国　アメリカの20世紀

地図・図版作成
さくら工芸社

プロローグ

スタインベックの駄作

どんな物書きにも後でこっそり葬ってしまいたいような駄作もあれば、書いているときからもう失敗がわかってしまったような悲しい愚作もある。『怒りの葡萄《ぶどう》』の作家ジョン・スタインベックにもそんな仕事がいろいろあって、なかでも批評家たちが口をそろえて「とびぬけてひどい」と名指しする作品が、一九四二年に発表された『爆弾投下』(*Bombs Away*) である。

それは日本海軍機動部隊の真珠湾攻撃からちょうど一年後を控えて出版された書き下ろしのルポルタージュで、版元こそスタインベックなじみのヴァイキング社ながら、実質的にはアメリカ陸軍航空軍が企画・制作した広報目的のノンフィクションだった。つまりは体のいい戦争プロパガンダである。

ちなみにのちにノーベル賞作家にまで栄達したとはいえ、このころ四〇歳を迎えたスタインベックの生活はけっして順調ではなく、最初の妻との離婚の慰謝料で蓄えは尽き、ハリウッドで出逢った元歌手の若い妻はニューヨークでの仮住まいになじまず、おまけに三年前に出した『怒りの葡萄』はピュリッツァー賞を受けたものの、その労働者びいきが共産主義シンパと疑われて地元カリフォルニアの徴兵事務所から陰険な仕打ちを受けるなど、散々な目に遭っていたという。

そんなわけだから、彼にしてみればこの仕事は無償の戦時協力によって愛国心を表し、できれば徴兵猶予を得る恰好《かっこう》の機会でもあると思えたものらしい。が、いざ陸軍の輸送機に乗り込んで全米の航空基地を訪ね歩く取材に出てみると、どこもかしこも同じような田舎の真ん中で、若い隊員たちも判で押したように大差なく、しかも軍の求める締め切りばかりはやたらと厳しいとあって、さしもの庶民生活描写で鳴らしたスタインベックも手をこまねいてしまう。そもそも考えてみれば齢《とし》のころも文壇での地歩《ちほ》も同格のヘミングウェイやフォークナーはこの手の仕事を引き受けていないのだから、スタインベックひとりがいきなり御用作家まがいの仕事に手を染めたところで、気の乗ってこようはずもなかったのである。

実際、国内各地の航空基地二〇ヵ所をわずか三〇日間で訪ね歩き、来る日も来る日もまだ若い爆撃隊員たちにじかに取材して書かれたというこの本のあちこちを覗《のぞ》くと、いかに戦争宣伝につきものとはいえ、呆《あき》れるほど月並みな表現や紋切り型がちりばめられて、とうてい文豪の作ともおもえないと評論家たちが皮肉のひとつも言いたくなった気持ちもわからなくはない。たとえば「爆撃手」と題された章の冒頭はこんなふうだ——。


ビルはアイダホの生まれ育ち。父は鉄道技師で、住まいは慎ましく心地よい。一家は町の誰とも親しく、皆に好かれている。父は快活な民主的風土が生んだ生粋の西部人だ。仕事は押しも押されもせぬもので、その地位は地元社会と鉄道仲間での堅実でたゆまぬ人生のたまものだろう。ビルの母は監督派教会の聖壇信徒会員で、地元の赤十字の正会員でもある。

ビルが一〇歳のとき、母はピアノの練習を始めさせた。それから二年つづいた練習はとりたてて実を結ばなかったが、彼の大事な素地となった。高校時代にはトランペットを始めてご近所をひとしきり震え上がらせたものの、やがて上達。そこでダンス・オーケストラを結成し、パーティの伴奏を始め、大学に進むころにはダンスバンドでちょっとした実入りを得るまでになったという。高校での学業はそこそこだったが、成績は悪くなく、望めばさらに上に行けたろう。しかし心ふるわす恋のおかげで勉強は申しわけ程度になった。好きな科目は物理と化学。バスケットチームでは前衛をつとめ、めでたく人並みに卒業。

それからアメリカの伝統にしたがって二年間、彼は働きながら各地を旅した。あるときはどさ回りの楽団員、またあるときは干草採りの労働者、しかし大不況がやってくると片手間の賃仕事でさえ得るのが難しくなり……。

とまあこんな調子の文章が二ページ近くにわたってつづき、それからようやく真珠湾攻撃で陸軍航空軍に入隊したビルの、爆撃手としての訓練の話が長々と始まる。文章の大半はごくありきたりの平叙文で、素直というよりは芸がない。いやそれより何より問題なのは、このビルという青年の個性がひとつとして明瞭に浮かび上がってこないことだろう。原因はたぶん明らかで、あれこれ取材した複数の隊員たちの横顔を適当にまぜ合わせ、あわよくば象徴的な肖像を描こうとしたからに違いない。これは似たり寄ったりの取材に飽きた駆け出し記者がよくやる過ちで、気の乗らない取材結果から何とか典型や平均像をひねり出そうとして、かえって単なる紋切り型に堕してしまうのである。

しかし見方をかえればこれは、『爆弾投下』というこの本が当時のプロパガンダ文書としてはきわめて標準的だということの証しでもある。現に批評家や伝記作家たちによれば、この仕事を引き受けたときのスタインベックの手紙は戦中のプロパガンダ・ニュース映画として有名な『マーチ・オヴ・タイム』のナレーションそっくりだといい、彼が新聞や漫画などさまざまな大衆文化の紋切り型表現にかなり影響されていたらしいことを示唆している。とすれば、作家的個性を表すことに失敗して「漫画本もどき」とまで酷評されたこの本は、むしろ無署名のほうが似合う当時の戦争プロパガンダの典型にも等しい、ということになるのである。

「戦いを好まぬ国」

事実、こうした視点でもう一度『爆弾投下』を読んでみると、なかなか興味深い発見がいくつも出てくるのがわかる。

たとえばこの本の序文の冒頭で、彼はアメリカ合衆国ほど戦いを好まぬ国はほかになく、日本やドイツとの現下の戦争についても極力回避しようという努力がなされた、という。戦争宣伝にしては意外な言い方に聞こえるかもしれないが、実はこれはアメリカの一般社会の正直な気持ちを代弁したもので、歴史的に見ても孤立主義の強い外交姿勢に加えて長年の大不況による打撃ですっかり疲弊したアメリカの民心は、いかにヨーロッパがヒトラーの始めた戦争に蹂躙《じゅうりん》されようと、自らそこへ首を突っ込むつもりなど毛頭なかったのである。

そんな社会を青天の霹靂《へきれき》のごとく襲ったのが、あの日本海軍の真珠湾攻撃だった。

もともとアメリカ合衆国は植民地宗主イギリスとの戦争に勝ち抜いて独立と建国を達成して以来、絶えて外敵の侵入に縁のなかった国である。その平穏を破った真珠湾攻撃は、地点こそ大陸本土から数千マイルも離れた太平洋上のハワイだったというものの、多大な脅威とともに人々を震撼《しんかん》させるに十分だった。後でも触れるように合衆国には大西洋と太平洋という北米大陸を東西両側から挟むふたつの巨大な海洋が天然の防壁となって国を守ってくれているという、「神に選ばれた国」ならではの安全保障の思想が歴史的に根づいている。しかし高度に機械化された現代の戦争はこの神話をあっさり突き崩し、新大陸の人々をいやおうなく世界の戦争に巻き込んだのである。

けれどもスタインベックは、この売られた喧嘩《けんか》ならぬ「売られた戦争」を仕掛けた敵は、遠からず深く悔やむことになるだろう、という。なぜならこの戦争は戦術面でも補給や兵站《へいたん》面でも、また文化的な側面においても、アメリカにとってむしろ適した戦争だからだ。たとえばこの戦争はかつてなく高度に機械化された生産力の戦いになっているが、機械化と大量

リンドバーグ夫妻　1927年、初の単独大西洋横断無着陸飛行に成功したチャールズと、アン夫人

生産は合衆国が最も得意とするものにほかならない。また敵の奇襲の意図はアメリカ社会を分断することにあったが、結果はまったく逆に、長引く不況と厭戦感情で底なしの弱気に陥った人々を一喝し、闘志あふれる集団へと一致団結させることになった。

また機械化されたこの戦争は、戦略、戦術、戦闘技術すべての面で前例というもののない初めてづくしの戦争だが、それは歴史的に見て正規軍同士の大規模な会戦の経験の少ない合衆国民にとって、かえって好都合であることを意味する。たとえば植民地時代から銃を片手に野山を駆け回ってきたアメリカ人はフランスの対独パルチザンやフィリピンの抗日ゲリラなどとともにゲリラ戦を戦うことのほうに向いているし、それ以上に何より、これが人類史上初めて空という領域を本格的な戦域とする航空戦争になったことは、未知への挑戦を好むアメリカの庶民的な進取の気象を十二分に発揮するよい機会となるに違いないというのである。

庶民が育てた航空文化

興味深いのは、スタインベックのこの主張が空に対するアメリカ人らしい感覚を、はからずも象徴的にかいまみせた実例になっていることだろう。

ごく一般的にいって、空を飛ぶことは高度に専門化された技倆《ぎりよう》や叡智《えいち》の持ち主にだけ可能なこととされ、したがって飛行士や航空機の乗組員にはエリートのイメージが付与されるものだ。第一次大戦で世界的に名を馳《は》せた空のヒーローたちが、ドイツの「赤い男爵」ことフォン・リヒトホーフェンをはじめとして多くヨーロッパの若い貴族たちだったことも、このイメージの確立に大きく寄与した。しかしもともとアメリカの航空文化はエリートよりもごく普通の庶民たちによって担われてきたのであって、たとえばライト兄弟や大西洋横断に成功したリンドバーグも、さらには「空飛ぶ姐御《あねご》」と呼ばれたジャッキー・コクランや黒人で

フォン・リヒトホーフェン　第一次大戦で活躍したドイツのエースパイロット

アメリア・イアハート　1932年、単独大西洋横断飛行に初めて成功した女性。1937年、世界一周飛行の途中、南太平洋で消息を絶ち行方不明となった

最初の女性飛行家となったベッシー・コールマンも、程度の差こそあれ慎ましい暮らし向きのなかに生まれ育った堅実な庶民階級の子どもたちである。

こうした人々によって育《はぐく》まれてきたアメリカの航空文化を指して、あるアメリカの歴史家は「翼の福音」と呼んでいる。これはもともと一九二〇年代、航空機と航空産業の未来が限りなく明るいものとして喧伝《けんでん》された時代に誰ともなく口にし始めた造語で、キリスト教の救済を意味する「福音」という言葉をこんなふうに使うのがいかにもアメリカらしい。それは中西部の大平原地帯の、どこまでも緑野と青空しか見えないような地平線の彼方を小さなプロペラ機が羽音のようなエンジン音とともに飛んでいる、そんな自然と文明の溶け合った風景をまぶたに浮かばせるのである。

そしてこのような文化は、実は、国家権力というものがしばしば求める重装の軍備を嫌うことでも知られてきた。これは後でくわしく述べることになるが、現在世界で最も強大な軍事力を保持するアメリカ合衆国は、もともとは建国以来、世界の産業先進諸国のなかでも常備する軍事力の手薄なことで有名な国家だったのである。またアメリカの人々もこれを自覚し、むしろ誇りにし、国家が主導して軍事や産業を育成するのではなく、民衆自身の知恵と創意工夫によって技術や科学の開発にこつこつと取り組みながら、豊かで幸せな社会と共同体を築くことに日々の心を傾けてきたのだ。

軍事大国への変貌

そんなアメリカがなぜ、いつ、どのようにして現在のような傲慢《ごうまん》なまでの軍事大国に変貌してしまったのか。この理由はおいおい明らかにしなければならないけれど、スタインベックのプロパガンダ文書はそのへんの一端も示唆している。それによると合衆国が心ならずも巻き込まれた第二次大戦というものは前大戦とは打って変わった残忍な戦争であり、したがって大平原を愛馬とともに気ままに旅するカウボーイのような独立独行のヒーローの時代はもはや終わりを告げざるを得ない。そこで彼らは愛馬の背でライフルを手にするのをやめて狭苦しい機関銃座に潜り込み、「スー族やアパッチ族の代わりに、バッファローや羚羊《れいよう》の代わりに、ゼロ戦やハインケルやスツーカやメッサーシュミットに照準を合わせる」ことになる。さらに、と彼は言葉を継いでいう、我々アメリカ人は重爆撃戦略にも強い嫌悪と拒否反応を示してきたが、珊瑚海海戦やミッドウェイ海戦の大勝利によって「重爆撃こそが我が大陸本土を侵略から防衛する最適の手段であることが実証されて」しまった。つまりアメリカはこの望まれざる戦争を一刻も早く終わらせ、平和を取り戻すために渋々ながらも爆撃に踏み切らざるを

ドレスデン爆撃　1945年2月、英米軍の夜間無差別爆撃で、ドイツの古都は壊滅。*Legend, Memory and Great War in the Air*展（米航空宇宙博物館）公式カタログ（1992）より

得ず、またやるからには最善の努力を尽くすためにも徹底してやるほかないのだ、というのである。

見逃せないのはこのような理屈が第二次大戦中のいわゆる戦略爆撃——米軍の場合でいえば独ドレスデン爆撃や日本全土の空襲、そして広島・長崎への原爆投下——の徹底化をうながしたものであると同時に、その後も地球上のどこかで大規模な爆撃が実行されるたびに口にされた論理とほとんど同じであることだろう。

実際、あの悪名高い「アメリカ史上最長の戦争」ことヴェトナム戦争でも、一九九〇年代の旧ユーゴスラヴィア紛争介入でも、アメリカ合衆国はこれとよく似た理屈を立てて大規模空爆やさまざまな航空作戦を展開してきた。そしてそのたびに「力による平和」を求めてやまない米国の行動は、古代ローマにも等しい貪欲《どんよく》で傲慢な「帝国」の野心の表れだと批判されてきた。

さらに、スタインベックは米国を強引に戦争に引きずり込んだ日本軍の真珠湾攻撃が、大不況で疲弊し、弱々しく利己的・退嬰《たいえい》的になった民心に活を入れてアメリカ社会を挙国一致の強靭《きょうじん》な共同体へと変貌させたことを強調しているが、この論理こそ、あの運命的な二〇〇一年九月一一日の直後の合衆国に熱狂的に湧き起こり、ヴェトナム反戦時代にはとうてい考えられなかったような勢いで米国民を一気にアフガン戦争からイラク戦争へと踏み切らせてしまったものとほとんど同根同型にほかならない。こうした歴史的な情勢とその評価については改めて検討するとして、いずれにせよ現代的な「アメリカ帝国」の根幹をなす軍事主義を形成した重要な要因のひとつが、二〇世紀中葉の巨大な戦争を通して確立された「空の覇権」であったことは、ほぼ疑いを容《い》れないといってよいのである。

「空の文化」と「戦争の世紀」

ところでスタインベックの書名にある「爆弾投下《ボムアウェイ》」という言葉は爆撃機から投下された爆弾が目標に着弾したことを確認して報告する際の爆撃手の決まり文句だが、中西部あたりの米語の訛《なま》りだと「バーマウェイ」といった平俗でひなびた響きになる。のんびりと大らかなその言い方のなかに眼下のはるか彼方で炸裂《さくれつ》する爆弾のすさまじい暴力の気配も、また地上で爆撃される人々の恐怖のかけらも含まれていないことは、いかにも象徴的といっていいだろう。

倒壊するツインタワービル
2001年9月11日

それは民衆の自治を貴び、権力による一方的な支配と圧制をはねのけて、世界で初めての成文憲法を掲げながら独立自尊の精神を築いてきたはずの社会の歴史と文明——とりわけ大空への憧れを無邪気なほど率直に表してきた人々の大らかな「空の文化」——が、果たしてどのように覇権主義や軍事的冒険主義とつながってきたのか、そのこみ入った歴史のゆくたてにもいやおうなく私たちの目を向けさせるのだ。

思えば二〇世紀は「アメリカの世紀」であると同時に「戦争の世紀」であった——とは、ひところしきりに口にされた言葉だった。とすれば、世紀の変わりめを経て、いよいよこれから本格化してゆく二一世紀を新たな「戦争の世紀」としないためにも、私たちはまだけっして遠ざかってはいない過去の歴史と経験を見つめ直してみなければならない。そしていうまでもなくそれこそが、「空」と「アメリカ」の文明をめぐる本書の主題にほかならない。

第一章　ある日、キティホークで

帝国の威容

空想の未来都市

世に広く知られているようでいながら、あんがい本当の意味や内実を理解されていない事物や人物というのが歴史上にはしばしば存在する。一九〇八年という象徴的な年にニューヨークの人々の間でたいそうな評判を呼んだ空想の未来都市の想像図「王様《キング》の夢見るニューヨーク」(*King's Dream of New York*) も、いわばそんな例のひとつかもしれない。

一見して高さ二〇〇メートルほどと思われる摩天楼の林立する大都会の威容。数字だけなら現代の普通の超高層ビルのおよそ半分強の高さのはずだが、見た目にははるかに強靭で鮮烈な密度の情景が焼きつけられる。と同時に、しかしずらりと並んだ建物の冠部《トップ》はいずれも不思議な古風さを見せて、ほほえましくも奇抜《ビザール》な擬古典主義の都市景観図になっている。

実際、画面中央にひときわ高くそびえるビルは、窓間壁《まどあいかべ》の美しい軀体《シャフト》の上部をセットバックさせた上にまた律儀に軀体と冠部をのせ、大時計と塔まであしらった面妖《めんよう》なゴシック様式になっている。またその手前の黒っぽく細長いビルはニューヨーク建築史に知られたシンガー・ビルの塔部だけ独立させたようなシルエットで、ただしオリジナルの塔がゴシックの円《えん》蓋《がい》であるのに対して、この塔はどことなくトルコふうの妙な感じになっている。ちなみにこれらの建物はどれも実在したことのない架空のものなのだが、唯一、画面の左端に小さく、ウォール街のはずれに建つセント・トーマス教会の尖塔《せんとう》が見える。それから類推するとこの図のなかの距離や縮尺は明らかに歪《ゆが》められ、極端なまでに誇張して描かれているのがわかるのである。この図像に漂うどことないほほえましさというのは、結局、そのへんに由来するのかもしれない。

描かれた日本への讃辞

しかしその種の細部とはべつに、この図像が一目見たら忘れられないほど強烈な力と威勢を感じさせる最大の理由は、世紀の変わりめという時代に合衆国の人々が一般に抱いていたアメリカ的な〈帝国の威容〉のイメージを如実に可視化しているからだろう。

たとえばこの絵の図像学的な力の源は、摩天楼の街路の織りなす遠近をいっそう強める上空の巨大な怪鳥の群れのような飛行船団の存在だが、わけても巨大な左手前の飛行船の船首には「EUROPE」の文字が記されて、栄えあるヨーロッパ空路の定期船であることを示している。またその右手に浮かぶ大型船は「JAPAN」の文字を誇らしげに掲げ、三年前の日露戦争で世界に名だたる極東の小さな帝国としての盛名を築きつつあった日本への讃辞となっている。

キングの夢見るニューヨーク　1908年に描かれた近未来想像図。摩天楼が林立する空を、ヨーロッパや日本、北極などへ向かう飛行船が埋める

この図像が発表された一九〇八年は、合衆国の帝国主義的膨張主義を文字通り体現した大統領セオドア・ローズヴェルトが勇退する前年であり、熱烈な海軍主義者でもあった彼の主唱によって就役してまもない新型艦一六隻——それも純白に船体を塗装された——からなる「ザ・グレート・ホワイト・フリート」(大白艦隊)が威風堂々の世界一周航海をおこなっているさなかだった。そしてフィリピンのマニラを経て母国へと東進するこの艦隊を招待し、君主が宮中で晩餐《ばんさん》会を開いて歓待したのが、日露戦争講和で国民挙げての熱烈なローズヴェルトびいきになった明治四一年の日本である。このころのアメリカは日本にとってペリー来航以来の「西洋」の象徴だったが、同時に日米両国は、ともにヨーロッパ列強に伍《ご》す新興勢力としていずれ世界地図を塗りかえようと太平洋の東西両端で野心を燃やす新しい帝国だったのである。

「帝国」アメリカへの期待

むろんアメリカ合衆国は当時もいまも、その政治制度において「帝国」ではない。しかし一九〇〇年の大統領選挙でフィリピン併合に反対する民主党勢力を真っ向から敵に回したローズヴェルト——ただし彼自身は副大統領候補だが——はまぎれもない帝国主義者だったし、ワシントンやジェファソンとも、ジャクソンやリンカーンとも違う独自の大衆的人気を背にアメリカ史の流れを大きく変えた存在でもあった。さらに見逃せないのは、この図像に描かれた世界観が、世紀の変わりめのアメリカ大衆社会における「非公式の帝国」ならではの意識と感性を如実に反映していることだろう。

たとえば欧州空路船と太平洋空路船にはさまれた小さな飛行船の行き先は「パナマ運河」、また右手上空で斜めに滑空する機体には「北極点」、左手奥の機体の胴部には「南極点」の文字が見える。前者はローズヴェルトが「棍棒《こんぼう》外交」で建設に着手したカリブ海の要衝、後二者は当時米海軍のロバート・ピアリーやノルウェイの探検家ロアルド・アムンゼンらが初

もうひとつの未来像　27ページで紹介したモーゼズ・キングの未来都市図は大人気だったが、航空技術の進化とともに別ヴァージョンを生み出した。1911年版のこの絵では頭上をいきかった飛行船が飛行機に変わっている。大型旅客機らしいがライト・フライヤー号そっくりの複葉機なのがご愛嬌だ

陣を争っていた極寒の果てである。このころ南北の極点は事実上人類未踏の最後の地になっており、その征服に地球規模での交易路開拓を狙う国家の盛衰がかかるかのような大衆的気運も生まれていた。つまりこの図に表されているのは、ニューヨークというその名も「エンパイア・ステート」（帝国州）の首都たるマンハッタンを基点に、地球全体へとその文明の版図をおよぼす「帝国」アメリカへの期待と野心の大衆的昂揚《こうよう》だったのである。

「飛行船」の航空イメージ

けれどもこの図像の本当に興味深いもうひとつの点は、一九〇八年という時期になってもまだ人々が「航空《エヴィエーション》」のイメージを飛行船によって描いていたというところにある。なにしろウィルバーとオーヴィルのライト兄弟が人類初の有人動力飛行に成功したのは一九〇三年、つまりこの奇想の都市景観図の五年も前のことなのである。

この図像を描いたのはロバート・ペティットという絵師だが、世に広めたのはその名もモーゼズ・キングというニューヨークの出版業者である。彼は一八九一年以来、多数のイラストと写真で飾り立てたガイドブックやニューヨーク名士録の類いを手がけていた。ガイドブックといっても今日のように旅行者や観光客が手にするレジャーガイドではなく、マンハッタンの発展ぶりを表す版画や写真などを掲載した豪華都市パノラマ図集とでもいったもので、どうやら地元の有力者たちがまとめ買いしたりする需要もあったようだ。また名士録の冒頭にはちゃっかり自分自身の肖像写真も掲げており、いわば名士に近づくことで自分まで名士の仲間入りする、ある種の編集者の見本でもあったらしい。

キングはハーヴァード大学の卒業生だが、在学中から出版業に手を染め、未来のエリートとしての大学生が身につけるべき作法や常識を教えるマナーブックなどを出版・販売していた。それは今日ならちょうどインターネット用の広告ツールを開発して自分の会社を興す学生などというのにも似て、彼が時代の変わりめに似つかわしい都会的センスの持ち主だったことを示している。そして、だからこそ、そんな彼がプロデュースした「キングの夢見るニューヨーク」に現代の目から見ればいかにも古風な飛行船が麗々しく登場することには、なにか意表を衝《つ》かれたような小さな驚きを抱かされるのである。

それは果たして何を意味しているのだろうか。後述するように飛行船はこの時期大いに期待された乗り物だが、それにしても飛行機の影が皆無なのは何故なのだろうか。そしてそれは結局、世紀の変わりめというこの時代について問わず語りに何かを示唆してはいないだろうか――？

新しい世紀への変わりめ

一九世紀から二〇世紀へ

ここで「世紀の変わりめ」という歴史概念について、少しばかり触れておいたほうがよいかもしれない。日本語ではあまり耳にしない言葉だが、英語で「世紀の変わりめ」を意味するthe turn of the centuryはごく普通の言い回しで、世紀末と次の世紀初頭のそれぞれ約十数年ずつ、合計二〇年から三〇年間ほどの期間を指す。もちろんどの世紀にも使える表現だが、アメリカ史の場合、断りのない限り「世紀の変わりめ」ないし「世紀転換期」といえば一九世紀から二〇世紀への移行期を指すと考えていい。というのもこの時期に起こった一連の変化を通して、今日私たちが知るようなアメリカ社会の基本的な成り立ちが確立されたからである。

たとえば政治の分野では南北戦争後の急速な産業化・工業化とレッセ・フェール（自由放任）経済による貧富の差の急拡大に対抗して、革新主義とポピュリズムが抬頭《たいとう》した。一八九〇年に制定されたシャーマン反トラスト法は経済政策におけるその表れだった。また文学の世界ではスティーヴン・クレインやセオドア・ドライサーら都市化したアメリカの荒《すさ》んだ裏面を描く作家が登場する一方、大出版社の本社が教養主義のボストンから拝金的なニューヨークへと次々に移転し、いわゆる「お上品な伝統《ジェンティール・トラディション》」に属する古参の作家たちを嘆かせたのもこのころである。

同様の革新的状況はロバート・ヘンリーら反アカデミー派の画家たちが登場した画壇や、前衛運動に沸くベルリンから意気揚々と帰国したアルフレッド・スティーグリッツ率いる芸術写真界にも見られたが、社会全体への影響力という点で最も注目すべき現象は、発明王トマス・エディソンとそのスタッフが開発した「キネトスコープ」とフランスのリュミエール兄弟が開発した「シネマトグラフ」で一躍人々の娯楽の中心に躍り出た映画の誕生だろう。

彼らの発明はいずれも一八九〇年代のことで、世界各地の大都市で万国博覧会がひっきりなしに開かれる一方、そこに展示された建築デザインと産業技術のおこぼれ《スピンオフ》を集めて大衆娯楽場に仕立てた機械じかけの遊園地が大人気を博し、集まってくる大衆の存在を強烈にきわだたせた最初の時代だった。博覧会は期間限定の国家的イヴェントだが、遊園地はこれを見世物興行師たちが安価に産業化したものであり、これによっていわば木戸銭を払えば誰でも入れる終わりなき祝祭が大衆のすぐ身近なところに出現したことになる。映画はまさにこうした社会空間に新しく参入し、やがてその主役となっていったのである。

　しかも映画は上映される劇場の暗闇のなかで多数の人々に同じ共通体験を提供しながらも、そこにいる観客ひとりひとりが個別に幻想の心理空間に入りこんでしまうという新しい特性を持っていた。集合的でありながら個別的というこの幻想の力は、日ならずして彼らをみるみる変貌させてゆくことになる。ついひと昔前まで「大衆《マス》」といえば野卑な「群衆《モブ》」の同義語でしかなかったが、世紀の変わりめの大衆は消費を通して新しい時代の産業を左右する存在へと成長すると同時に、銀幕に大きく映し出される英雄貴顕や美男美女にたやすく自己同化する、映画ならではの夢見の術を覚え始めていた。そのような意味で映画は大衆文化にほかならないのであり、世紀の変わりめは大衆の時代――「大衆」なる存在を機軸として政治から社会・文化にいたるまでの諸現象が展開される時代――の始まりだったのである。

フロンティアの終わり

しかしこのようにして何かが始まるということは、反面、古い何かが終わるということでもある。その最も有名な出来事のひとつが、いわゆる「フロンティアの終焉《しゅうえん》」の宣言である。

これは一八九〇年に連邦政府の地理局が、アメリカ合衆国の国土から文明と未開地の境界域《フロンティア》がなくなった、という声明を公式に発表したことを指す。もともと地理調査と合衆国の国土膨張は切り離せない関係にあったが、一九世紀半ばからの度重なるゴールドラッシュに加え、一八六九年に大陸横断鉄道が初めて開通するなどの急速な産業化のなかで、一八七〇年から四期にわたった大がかりな西部地理調査の結果、「フロンティアの終焉」が公式に宣言されたのである。

しかし国土から文明に染まらぬ空間がなくなったことは、アメリカの知識人たちの間に複雑な反応を惹《ひ》き起こした。建国以来一〇〇年余りの合衆国の急速な成長と発展が、もしもフロンティアの向こう側に広がる未開地の開拓への取り組みを原動力として牽引《けんいん》されてきたのだとするなら、フロンティアの終焉は文明の勝利というよりもむしろ、今後の発展の可能性を失ったことにつながりかねないからである。この不安を理論的に裏づけたのがアメリカ歴史学史上に名高いフレデリック・ジャクソン・ターナーの「フロンティア仮説」で、彼はまさにこのような見通しの下にこれまでのアメリカ史の発展を説明し、かつ、その最後でアメリカの今後のゆくえが果たしてどうなるかについて暗黙の警告を示唆したのである。

都市と産業のフロンティア

この仮説はアメリカ大陸「発見」四〇〇周年を記念したシカゴ万国博覧会内のパヴィリオンにおけるアメリカ歴史学会の席上で発表されたこともあって、学界のほか政財界にまで影響をおよぼした。とりわけセオドア・ローズヴェルトはこの仮説を契機として合衆国の海外膨張と帝国主義的進出を構想するにいたったといわれるのだが、アメリカ社会の文脈に即していうと次の二点が重要だろう。

ひとつは合衆国の国土からフロンティアが消えてしまう不安に対して、地理以外のべつの次元にフロンティアを見出そうとする発想が生まれたことである。そこで浮かび上がってくるのが産業フロンティアという考え方であり、都市をフロンティアとする見方だった。都会は地理的な意味ではもはや発展しようがない、が、そこを産業化社会という新たな可能性の場として再発見するなら都会は「見えないフロンティア」として再定義できるだろう――ということである。

しかしこの発想は世紀末のアメリカでは深刻な不安の種となった。フロンティアを地理的なものから都市的・産業的なものへと読み換えるのは、これまで農業国として自らを定義してきたアメリカ国家の自己像そのものが危機にあることを意味したからである。

そもそも最初の入植者たちの時代から農耕を基本とする定住開墾社会の建設をめざしてきたアメリカは、特に第三代大統領トマス・ジェファソンの時代に質朴で自然の叡智に富む神に選ばれた農夫として自らを捉える田園主義の思想を確立させ、以後、これが文化の基幹をなす文化的な「神話」となってきた。それこそが文明の汚濁にまみれた旧大陸ヨーロッパから新大陸アメリカを護《まも》り、世界史における理想的な「例外」としての美質を保つ最善の途と考えられたからである。ところがそのアメリカから地理的フロンティアが消え失せ、産業化された都市的フロンティアをめざすほかないのだとすると、もはやアメリカは時間を超越した永遠の田園ではあり得ず、かけがえのない無垢《むく》をも喪失するほかなくなってしまうことになるのである。

「働く」から「労働」へ

他方、もうひとつの点は、こうしてアメリカ社会が産業的・都市的な性質へと転換されることで、人々の労働倫理が変質してしまうと危惧《きぐ》されたことである。

実際、地理的フロンティアが消滅して都市的フロンティアの時代へと入らざるを得ないのであれば、農夫も土地を離れ、工場労働者として生きてゆくほかないことになる。だが、それは神と自然の摂理以外のすべてを自分で決定するという独立自尊の精神を捨て、唯々諾々《いいだくだく》と機械の命令に従わざるを得なくなることを意味するだろう。そして悪評高いイギリスの労働階級のように、薄給で虐げられたまま憂さ晴らしの酒に溺れ、祈りも禁欲も忘れて淪落《りんらく》するほかないことになるだろう。つまり都市的フロンティアへの移行は仕事という行為から「働く」(work)ことの喜びを奪い、単なる身すぎ世すぎのために時間をやり過ごすような

「労働」(labor) へと人を貶《おとし》めてしまうという危機感と喪失感が色濃く立ち昇ってきたのでである。

野球の普及と効用

そしてこの状況は、一見意外なところにもその反映を見せることになる。たとえば野球というアメリカ独自のスポーツは一九世紀半ばごろに基本的なルールが固まり、たちまち大都市を中心に広まったものだが、それが釣りや狩猟など個人でおこなうスポーツを上回る勢いを示すようになったのは、法人に雇用されて工場などで集団作業につく人々——つまり組織人間——の増加を反映したものだったといわれる。

野球は広い面積を必要とすることから田園的なスポーツのイメージが強いが、実際の普及のパターンを見ると、都市中心部の商工業階級が休日に都市郊外へピクニックに出かける習慣が生まれるのと並行して野球が広まったことがわかる。野球史が伝えるところでは、一八四六年、ニューヨークのアレグザンダー・カートライトが結成した「ニッカーボッカー・ベースボールクラブ」が「ニューヨーク・ベースボールクラブ」を相手にニュージャージー州ホボーケンで試合をしたのが最初の公式の野球試合とされるが、ハドソン川対岸でマンハッタンの街の目と鼻の先にあるホボーケンは、一八二〇年代に最初の定期フェリー航路が開かれて以来、まだセントラル・パークもなかった時代のマンハッタン市民にとって憩いの景勝地として親しまれるようになったところである。ピクニックも野球も、なるほど都会で事務職や工場勤務などにつく人々が休日に自然に親しもうというときに最適な余暇の過ごし方なのである。

さらに一九世紀末までには野球の効用はよりよい労使関係を維持するといった目的にもかなうと見なされるようになり、グリニッジ・ヴィレッジあたりの職人街や工場町では職場ごとに結成されたチームの対抗試合が流行する一方、雇い主のほうも福利厚生の観点からチームに奨励金を出したり、勤務時間内の練習を認めるなどの例が見られるようになったという。いいかえれば一九世紀末の知識人たちが憂えた労働倫理の変質とは、個人主義の衰退や田園主義の失墜、ピュリタン的勤労観の斜陽化といった側面の一方で、それ自体としては一見愉《たの》しげな新しい社会慣習の創出といったかたちでも表されていたのである。

こうしてアメリカ社会がめまぐるしく変化していた一九世紀後半、大都会を遠く離れた中西部のスモールタウンに生まれ、育ち、堅実で古風な暮らしのなかで、人類未踏の試みへと乗り出そうとする青年たちがいた。それがほかならぬライト兄弟であった。

世界の果ての寓話

双子のような兄弟

ライト兄弟の兄ウィルバーは、一八六七年、インディアナ州ミルヴィルの町外れで父ミルトン・ライトと母スーザン・ケルナー・ライトの三男として生まれた。長兄のルークリン、次兄のローリンとはそれぞれ六つと五つ違う。その後、オハイオ州デイトンに転居して双子の弟妹が生まれたが、一八七一年に弟オーヴィルが第六子として誕生後、双子は赤ん坊のまま亡くなった。

そんなことも何かの働きをしたのか、ウィルバーとオーヴィルのふたりは顔立ちも性格もまったく正反対といってよいほど異なっていたものの、父親にさえまるで双子のようだといわせるほど互いにうまが合い、生涯を通してほとんど片時も離れることがなかったという。

父のミルトンはプロテスタントの巡回牧師の地位にあったが、所属はキリスト同胞教会（United Brethren in Christ）で、ここは典型的な北米中西部の自営農民層を基盤とする福音派の教会である。伝記作家たちは一家の家系もくわしく調べ上げているが、それによると父方はイングランドやオランダなどの混じった典型的なアングロ＝サクソン、母方もいわゆる「ペンシルヴェニア・ダッチ」の流れを汲《く》むドイツ系だったらしい。なお、プロテスタント諸派はたいていそうだが、福音派の巡回牧師も市民信徒の世話役のようなかたちで祭祀《さいし》をとりしきる役割で、コミュニティの人々に信頼される存在ではあっても、けっして権威的な立場ではない。ライト兄弟はしばしば「庶民階級」の出身と強調されるが、ともあれ彼らは一家そろって典型的なプロテスタント・アメリカ人の生活道徳を体現する存在であったといってよいのである。

兄弟で自転車店を開業

こうした環境のもとに生まれたライト兄弟は幼いころから自立心に富み、子どもながら新聞を発行してみたり、ときには商売人まがいのことにも手を染めたりなどしながらあれこれ手先の器用さにも磨きをかけ、一八九二年、ウィルバーが二五歳、オーヴィルが二一歳を迎えたばかりの暮れに地元デイトンの町で自転車店を開業した。店といっても既製品販売店ではなく、彼ら自身が製造した自転車を直接販売・整備する本格的な自転車工房である。

ライト兄弟　右が兄のウィルバー、左が弟のオーヴィル

当時、アメリカ社会ではこうした店は珍しくなかった。植民地時代以来、アメリカのごく普通の町の鍛冶屋や馬具屋、家具職人、金銀細工師、さらに写真師といった職業の人々は製造・販売・修理のすべてをおこなうだけでなく、鍛冶屋が農夫を兼ねたり、家具職人が馬車の製造に当たったり、ときには看板絵師の仕事まで引き受けるなど、ひとりで複数の職能を果たすのが当たり前だった。現にライト兄弟の場合も自転車工房のかたわらで写真材料の仕入れを手がけ、ガラス乾板や感光用の乳剤、印画用の鶏卵紙なども販売していたらしい。また彼らは自ら写真を撮影・現像することも好んだようで、仕事場の模様からお互いの作業中

の姿、生涯独身を貫いて彼らの世話をしてくれた妹のキャサリンら家族、近所の知人たちとの集い、クリスマスの飾りつけといった多彩な生活の風景を家族アルバムのかたちで残している。もちろん飛行実験のときにも写真機は必携の道具で、種々の工夫を凝らした新しい機体やエンジン、プロペラなどの細部とそれを試したときの模様を実に細かく写真で記録している。

オットー・リリエンタール　ドイツの飛行家で、グライダーをつくり丘から飛行する実験を繰り返した。彼の実験データを使うなど、ライト兄弟も影響を受けた

グライダーの開発

そんなふうにして数年が過ぎた一八九六年、兄弟は世界的に有名なドイツの飛行家オットー・リリエンタールが実験中に墜落死したという新聞記事を読み、自らも実験に着手した。この時期、技術界で最も注目された分野が空力学を含む流体力学一般で、ライト兄弟程度の技術的センスを持つ者なら誰もが飛行実験に手を染めても不思議ではなかったのである。

それからさまざまな文献を読みあさり、最初期の実験を繰り返した兄弟は一九〇〇年から本格的な実験を開始した。毎年夏の終わりから秋にかけての数

キティホークとデイトン　兄弟の故郷と実験地は約600km離れていた

週間、地元オハイオ州デイトンから列車と船を乗り継いで最短でも一日半かかるノースカロライナ州の海辺のキティホークという寒村のはずれに泊まりこんで、平地から浮遊できるうえに空中でも自由にバランスをとって姿勢を制御し得るグライダーを開発しようと試みたのである。

ライト兄弟の伝記作者トム・クラウチによると、この発想は同時代の実験家たちのなかで独創的なものだったという。当時の有力な科学者たち、たとえば後述するシャヌートやラングレーらは空気より重い物体を宙に浮かべるための揚力をいかに人工的に発生させるかという工夫に集中しており、浮かべた物体の飛行をコントロールする方法のほうをまず確立し、そこにできるだけ軽量の内燃機関を搭載して推進させる、という順番で発想した例は意外にないというのである。

これこそまさに思考枠組み《パラダイム》の逆説というもので、ある時代に支配的な発想法が単純な盲点を生み出す好例といっていい。クラウチはこうした常識の罠《わな》からなぜライト兄弟が自由でいられたのかについて自転車工としての経験上の利点を挙げているが、ここでは逆に、他の面々がなぜ揚力よりも制御を優先できなかったのかを考えたほうがいいかもしれない。すなわち、この当時の航空技術は気球から飛行機への転換期のさなかにあり、そのため、空気より軽いガスを使わずに揚力を得るにはどうすればいいか――この一点に当時の科学エリートたちの目は集中してしまったのである。

それはしかし、この世紀の変わりめに気球や飛行船がいかに発達していたかを証明する事実でもあった。よく知られているように気球は、一七八三年、ルイ王朝最末期のフランスでモンゴルフィエ兄弟が熱気球の飛行を初めて成功させ、その年のうちには水素ガスを使った気球が有人飛行するまでになった乗り物である。フランス革命から五年後の一七九四年には最初の偵察用の軍用気球の部隊も編制されている。つまり空を飛ぶ夢の歴史はその当初から軍事利用と不可分だったということだが、気球にはあくまで風まかせの不安定さがつきもので、結局ナポレオン・ボナパルトが皇帝に即位するころには軍用気球の試みは事実上中断してしまう。

ツェッペリン伯爵号　20世紀初頭、フェルディナンド・フォン・ツェッペリンが開発した硬式飛行船

けれども一八九〇年代までに軽量の内燃機関が実用化されたことで紡錘型の気球をプロペラで推進する飛行船が一般化し、特にドイツでは一九〇〇年に初飛行した有名なツェッペリン伯爵号が大評判を呼んで一般大衆の間

に熱狂的な飛行船熱を生み出してゆく。つまりライト兄弟が初飛行の偉業に成功したころ、大衆的な水準での「飛行の夢」はすでに実現されていたのであり、だからこそ初期の航空工学の実験家たちは次の課題として「空気より軽い」ガスから「空気より重い」物体を飛ばす揚力装置への転換という課題に思考の目を奪われてしまったのである。

公共文化と知識人

さて、すでに触れたようにライト兄弟は中西部のスモールタウンで自転車工房をいとなむ職人経営者だった。自転車は一八六〇年代の終わりに革新的な技術開発のおかげで現代的なメカニズムになって以来、ブルジョワから庶民まで多くの人々を魅了した夢の乗り物であり、これほど時代を超えて広く愛されてきた乗り物はほかにないだろう。その意味で自転車工房の経営者は職人階級のなかでも特によい地位にあったといってよいし、特にライト兄弟のように腕利きで評判の個人工房主は、大企業資本主義が圧倒的な存在感を放った大都市とは正反対の、地方の保守的な地元社会でこそ一目置かれる独立事業家だったのである。

そしてこれが、彼らをして当時の飛行実験家たちとはいささか肌合いの違う存在にした大きな一因だった。というのも当時の実験家たちは大半が知的分野における公人としての立場を確立した面々、すなわち知識人だったからである。その代表がオクターヴ・シャヌートとサミュエル・ピアポント・ラングレーである。

シャヌートは一八三二年、フランスの著名な歴史家ジョゼフ・シャニューの長男としてパリに生まれた。六歳のときに父がルイジアナ州のジェファソン・カレッジの副学長に就任するのにともなって渡米し、その後ニューヨークへ転居。土木工学を学び、二一歳でシカゴ&ミシシッピ鉄道の路線敷設の主任技師に着任するなど、若くして優秀なエンジニアとしてのキャリアを開始した。ちなみにシャニュー（Chanut）というフランス名は、そのままだとクラスメートたちに「裸ネコ」（chat nu）とからかわれてしまうというので学生時代にシャヌート（Chanute）と末尾にeをつけてわざわざ改名したものらしい。

オクターヴ・シャヌートの飛行実験　橋の構造をヒントに複葉式のグライダーをつくり上げた

一八七三年、三一歳のときにはエリー鉄道の主任技師となり、以後急速に進展する西部開拓に関わる交通網の整備に深くたずさわることになった。なお、このころニューヨークではマンハッタン島と周囲をつなぐ歴史上初めての吊《つ》り橋となったブルックリン・ブリッジが開通し、当時最先端の技術を惜しみなく注ぎこんで世界最長のスパン（橋塔と橋塔の間の支えのない橋床部分）を実現した巨大構造物として、アメリカの国威発揚と土木技術の隆盛に一役買っている。要するにシャヌートは土木が最も輝かしかった時代を溌剌《はつらつ》と生きた土木工学者なのである。

このシャヌートが空を飛ぶ事業に興味を持ったのは彼が四

〇代、市制改革で行政範囲の広がったニューヨーク市の公共交通高速化に関する報告書を読んだときのことで、以後、公職からしりぞいてカンザスシティに自身の技術コンサルタント会社を創設してからも、空への関心を維持しつづけたらしい。いずれにせよ彼の動機は明らかに社会の技術基盤としての航空路を整備することへの関心であり、いいかえれば公共文化への使命感ということであった。

学界の権威、ラングレー

他方、サミュエル・ラングレーはシャヌートより二年遅れて一八三四年、マサチューセッツ州ロクスベリーの裕福な商人の息子に生まれ、ボストンで高校まで過ごしたが、なぜかハーヴァード大学には進学せず、シカゴとセントルイスで土木技術者および建築設計図士としての教育を受けてそのまま働き出した。

三〇歳でボストンに戻り、幼いころから関心のあった天文学の世界に進むことを決意する。そのとき手助けしたのがハーヴァードで化学者となっていた兄のジョンで、その後数年間をヨーロッパで過ごした後、一八六五年に帰国するといきなりハーヴァード天文台の助手に採用されている。それから日ならずして海軍大学の数学助教授および大学の測候所の主任を兼務する職に就き、南北戦争にも専門の軍属技官として参加した。一八六六年からはペンシルヴェニア大学ピッツバーグ校の物理学教授およびアリゲニー天文台長に就任。こうした経験のなかで宇宙物理学への関心を深めてから飛行実験の世界に入ってきたのがラングレーだった。

シャヌートがあくまでエンジニアとして社会的な交通基盤の整備に尽力しようとするところから航空問題に接近したのに対して、ラングレーはより純粋に学究的な動機をふまえ、「空気より重い物体を自由に飛ばす」という物理学的課題に取り組んだということになるだろう。

実際、こうした立場の違いは彼らの個人的な人柄の違いにもつながっていたらしい。たとえばクラウチによれば、ラングレーが威圧的な雰囲気をただよわせた学界の権威だったのに対して、シャヌートは高齢になっても多忙なあいまを縫って全国から押し寄せる有名無名の飛行実験家たちの手紙に一通一通目を通し、丁寧に返事を書くような人物だったという。現にライト兄弟の場合も、最初にキティホークで実験をおこなった翌一九〇一年にシャヌートへ手紙を出し、そこで自分たちの実験結果を披露しながら、これまでの航空理論の是非について先生の見解をご教示願いたいと申し出たことから未来への見通しを得たのである。

サミュエル・ラングレー　飛行機開発の最先端をいっていた天文学者、発明家だった

シャヌートの庇護

これに対してシャヌートは惜しみない庇護《ひご》をもって応えた。現に彼はライト兄弟のキティホ

ークでの二度目の実験旅行に参加し、感銘を受けた結果、この年の秋に開かれた「西部技術者協会」(Western Society of Engineers)での講演を彼らに依頼した。これは名うての工業地帯シカゴの専門家たちが集う敷居の高い団体であり、一介の町のエンジニアが入ってゆくのは普通ならとうてい不可能な話だった。しかし彼らはシャヌートのおかげで機会をつかみ、オハイオ州デイトンにライト兄弟ありという認識を専門家たちの間に広め、これによって彼らの後の実験をめぐる説得力も高まったのである。

もちろんいうまでもないことだが、ライト兄弟は優秀な技術者だった。学界への縁の有無にかかわらず、シャヌートのような構造の専門家でさえすべて手探りの経験をもとに構想してゆくほかなかった飛行実験の時代に、リリエンタールやラングレーら著名人たちの先行研究を鵜呑《うの》みにせず、自らの実験結果をもとに着実な実績を重ねた。のみならずシカゴの講演の後では独自の風洞実験装置を自作し、現代の航空工学の基本的な部分をいち早く構築したのも彼らである。その意味で、ライト兄弟の独創的な業績の歴史的卓越性はけっして揺るがない。

しかし同時に、彼らはシャヌートから話を聞いて自らも実験の見学を求めてきたラングレーの依頼を婉曲《えんきょく》に拒み、また研究資金を調達するために友人の鉄鋼事業家アンドルー・カーネギーを紹介しようかと提案したシャヌートの申し出も断って、いわば世間の注目から手許《てもと》を隠すようにしてキティホークでの飛行実験をひっそりとつづけた。さらに一九〇三年に彼らが最初に飛行機を飛ばすのに成功したとき、中流知識人層に人気の高い『センチュリー・

マガジン』がウィルバーに寄稿を求めて原稿と一緒に最初の飛行風景を記録した写真の掲載を申しこんだが、ウィルバーはこれをあっさり断って実験の全貌《ぜんぼう》をなかなか公表しようとしなかった。

ホワイトハウス上空を飛ぶライト軍用フライヤー　フライヤー１号に次いで開発した機体

むろんこれには理由があった。すでに述べたようにシャヌートやラングレーが社会的な使命感や学問的な興味から飛行実験に取り組んだのに対して、生まれ持った才能と兄弟同士の切磋《せっさ》琢磨《たくま》だけをもとに独学で技術者としての訓練を積み、かつ自転車工房を営む堅実な個人事業者だったライト兄弟は、自らの技術から得られる商業的な成功を心中大いに期待していたからである。

ちなみに彼らはキティホークでの初飛行に成功した後、成果を世間に広めるにはあまりにも辺鄙《へんぴ》だとして、翌年からは地元デイトンの郊外にあるハフマン・プレーリー――現在ここはライト・パターソン米空軍基地の一角になっている――に土地を借りて小規模な公開飛行をおこなった。が、このときも失敗を避けるために高度数メートル程度の低空飛行を頑固に維持しつづけている。これは社会的には無名といってよい彼らが、たった一度の失敗でも自分たちにとっては致命傷になりかねないことを熟知していたからであり、またそれだけ技術を誇示することに慎重だった証しにほかならないのである。

実のところ彼らは、アメリカ政府との契約を秘かに切望し、彼らの特許を政府が買い上げることを期待していたらしい。このため、いち早く彼らの成功に軍事利用への可能性を見て接触を図ってきたイギリス政府の使いに対しても、極力取り合わないようにふるまっている。

しかしながら、そのわりには——というよりそのぶんだけ——彼らの狷介《けんかい》な姿勢はアメリカ社会に対してもきわだったものがあったようで、後からふりかえると結局はこれが仇《あだ》となって、一九一〇年代の半ば以降、航空技術界における彼らの存在感は急速に薄らいでしまうこととなった。すなわち彼らが人類初の偉業の成功者の栄誉をほしいままにしたのは一九〇八年、あの「キングの夢見るニューヨーク」と同じ年のワシントンとフランスでの公開飛行のときであり、そこを頂点として後はゆっくりと下降してゆくのである。

フランスでの成功

フランスはもともとモンゴルフィエ兄弟が初めて気球を飛ばして以来、空を飛ぶことにきわめて熱心だった国である。土木技術の水準も高く、ヨーロッパきっての陸軍国として軍用気球の開発にも意欲的だったことにはすでに触れた。また一般大衆の間でも、「鳥人」の異名をとったクレモン・アデールやブラジルの大農園主で冒険家のサントス＝デュモンらが独自の公開飛行実験を何度も試みて、大変な人気を博していたという。

それだけに一九〇三年の時点では、遠く離れたアメリカの田舎でライト兄弟なる無名の庶民が初飛行に成功したというニュースが伝わっても、ほとんどまともには取り合われなかったらしい。ところがそれから五年後、事情が一変する。ヨーロッパでの特許を得るためにフランスを訪れた兄弟が、いまは自動車レースで名高いル・マンの競馬場で自らのフライヤー号を飛ばしてみせると、群衆は惜しまず歓呼の声を上げ、たちまち兄弟を当代最高のヒーローとして誉《ほ》め称《たた》えたのである。

ブラジルの冒険家サントス＝デュモンの飛行実験　ケーブルを張り先尾翼動力機14-bis号の機体を宙に浮かせて強度を計る実験中。進行方向は右。1906年、パリ

これにはさしものライト兄弟も感激ひとしおだったようで、現にその後まもなく、米国外で初めてのライト飛行機会社をフランスの事業家とともに設立している。だが、その少し前、アメリカ国内では電話の発明者として名高いアレグザンダー・グレアム・ベルの呼びかけで飛行機開発に関心を抱く企業家や軍人や技師たちが集まり、ライト兄弟の業績の前に敗れたラングレーの仕事を再評価しようとする試みをおこなっていた。結果は思わしくなかったが、それはいわばアメリカ社会の主流をな

グレン・カーティス　飛行機開発に関してライト兄弟から特許侵害の訴えを起こされ、ことごとく対立した

す大物の財界人や有力者たちが、ライト兄弟に頼らずに航空技術を発展させてゆく途《みち》を探すことを決めた証しだった。

特にライト兄弟にとって心外だったのは、その面々にグレン・カーティスが混じっていたことだろう。ウィルバーより一一歳年少のカーティスはもともとオートバイ乗りが嵩《こう》じて工場主になったスポーツマンで、ふとした縁で有名な気球飛行家トマス・スコット・ボールドウィンに飛行船のエンジンを依頼されたことから兄弟に憧れるようになり、一度はライトの工房を訪ねて教えを請うている。しかしその後、兄弟はカーティスを技術泥棒として敵視し、特許侵害での告訴に踏み切ったのがほかならぬ一九〇八年のことだった。しかも彼は一九一三年には自動車王ヘンリー・フォードの知己を得、フォード社が飛行機製造に乗り出すのに快く協力する代わりにフォードの口添えで米海軍への飛行機の売りこみにも成功している。こうした各界の大物たちとうまく関係を築く才能は、およそライト兄弟には見られないものなのである。

他方、ライト兄弟の兄ウィルバーは一九一二年、チフスをこじらせて死去。以後、残された弟オーヴィルはめっきり創造性を失って一線からしりぞき始め、一九一五年には兄とともにに設立したライト社の権利もすべて売却し、生きながらにして事実上歴史上の存在となったという。

ライト兄弟の「古さ」と「新しさ」

こうしてライト兄弟の物語をふりかえってみると、歴史上初めての有人動力飛行という史実がどこか不思議なほど遠い彼方《かなた》の寓話か伝説のように感じられるのがわかる。ライト兄弟の事績はたかだか二〇世紀初頭の話でしかないはずなのに、はるかに遠くて深い霧の向こうの出来事のように感じられるのである。それは果たしてなぜだったろうか。

第一はすでに述べたように、彼らが伝統的な自営農民の流れを汲む独立事業家だったことである。すなわち、誰にも頭を下げず、借金はもとよりあらゆる借りをつくらず、すべてを自分たちだけでやりとげようとした彼らは、いわば反時代的な存在だった。その生き方からビジネス上の姿勢まであくまで個人主義に忠実に生きようとしたライト兄弟は、その存在自体がクラウチのいう「去りゆく古き秩序」の象徴とでもいうべきものだったのである。

第二は――ひとつめとは一見正反対の話になるが――彼らがいわば時代を先取りし過ぎていたことである。先に触れたように、ライト兄弟の競争相手になるシャヌートやラングレーはいわば公的使命感にのっとって飛行の夢にとりくんだ人々だった。そのため彼らにとってあらゆる技術情報は、利益を得るためではなく、学問の発達や社会的に意義ある貢献のために用いられるべきものだった。ラングレーが、ある意味では気軽過ぎるとも思えるような態度でライト兄弟に技術情報の公開を呼びかけたり、実験の見学を申し込んだりしたのは、その表れだろう。

しかしこうした態度は、技術の近代史においてはせいぜい一九世紀も半ばごろまでのものである。たとえば革新的な紡織機を開発したイーライ・ホイットニー、電信技術の開発者で画家のサミュエル・F・B・モース、小型銃器の製造で大量生産方式の原型になる技術を開発したサミュエル・コルト、斬新《ざんしん》なゴムの加工技術で一躍タイヤの製造効率を上げたチャールズ・グッドイヤーといったアメリカの著名な技術者たちの時代と違って、世紀の変わりめともなれば「発明王」という通称より「発明ビジネスマン」とでもいったほうが似合いそうなトマス・エディソンをはじめ、特許ビジネスで最小限の労働効率と最大限の利益を何より重視する新しいタイプの起業家たちが目白押しの状態で登場するようになっていた。生活倫理のうえではいかにも古風なライト兄弟もまた、この点では明らかに二〇世紀的な価値観の持ち主だったのである。

象徴的な両義性

かくてライト兄弟は、いわば世紀の変わりめのアメリカならではの逆説を歴史的に体現した存在となって、私たちの目の前から退場することになる。それはしかし、記念すべき人類史上初の有人動力飛行の瞬間の光景を撮影した有名な記録写真の印象とも、意外によく見合ったものということができるかもしれない。というのもこの有名な歴史写真は、「人類初の

史上初の有人動力飛行　1903年12月17日、ライト兄弟が成功した

偉業」というかけ声とは裏腹に、何ともいえず渺々《びょうびょう》と虚《うつ》ろで孤独な気配を見る者の胸に送りこんでくるのである。

現にこの写真に写っている人影らしきものといえば、複葉の機体の中央に横臥《おうが》する兄と右手にやや前傾して立つ弟のふたりだけで、しかもこちらを振り向きもせず、点景のような後ろ姿を見せているに過ぎない。背後の冬空は寒々と灰色に霞み、水平線の彼方もほとんどおぼろげに掻《か》き消えるだけ。そこには現代の人間がこの種の映像に対して予想し、期待するような記念碑的《モニユメンタル》な要素がほとんどなく、むしろ画面の下方に見え隠れする滑走用のレールや台車や無雑作に置かれた木のベンチといった道具類が、あくまで無名の仕事師たちによる地道な試行錯誤の一過程であったことを問わず語りに悟らせるのである。

それは真の意味で現代的な科学技術システムが整備される前の、いまや消えてしまった時代感情の記録であると同時に、兄弟が典型的に体現していた古風でアメリカ的な職人気質の寓意像でもあったといえるだろう。つまり一九世紀から二〇世紀の変わりめという時代に初飛行を成し遂げたライト兄弟の事績は、何かが終わって何かが始まるときの、まさに転換期ならではの両義性を象徴的に表していたのである。

第二章　ダロウェイ夫人の飛行機雲

世紀の扉、戦争の扉

第一次世界大戦の「重み」

あくまで大ざっぱにいって、の話だが、第一次世界大戦という出来事の歴史的な重要性は奇妙なことに日本ではほとんど認識されていないように思われる。奇妙というのは、かりそめにも参戦国のひとつであったはずの日本の社会が、にもかかわらずその戦争の本質も独自性もほとんど実感することのないまま、いまにいたっているという意味である。第一次大戦当時の日本は日英同盟の縁で英・仏・露の三国協商側に与《くみ》したものの、国土は戦場にならず、むしろ遠く離れた欧州大陸での戦争のおかげで空前の成金景気を享受し、中国大陸に帝国への野心と利権の足がかりまでこしらえた。そんな経験の質によるものか、日本における第一次大戦への認識は、総じて第二次大戦とは比ぶべくもないほど希薄なのである。

しかしこの戦争は、単にヨーロッパばかりでなく、世界史における打撃とその痕跡《こんせき》の深さの点で過去に類のない大きな災厄《さいやく》のひとつだった。大戦は始まる前には「すべての戦争を終わらせるための戦争」と期待されたが、終わった後では嘆きと悔やみと、幾世代にもわたって消えない暗い記憶をもたらした。二〇世紀はしばしば「戦争の世紀」という不名誉な言葉を冠せられたが、第一次大戦はまさにそんな世紀の扉を開けた最初の戦争だったのである。

だが、それでは果たしてアメリカ合衆国は、この大戦にいかに参加し、戦い、その体験をどのように受け止めたのだろうか。また、初めて飛行機が兵器として実戦に使用されたこの大戦は、「空」の文化とイメージをどのように変えたのだろうか。

貧弱な常備兵力

一九一七年四月にアメリカ合衆国がドイツに宣戦して正式に世界大戦への参加を表明したとき、この戦争は始まってからすでに丸三年がたとうとしていた。戦争は数週間かせいぜい数ヵ月で終わるものと初めは誰もがそう思いこんでいたから、これは相当な誤算である。

しかしそれをいえば、宣戦布告からおよそ一月後、参謀たちとともにヨーロッパ遠征軍の先遣隊としてパリに赴いたアメリカ陸軍のジョン・J・パーシング少将もまた、誤算という以上に予想外の困難をまざまざと感じていたひとりだったに違いない。ついにヨーロッパの戦争に介入することになったアメリカ軍の前線指揮官であるにもかかわらず、ミズーリ生まれの典型的なアメリカ人である彼が遠い異国の地で代表した合衆国陸軍は、世界的に見ても貧弱きわまりない地上軍として有名な存在だったからである。

そもそもアメリカ合衆国は、建国以来、国家が軍事力の常備には驚くほど不熱心だった国である。不熱心という言葉が適切でなければ控えめ、あるいは抑制的といってもいい。たとえば一七八九年に合衆国憲法に加えられた有名な修正第二条――人民の武装する権利を認めた条項――は州の管轄する国土防衛軍（National Guard＝一般に「州軍」と呼びならわされている）と一般市民の武器保有権の均衡をとるためのもので、州であれ連邦であれ国家《ステート》の保有する常備兵力をできるだけ小さくとどめるための措置だった。つまり今日の銃規制問題で規制反対派の主張の根拠として提示される憲法修正第二条は、もともとは公的常備軍（正規軍）の拡大を抑止するためのものであったわけだが、さらに一七九五年、大統領が緊急事態に際して国民軍を召集する権利を与えられた際も、軍事力の行使は最高二年間までという制限が課せられた。

また正規軍、とりわけ陸軍の規模も概して小さなもので、建国から半世紀余りたった一八四〇年の時点でも通常兵力としてはおよそ六〇〇〇人前後。南北戦争当時でも北部連邦・南部同盟はともに正規軍部隊を拡大しないようにつとめ、民間からの徴募兵に依存しようとした。こうした長年の施策の結果として、一八九〇年代まで合衆国陸軍の兵力はプレーリー・インディアンと戦うために練成された騎兵隊を主力とする二万五〇〇〇人前後にとどまり、合衆国が本格的に海外への帝国主義的膨張を果たした一八九八年の米西戦争で初めて二〇万人規模に達した。が、これとてもすべてが連邦正規軍ではなく、少なくとも半分は一時的に連邦軍に編入された州兵だったのである。

ここで別掲した表のうち、第一次大戦の始まった一九一四年当時の主要参戦国の陸軍力――常備軍と予備役を合わせた兵員数の部分――を見てみよう。

第一次世界大戦 主要参戦国	常備軍と予備役を合わせた兵員数 1914年8月	動員総数 1914-18年
ロシア	5,971,000	12,000,000
フランス	4,017,000	8,410,000
イギリス	975,000	8,905,000
イタリア	1,251,000	5,615,000
アメリカ	200,000	4,355,000
日　本	800,000	800,000
ルーマニア	290,000	750,000
セルビア	200,000	707,000
ベルギー	117,000	267,000
ギリシア	230,000	230,000
ポルトガル	40,000	100,000
モンテネグロ	50,000	50,000
ドイツ	4,500,000	11,000,000
オーストリア-ハンガリー	3,000,000	7,800,000
トルコ	210,000	2,850,000
ブルガリア	280,000	1,200,000

参戦国の陸軍力　Martin Gilbert, *First World War*, Harper Collins, 1994.より

一瞥《いちべつ》してわかるのは、フランス革命によっていち早く国民皆兵思想に基づく国民軍構想と徴兵制度を国家的に採用したフランス、一九世紀半ばまでに徴兵制を通して民族的自覚と愛国心教育を徹底させたドイツ、またピョートル大帝時代の軍制改革で徴兵制を導入していたロシアなどがいずれも四〇〇万から六〇〇万人に届く常備軍を保有するのに対して、合衆国陸軍は二〇万人と二〇分の一ほどの規模しかないことである。ここに示された全一六ヵ国のなかでも下から四番目という少なさで、ギリシアやトルコにさえおよばない。また第二次大戦後のアメリカ軍はさまざまな有名師団を持っていることで知られるが、この当時の米陸軍には師団規模の部隊がひとつもなく、第一次大戦のヨーロッパ遠征に際して初めて、あちこちの部隊から選抜した兵員による第一歩兵師団を創設するというありさまだった。その昔有名だったスクリブナーズ社のアメリカ史事典は当時の陸軍の「武器庫はほとんど空っぽか、でなければ時代遅れだった」と呆《あき》

れたような口調で書いているが、なるほどそれは掛け値なしの現実だったのである。

「海のクラウゼヴィッツ」

ただし、世紀の変わりめのアメリカ合衆国軍全体がお粗末だったかといえば、そうではない。実は大きな例外がアメリカ海軍で、正式な創設こそ陸軍や海兵隊より二〇年余りも遅い一七九八年だが、この年のフランスとの海洋中立権紛争での海戦や、一八一二年の対英戦争で優勢を誇る英国艦隊を相手に挙げた数々の勝利は、単なる専守防衛軍にとどまらないアメリカ艦隊の可能性を示唆するものとなった。事実、これにつづくアルジェリア戦争、西インド諸島の海賊《かいぞく》制圧作戦、奴隷制反対による海上哨戒《しょうかい》作戦は一八四六年のメキシコ戦争の事前訓練となり、米海軍は一九世紀を通してつづく合衆国の領土拡張にぴたりと随伴して役割を拡大してゆく。

とはいってもトマス・ジェファソンの時代から常備軍嫌いを一種の文化的伝統にまで育ててきたアメリカでは、海軍が格別優遇されたわけでもなく、南北戦争後から一八九〇年代までは海軍も規模縮小と予算削減を余儀なくされた――それでも消滅寸前までいった海兵隊と比べればよいほうだったろう――のだが、世紀末を迎えて風向きが変わった。その重要な契機が、アメリカ海軍大学の教官だった理論家アルフレッド・T・マハンの「海上権力論」の登場である。

この仕事は正確にいうと『歴史における海上権力の影響　一六六〇―一七八三』（一八八九

〇）と『フランス革命およびフランス帝国をめぐる海上権力の影響　一七九三―一八一二』（一八九二）の二冊の講義録からなるもので、それまで各国の海軍やその他の集団が経験的に蓄積してきた海洋上の支配権獲得・維持の戦略を論理的に精査することで、個々の海戦の勝敗ではなく、海運通商路を確実に維持することこそが戦争と国際関係の支配権を得ることにつながるという大戦略の要諦を明らかにしたところに功績があった。すなわち「制海権《シーパワー》」概念の理論的確立である。

もっとも、痩《や》せぎすで軍人というより謹直な哲学教授といった風貌のマハンは実戦指揮官としてはあまり有能ではなかったらしいのだが、これまで海の名将と仰がれる幾多の軍人たちが経験的にしか会得しなかった洋上制圧の知見を、論理的に構築された世界観として体系化したことは、いわば「海のクラウゼヴィッツ」の出現としてたちまち世界中の注目を惹いたのである。

「海上権力論」が受け容れられた理由

見逃してならないのは、マハンの理論が常備軍嫌いの合衆国にも受け容れられやすい一面を持っていたことだろう。これにはふたつの意味がある。ひとつはアメリカ合衆国が東は大西洋、西は太平洋という広大な海洋にはさまれているため、これを天然の奇貨、神に与えられた自然の防壁として、強大な常備軍を持つ必要がないと考えられてきたことである。この発想は地政学的な意味では正しい――あるいは一八世紀までは正しかった――が、だからといって産業革命以来の海運力の進歩まで防ぐことはできない。それゆえ一九世紀末のアメリカは、神に与えられた——と彼らの考える——地政学的優位を今後も維持するためにも、マハンの理論にしたがって制海権を保持することこそが喫緊《きっきん》の課題だと理解されたのである。

もうひとつは経済的な側面で、これは海上通商路と陸上のそれを比較してみるとわかる。すなわち産業革命以来の急速な工業化は資本主義経済の要を次第に「生産」から「消費」へと移動させつつあった——生産効率が上がればより広い市場が必要となる——が、同じ距離の通商路を確保する場合にも、海上の場合は陸上に比べてはるかにコストがかからないからである。もちろん海上路《シー・レーン》を確保するためには航洋船と呼ばれる航続距離の長い外洋航行艦を建造しなければならないし、相応の巨額と優秀な人材の育成システムも必要となる。しかし、それとても数千キロにおよぶ陸上の通商路——それは多くの場合、複数の外国領にまたがっている——を確保するための政治的・経済的コストに比べれば何ほどのものでもないだろう。

アルフレッド・マハン　制海権の理論を確立し近代海軍の発展に貢献した

発展する海軍力

ちなみに反常備軍思想を根づかせたジェファソンは海軍力保持の必要性は理解していたものの、北米本土の専守防衛に徹するために沿岸を防御する重装の砲艦に限って建造を認めていた。この考え方は一八一二年の対英戦争ですぐさま撤回され、すでに一九世紀前半の段階でアメリカ政府と海軍も航洋船建造へと方針を転換しているのだが、平和な時代の政治思想はともすれば「伝統」という名の因襲へと復帰したがるもので、南北戦争後の数十年間に海軍力縮小が幾度となく唱えられたのもこのためである。が、一九世紀末を迎えてニューヨーク港がいよいよ世界最大の貿易取引高を誇るロンドン港に迫るような勢いを見せていたアメリカは、それゆえにこそ、マハンの唱えた制海権概念を正しく理解し、必要なコストをかける態勢へと転換しなければならなかった。なにしろマハンの理論が登場した一八九〇年といえば、連邦政府の地理局が例の「フロンティアの終焉」を宣言し、陸上における地理的発展の可能性はもはや少ないことを告知した年だったのである。

加えてマハンの理論が世に出て八年後に起こった米西戦争(一八九八)では、わずか二一隻しか新型艦の建造を認められていなかった米海軍がはるかフィリピンのマニラとサンティアゴで大勝利を収めて世界の耳目を集めている。このときマニラ海戦を指揮したジョージ・デューイ准将(その後、提督に栄進)が凱旋《がいせん》帰国した際、ニューヨークでは後々までの語り草となるほど壮大な歓迎パレードで熱狂的に迎えているから、こうした動きも世の反常備軍思想を抑えて海軍力拡充へと注力する動きを活性化するのに貢献したに違いない。

こうして二〇世紀に入った合衆国では先に触れた通り「ザ・グレート・ホワイト・フリート」(大白艦隊)が世界周航の旅に出かけるなど、発展する海軍力とともに帝国的自負心を満足させるような国威発揚策までが実行されるようになってゆく。それはまさに「アメリカ帝国」の指導者を自任したセオドア・ローズヴェルト政権の総仕上げの時期のことであり、またアメリカの工業力を海外市場にアピールするための恰好の機会として、財界からも大いに支持される出来事だったのである。

弱小陸軍の戦い

航空機の実験的採用

かくて世紀の変わりめを過ぎたアメリカでは、巨大海軍に対する弱小陸軍という構図が定着することとなった。陸軍の側とすれば不名誉な話であったに違いない。先の表ではアメリカの常備兵力が予備役を含めておよそ二〇万人となっているが、これは制度の異なる他国の軍隊との比較に合わせたもので、ここでいう「予備役」は州兵のことと事実上同義である。したがってこれを除いた米常備陸軍の実数は、実に一〇万人余にまで下がってしまう。これはどう見ても海軍優位などという以前の、あからさまな陸軍の劣位としかいいようがないだろう。

もちろん陸軍も手をこまねいていたわけではない。特に米西戦争では陸軍もキューバとフィリピンに部隊を派遣しており、その教訓から二〇世紀に入るとすぐ近代化に向けた軍制改革がおこなわれ、陸軍大学の創設や非常時に州軍を連邦軍に編入する制度の恒常化、およびそれを前提とする州軍の訓練・組織・装備システムを連邦軍に合わせる仕組みの制度化とい

新旧の戦争　飛行機が初めて登場した第一次世界大戦は、騎兵が花形とされた最後の戦争でもあった。*Legend, Memory and the Great War in the Air*展（米航空宇宙博物館）公式カタログ（1992）より

った一連の施策が実行に移されている。さらに見逃せないのは、一九〇七年から一〇年前後にかけて機関銃の制式配備や自動車輸送の導入などと並んで、航空機の実験的採用が開始されたことである。

その最初が一九〇七年、陸軍通信隊における航空機関連業務を一括して担当する専門の航空部（Aeronautical Division, U.S. Signal Corps）の設置で、ここが一九〇九年、ライト兄弟から初めて二万五〇〇〇ドルでライト・フライヤー号のモデルA改（陸軍モデル）を買い上げた組織である。もっとも陸軍はこれ以前からライト兄弟が目の敵にしたグレン・カーティスとの縁も深めており、一九一一年にこの航空部に対して正式の予算配分がおこなわれたのを受けて一九一三年に米軍最初の航空部隊（First Aero Squadron）を発足させた際には合計八機のカーティスJN《ジェニー》－2とJN－3を制式採用している。他方で陸軍はライト兄弟からも前年の一九一二年にライト・フライヤー・モデルCを購入し、兄弟の航空学校にも将校たちを派遣しているのだが、このモデルC改は配備された直後から次々とパイロットの死亡をともなう墜落事故を起こしており、折から兄のウィルバー・ライトが亡くなったこともあって、ライト兄弟の存在感は急速に陰ってしまう。他方、カーティスのほうは一九一一年からようやく飛行機の可能性に目覚めはじめた米海軍に対して二機の水上飛行機を納入し、以後、陸海軍との縁も着実に深めてゆくことになったのである。

とはいえ、第一次大戦に向かってゆく世界とアメリカの軍部の状況を見ていると、実はこうした航空力の問題は、まださほど影響の大きなものではなかったといわざるを得ない。もちろん、すでに述べたように第一次大戦は飛行機が実戦に導入された最初の戦争であり、後で触れるような大戦における新しい「空」のイメージの出現という問題もある。が、実際のところ第一次大戦当時までの航空兵力はその後の歴史と比べるならあくまで限定されたものであって、そこに見え隠れするのもこの段階では象徴的・示唆的な域にとどまっていた。裏返していうと第一次大戦においては、貧弱さをかこったアメリカ陸軍が急激に拡充・変貌すると同時に、アメリカ国家それ自体も海外での戦争に向かって一気にその姿勢を転換させてゆく、そのあまりに急激な変容のほうが明らかに目を惹くのである。

初の総動員体制

さて一九一七年、海外遠征軍を率いて欧州の戦乱に加わったパーシング少将へと戻ろう。

彼はヨーロッパ列強と比べて明らかに見劣りする軍勢を指揮しながら、早急に対応し、解決しなければならない課題をふたつ抱えていた。ひとつは彼らを待ち受けたヨーロッパの同盟軍の思惑にやすやすと乗らないこと。そしてもうひとつが、自軍の拡充についての明確な方針を打ち出し、かつそれに対する本国政府の強力な支援を得ることである。

そもそも一九一七年にアメリカ遠征軍を受け容れたときの英仏両軍は、すでに二年半を経過していっこうに打開の気配の見えない膠着《こうちゃく》戦に倦《う》み疲れ、あまりにも大量にのぼる兵員の消耗に悩んでいた。そのため彼らは到着した米軍部隊を一刻も早く前線配備することを求めた。それも実際に前線に展開している既存の英仏軍部隊に、米兵たちを分散して編入するかたちである。しかしこれは長期化した塹壕《ざんごう》戦のなかでなすすべもなく戦死しているヨーロッパ兵たちの身代わりになることをアメリカ兵に求めたに等しい。つまりは体のいい使い捨てである。

とはいえパーシングのほうもヨーロッパ側の思惑は見通していたし、それ以上に、自らの部隊が人数ばかりでなく戦闘経験まであまりに乏しい集団でしかないという問題を抱えていた。そこで彼はふたつの対策を講じる。ひとつは遠征軍の計画的・組織的な増派要請で、合衆国が二〇個師団と支援部隊からなる完全な独立軍を派遣する必要性を陸軍長官とホワイトハウスに宛てて力説した。彼によればその規模になって初めて「完璧でバランスのとれた戦闘組織として近代戦争に対応できる最初の部隊」と見なすことができるのである。

これに対して大統領ウッドロー・ウィルソンは熱烈な支持と支援の姿勢で応え、選抜徴兵法を成立させた。この結果、年齢等の条件に合致する約一〇〇〇万人の男子が兵籍に登録され、最終的にはおよそ四〇〇万人が兵役に就き、そのなかの二八〇万人が徴兵によるものとなった。これを受けて各四個連隊からなる六二個の完全歩兵師団が編制され、うち四三個師団が新たにフランスに派遣されたのである。それはまさにアメリカ合衆国史上初めての大規模な総動員体制の発動であった。

他方、パーシングが講じたもうひとつの策が、ヨーロッパ側の思惑を拒むだけでなく、まずは実戦の前に訓練を施し、時間を稼いで十分な準備をすることである。ただし、当時のアメリカ陸軍は装備の点でも貧弱なものしか持たず、ヨーロッパ遠征軍の場合も、制服だけは自前ながらヘルメット、火器弾薬類、背嚢《はいのう》などまで仏軍から借用するような例も多かったらしい。それでもパーシングは陸軍と海兵隊の混成となるヨーロッパ遠征軍の訓練に一〇ヵ月にわたる時間をかけ、一九一八年の五月末になってようやく麾下《きか》の部隊を積極的に戦闘に参加させたのである。

兵員募集ポスター　上はイギリスのもの。キッチナー英陸軍相の図がアメリカ版（下）ではアンクルサムに変化した

ヤンキー戦士たちの伝説

こうして実戦に登場したアメリカ軍の戦いぶりはヨーロッパ側の予期に反してなかなかのもので、特に六月初頭、米第二・第三師団がパリにほど近いマルヌ河畔からベローの森にかけて繰り広げた熾烈《しれつ》な攻防戦では、およそ二〇〇〇人の戦死者を出しながらもドイツ軍のパリ侵攻を防ぎ止めた。その血まみれの勝利が同盟国とフランス国民に多大な感銘を与え、アメリカとアメリカ軍に対する好感と評価は一気に高まってゆく。何しろこの時期になると毎月およそ二五万人の増援部隊が大西洋を渡って到着し、明らかに連合軍有利の形勢に貢献してゆくのである。後にフランスの庶民たちは、再び起こった世界大戦でドイツへの服従を余儀なくされたとき、「解放者」としてやってきたアメリカ兵たちをまさに抱きつかんばかりの勢いで歓待したが、そのときの彼らの脳裏には前の大戦のときに培われ、灼《や》きつけられた剽悍《ひょうかん》にして勇猛なヤンキー戦士《ウオリアー》たちの伝説的な姿がまざまざと蘇《よみがえ》っていたのだ——と伝えられている。

「長過ぎた平和」に倦んで

ヨーロッパから見た第一次世界大戦

こうして第一次大戦におけるアメリカ陸軍の戦いを概観してみると、その体験がヨーロッパ側とはだいぶ異なるものだったことに改めて驚かされる。何しろ彼らヨーロッパ人たちの脳裏に深く刻みこまれた大戦の記憶は、あまりにも苛烈《かれつ》であるがゆえにかえって神経が鈍麻してしまうような塹壕戦の情景であり、出所を隠して故意に流された残虐行為の、胸の悪くなるような流言の数々に彩られているのである。

ここでヨーロッパの立場から見た大戦についてふりかえっておくのは無駄ではないだろう。先に触れたように第一次大戦は「すべての戦争を終わらせるための戦争」と呼ばれたが、この種の楽観論の陰には、一八七一年の普仏戦争以来の「長過ぎた平和」に倦んだ気分があった。しかもその間に各国の軍隊は実戦を知らない指揮官だらけになり、空疎な貴族趣味や大仰な名誉欲、机上だけの戦術論といった形式主義に振り回されやすくなっていたのである。

そのことを端的に表しているのが、大戦勃発《ぼっぱつ》時に召集された各国の兵士や士官たちの間に共通して流布した「落ち葉の降る前には家に帰れる」という合言葉だろう。これはもともとドイツの皇帝《カイザー》ヴィルヘルムが対仏攻略戦に出征する兵士たちを督励したときの言葉で、背景には『戦争論』で知られるフォン・クラウゼヴィッツ以来、ヨーロッパ全体に広まっていた短期決戦思想――戦闘はできるだけ短時間で効果的な一撃を敵に加え、その後、外交交渉で有利な妥協を引き出すものでなければならないとする思想――があった。もちろん戦争はいつの世にも機動力による集中化が重要で、長引けば長引くほど国家を消耗させるものである。しかし近代戦争の場合、何といっても機械化された各種の兵装類の費用が高く、短期決戦させなければ戦争のコストだけで財政破綻《はたん》する可能性も生まれ始めていたのである。現にアメリカの南北戦争の場合でも、開戦前年（一八六〇）の連邦政府の予算は六三〇〇万ドルだったが、終戦の一八六五年には一三億ドルと二〇倍以上にまで膨れ上がっている。ちなみに南北戦争はアメリカ史上初めて機関銃と水雷、鉄甲艦と潜水艦が使用された戦争であった（併せて地雷も開発されたが、これは実戦には使われなかった）。

したがって二〇世紀初頭ともなれば、長期戦争はそれだけで経済的にも不可能なものだという常識が浸透していたのだが、第一次大戦ではそれが逆に仇《あだ》となった。つまり長期戦はできないのだから戦争は長引かないはずだという思いこみが施政者たちの頭を支配し、長期戦になる前に参戦国のどこかが政治交渉に入るはずだという安易な見通しに寄りかかってしまったのである。こうして戦争の実態を知らない将官たちまでがまるで泊まりがけの狩猟にでも出かけるかのような気分を部下たちの間に広め、国民全体に根拠のない楽観論を垂れ流したのである。

心も軽く戦場へ

だが、果たして一般国民の側はどうだったろうか。政治家や軍人が楽観論に支配されたとしても、前線の兵士やその家族までが本当に嬉々《きき》として戦争を歓迎したのだろうか。

まず前半の問題について、かつて多くの歴史家たちは、開戦直前の各国がこぞって愛国心の昂揚に沸いたことに注目したものだった。たとえば戦史家のS・L・A・マーシャルや

A・J・P・テイラーはヨーロッパ全土のあらゆる都会で群集が熱狂的に歓呼の声を上げ、旗を振り、女性たちがしばしば行軍する兵士に花を捧げたことを印象的に記している。

　しかし近年の社会史家たちは、これとは違う見方を強調するようになった。というのも、なるほどお祭り騒ぎと見まがう熱狂的大群集が出現したことは確かだったものの、当時の警察の内部資料や地方紙の記事をつぶさに調べてみると、軍勢に熱狂した群集はもっぱら都市の中流階級に偏っていることがわかるからである。逆に農村部の人々は怯《おび》えを示すことのほうが多かったし、同じ都市部でも国境に近い地方になると群集そのものがいちじるしく減って、ベルリンやパリやロンドンとは打って変わった状況だったという。いいかえれば戦争をお祭り気分で迎えたのは、戦争を見世物《スペクタクル》として無責任に眺める傾向が強く、かつマスメディアに行動を記録されやすい環境にある都市中流層に限られていたのである。

　とはいえ、主要参戦国の多くで好戦的世論が一気に高まったのもまぎれもない事実だった。それは何より、各国の入隊志願者たちの数が実証していた。たとえばイギリスは開戦時の参戦国のなかで唯一徴兵制度を実施せず、軍国主義反対の左翼運動や非戦論を奉ずる自由党の勢力も強かった国だが、開戦後の八週間で七五万人、つづく八ヵ月の間にさらに一〇〇万人が志願している。またフランスでは当局の予想に反して一九一四年の徴兵逃れは一・五パーセントに過ぎなかったし、合計一〇〇万人の忌避者が見込まれたロシアでさえ、実際の数は数千人にとどまったという。

　こうした状況の背景については大戦前の不況で職にあぶれた者たちが大勢いた——つまり

戦争が失業対策となった——ことなども指摘されるとはいうものの、大衆が反戦論・厭戦論《えんせんろん》の類いに公然と加担することがなかったのも間違いない。エリック・ホブズボームの表現を借りれば、大戦が始まったとき「ヨーロッパの人々は、たとえほんのわずかな間だとしても、心も軽く殺戮《さつりく》したりされたりしに出かけた」のである。

プロパガンダという武器

こうして軽率な楽観論から始まった第一次大戦は、しかしその後足かけ四年もつづくことになっただけでなく、国境地帯で相対峙《たいじ》したフランスとドイツが互いににらみ合ったままドーヴァー海峡からスイス国境にまで数百キロにわたって西部戦線をかたちづくった結果、数々の悪名高い膠着戦・消耗戦を長々と展開することになってしまった。たとえばロレーヌ地方で独仏両軍が相対峙したヴェルダンの戦いでは、塹壕に立てこもった仏独両軍のうちフランス側一六万人、ドイツ側一〇万人、両軍合計で二六万人の戦死者を出している。また英仏合同軍とドイツ軍が激突したソンムの戦いは四ヵ月半にわたってつづいたが、英仏の戦死者が一四万六〇〇〇人、ドイツが一六万四〇〇〇人で、合計三一万人の死者を数えた。

しかも開戦からまもなくすると残虐行為を伝える醜悪な流言蜚語《りゅうげんひご》があまた飛び交うようになり、ドイツ軍がベルギーで赤ん坊を手当たり次第に殺した、修道女に陵辱《りょうじょく》を働いた、反抗的な村の神父を教会の鐘の中に吊り下げて面白半分の拷問を加えた、といった話がまことしやかにいくつも流布された。

実は大戦が終わるとこの手の噂《うわさ》はどうやら中立国――特にアメリカ合衆国――を巻き込むためにイギリスが仕掛けた宣伝戦の一部だったらしいことが明らかにされ、戦後になると仕掛けられた側のアメリカで戦争宣伝に関する研究書がいくつも書かれるようになるのだが、いずれにせよこの種の流言蜚語がプロパガンダという新しい武器の一部に組みこまれて大衆の無意識に深く禍々《まがまが》しい影響を与えるようになった点でも、第一次大戦は過去に例のないものだったといえるだろう。

アメリカ外交の三本柱

このあたりに関連してA・J・P・テイラーは、直前まで戦争をあれほど嫌っていたはずのアメリカ人たちが、参戦を決めたとたん一夜にして豹変《ひょうへん》した、と書いている。もともと平和主義者の大統領ウッドロー・ウィルソンのもとで多様性に基づく市民的自由を唱え、あくまで反帝国主義と反軍拡主義をつらぬくことを標榜《ひょうぼう》してきたはずのアメリカは、参戦を決めたとたんに反対派をいとも冷酷にあつかい、異議を唱える者を摘

ヴェルダンの戦い　第一次大戦中、最多の死者を出した。防毒マスクに槍も使うという塹壕戦は、血みどろの戦いだった

発・排除し、かつ堕落した他の国々と違って自分たちだけは道徳的に高潔だとする者に特有の容赦なさで敵国ドイツにも当たることになった、というのである。

イギリス人らしい揶揄《やゆ》と皮肉を差し引いてみれば、この指摘はおおむね当たっている。そもそもこの時代のアメリカ外交は、傲然《ごうぜん》と帝国主義的膨張を唱えた武断派のセオドア・ローズヴェルトによる「棍棒外交」、対外投資を主軸とする経済的膨張政策を志向したウィリアム・タフトの「ドル外交」とつづいた後、反帝国主義を唱えるウィルソンの平和路線へと大きく転換していた。そのため資本家の投資を政府が後押しするかたちで軍事介入を図るドル外交の手法は廃棄され、ウィルソンの信任を受けた国務長官ウィリアム・ジェニングズ・ブライアンのもとで、アメリカ民主主義の道徳的影響力を世界に広めようとする「宣教師外交」が展開された。それは確かに軍事主義から平和主義への転換だったが、外交は前任の政権担当者たちからの継続性に関わる部分も多く、その点で見ると二〇世紀初頭のアメリカ外交は、軍事・経済・道徳の三本柱で海外への膨張政策の基本的枠組みを完成させたともいえるからである。

ドイツの無差別潜水艦攻撃で多数の米国民の命が奪われた「ルシタニア号事件」以来の反独世論の動きも手伝ったとはいえ、第一次大戦への参戦を促したのがアメリカ民主主義の道徳的優位への確信だったことによって、合衆国は――少なくとも自意識のうえでは――矛盾なく軍国主義に反対して「世界の民主主義を守る」ことを大義として掲げることができた。

こうして基礎を固められた二〇世紀アメリカ外交のイデオロギー性は、世紀を越えていまなお受け継がれている。いいかえれば現在私たちが知るようなアメリカ外交の基本的性質と傾向は、まさにこの第一次大戦の経験から生まれたのである。

総動員体制の確立

戦争が終わるまでに

しかし、それにしてもなぜこの大戦は足かけ四年もつづいたのか。財政的に長期戦が不可能なはずなのに、なぜ膠着戦が恒常化し、敵味方とも後に引けなくなってしまったのだろうか。

これにはおそらく三つの理由があった。第一はこの大戦があまりにも大規模な兵員の動員をおこなってしまったという、軍事的な側面に関するもの。第二が前線における兵士たちの恐怖心という心理的な要因によるもの。そして第三が、後に「総力戦」イデオロギーと呼ばれることになる戦争とナショナリズムの政治的な関わりによるものである。

ここで先に見たのと同じ第一次大戦期の常備兵力を示す表の、大戦が終わるまでの足かけ四年での動員総数の部分を見てみよう（六〇頁）。すでに述べたように常備軍の勢力自体は仏・独・露といったところが圧倒的な規模を示しており、その後の動員数も八〇〇万から一二〇〇万と大規模なものになっていることがわかるが、他方で歴史的に大規模な常備軍を持たない英米でも、当初の常備兵力の数に対する四年間の動員総数はイギリスがおよそ九倍、アメリカにいたっては実に二〇倍にまでおよんでいるのが目につく。これだけを見てもまさにこの大戦は総動員体制の確立された最初の戦争だったことがわかるのである。

泥沼化した戦線

では、こうした大軍勢が短期間に戦場に投入されると何が起こるか。

それは総動員体制という言葉が示すような、迅速で機動力あふれる攻撃部隊のイメージとは正反対の事態だった。すなわち各国の大軍は鉄道ですみやかに戦場地帯まで到着したが、その先さらに最前線までたどりつくには最新式の内燃機関を使った軍用車輛《しゃりょう》の数が十分にそろわず、結局、兵卒たちは重い装備を担いで徒歩で前線まで行軍しなければならなかったのである。

おかげでいざ戦闘が開始されると、攻撃側の前進速度はますます遅れることになった。重装の攻撃側は機械化された機動力がなければ動きが鈍るが、重装の防御側は鉄道によって間断なく援軍を迎え、さらに防御を厚くすることができるからだ。特にこの戦争では一師団当たり二〇〇〇から五〇〇〇挺《ちょう》の重機関銃と一五〇門前後の野砲・榴弾《りゅうだん》砲が配備されて、吶喊《とっかん》攻撃など不可能になっていた。いいかえれば両軍が競い合って短時間で一気に大量の人員を前線に投入した結果、攻撃と防御の間にいちじるしいアンバランスが生まれたのである。

ちなみにフランスでは、開戦劈頭《へきとう》の一九一四年九月、ドイツ軍をマルヌ河畔で迎え撃ったフランス軍の輸送にパリ市内のタクシー一二〇〇台が協力した「マルヌのタクシー」の物語がいまも語り継がれているが、これもあくまで防御側の機動力の話である点が肝腎《かんじん》なところだろう。

と同時に、こうして堅牢《けんろう》化した防御戦がつづくと、当然のことながら最前線の兵士たちは消耗し、疲弊し、病気などにもかかりやすくなる。特に長期間の塹壕生活で兵士たちを悩ませたのが大量に発生したネズミ、ノミ、ダニ、シラミなどの大群と、何日も片づけることができず放置されたまま悪臭を放つ戦死者や馬の屍体《したい》だった。またよく知られているようにこの大戦は戦車と毒ガスという新しい兵器が初めて実戦に使われた戦争だが、これらの兵器も肉体的・心理的に兵士たちを苦しめる一因となる。そしてこれの結果、要塞《ようさい》化した塹壕に立てこもる兵卒たちの士気は両軍ともめっきり落ち、危険を承知の突撃命令などにも耳を貸さない傾向が強まり、かくて膠着《こうちゃく》した戦線はいよいよ泥沼化の様相を呈することになったのである。

新兵器「タンク」　第一次大戦で戦線に投入され、塹壕を乗り越えてくる戦車は兵士に恐怖感を与えた

言論検閲と「戦争ヒステリア」

ところで、プロパガンダに関して忘れることができないのが、アメリカで言論検閲に猛威をふるったＣＰＩこと戦時広報委員会（Committee on Public Information）の存

ウッドロー・ウィルソン
第28代米国大統領

在である。別名「クリール委員会」とも呼ばれたこの組織は、平和主義と市民的自由の擁護者を自任したウッドロー・ウィルソンが大統領再選後の一九一七年、自らの選挙参謀だった新聞記者出身のジョージ・クリールを委員長に発足させた機関で、国務長官と陸・海軍長官がメンバーに加わるという顔ぶれを見ても、いかに重要な役割を担っていたかがわかる。

委員会は新聞・雑誌が報じる戦争報道の細部まで容赦なくチェックし、言論弾圧に等しいとさえ批判されたほどだったが、他方で参戦の意義づけや士気の昂揚をねらった世論誘導をきわめて積極的におこなうと同時に、敵国ドイツを含む外国生まれの移民たちの言論活動を厳しく監視し、また戦費調達のための戦時公債の販売促進キャンペーンも大々的に展開した。たとえば世論誘導のために人気のイラストレーターを雇って多数のポスターを描かせ、移民対策には米国内で発行される外国語新聞の検閲と移民集団ごとの周到な世論工作をおこない、「リバティ・ローン」と名づけられた公債の購入を推進するといった具合である。それまでの戦争では一部の愛国団体や新聞などが勝手におこなっていたプロパガンダを政府の公式活動に初めて組みこんだ点でも、クリール委員会の存在は大きいのだ。

加えてウィルソン政権はドイツ系市民によるドイツ支援の動きを封じることを目的とした「敵性外国人に関する宣言」を公布し、新聞の自由な言論を規制する防諜法、労働組合ほかの団体が反戦運動などをおこなうことを防ぐための煽動《せんどう》罪法などを次々と成立させ、参戦に踏み切るまでの、社会的寛容を説く高潔な理想主義者の顔とは異なる一面を見せていた。しかもこれに対して国民の側からも自発的なスパイ摘発運動や高圧的な言論規制を支持する右翼団体が活動を盛んにしており、いわゆる「戦争ヒステリア」の状態がアメリカの社会を色濃く覆ったのである。

災厄の影

航空力が生んだ新しい英雄像

では、この戦争で航空兵力はどのような位置を占めたのだろうか。

第一次大戦における三大兵器といえば戦車、毒ガス、航空機だが、このうち前二者と航空機はおよそ違った性質を持っている。たとえば戦車があたかも鋼鉄の棺のような胡乱《うろん》な姿で塹壕の兵士たちの恐怖を呼び覚まし、毒ガスが文字通りの見えない兵器として兇悪《きょうあく》かつ非道徳的な色彩を大戦に与えたのに対して、飛行機だけは天空を駆けるその奔放な姿と空に対する人々の憧れを背に、悲惨で苛酷な戦争に一条の光を投げかけるかのようなイメージを発揮したのである。

一九九二年に航空宇宙博物館で開催された『伝説と記憶と空の世界大戦』という展覧会に加わった航空史家のドミニク・Ａ・ピサーノは、第一次大戦における航空力の出現はふたつの点で歴史的に大きな意味があったと指摘している。ひとつはこの大戦での航空力が新しいタイプの英雄像を作り出したことで、いわゆる「撃墜王《エース》」がこれに当たる。その最も有名な存在がドイツの「赤い男爵」ことマンフレッド・フォン・リヒトホーフェンである。もともと英仏米にとっては憎むべき敵であるはずのドイツの将校であるにもかかわらず、すでに大戦中から各国の新聞は彼の存在に注目し、イギリス空軍のライヴァルたちがつけたというこの綽名《あだな》とともに彼の名は国境を越えて人々の間に広まっていった。

わけても彼に影響されたひとりが後に歴史上初の単独大西洋横断無着陸飛行に成功するチャールズ・リンドバーグで、中西部の農場で育った子ども時代から大戦のニュースを伝える新聞記事にくまなく目を通し、フランスのレネ・フォンク、イギリスのエドワード・マノック、カナダのビリー・ビショップ、アメリカのエドワード・リッケンバッカーといった並み居る撃墜王たちとともにフォン・リヒトホーフェンの名をひときわ鮮やかに記憶したという。敵味方の境界を越えて広まったこの英雄伝説は、新しい技術文明の明るい光彩と同時に、大空という新しい広野を飛行機に乗って駆けるパイロットを騎士に見立てる古い神話の輝きを得ることによって、いっそう強い効果を発揮したものだった。その点でフォン・リヒトホーフェンが旧プロイセンの地主貴族の出身であることの意味は小さくなかったのである。

空中戦争の可能性の萌芽

もうひとつはこの大戦における飛行機の使用が、後年のいわゆる戦略爆撃を生み出す基礎となったことである。のちほどくわしく述べることになるが、戦略爆撃は第一次大戦と第二次大戦の間の時代に最初に理論化され、すぐには国家的支持を得ることはできなかったものの、いくつかの節目となる重要な出来事を経由して第二次大戦で全面的に採用された航空時代ならではの新しい戦略だった。それはスペイン市民戦争中のゲルニカをはじめとして、日本軍による錦州《きんしゅう》、重慶《じゅうけい》、上海《シャンハイ》爆撃、英米合同軍によるハンブルク、ドレスデン爆撃、そして米軍による日本爆撃および広島・長崎への原爆投下まで、その後人類を空から襲った災厄の主軸となったものでもある。その最初の種子が胚胎《はいたい》されたのがまぎれもないこの第一次大戦だったのである。

とはいえ、正確にいうならこの大戦当時の航空兵力は、後の時代の常識からすると牧歌的にさえ見えるようなものだった。たとえば大戦初期の飛行機は大半が木と布で機体をつくったものだし、空からの爆撃といっても当初は振動で爆弾が爆発するのを避けるために煉瓦《れんが》を代わりに使ったことさえあったという。ただし一九一八年に戦死したフォン・リヒトホーフエンの愛機アルバトロスD－5は、当時としても珍しい三葉ながらライト兄弟が陸軍に最初に納入したライト・フライヤーC改からわずか一〇年もたたずに生まれた航空機とは思えないほど現代的な姿をしていたし、航空機の用兵法にしても、敵味方の撃墜王同士が空中で一騎打ちをするような子どもっぽく英雄的なイメージのものとはべつに、編隊を組んで巨大な飛行船を迎撃し、動きの鈍い恐竜のような巨体を仕留める技術などが実践的に編み出されていた。このときドイツ空軍がロンドン上空に侵入して爆弾を投下したのも明らかに戦略爆撃に当たるもので、一九一七年に撮影された空襲の航空写真などを見ると、第二次大戦はもとより、偵察衛星と巡航ミサイルの時代ともほとんど変わらない質を持った空中戦争の可能性が、すでに半ば以上露わになりつつあったのがよくわかる。その点でも飛行機は憧れと不安の相半ばする機械なのである。

『ダロウェイ夫人』を読む

けれども、第一次大戦の歴史と記憶を飛行機や空の文化の話題とともに締めくくろうとするとき、実は戦略爆撃についてよりもむしろ深く、しかも隠喩的に感じられる小説のエピソードがあるのを忘れることはできない。それが第一次大戦の終結から七年後に書かれたヴァージニア・ウルフの『ダロウェイ夫人』(一九二五)である。

いまではウルフの作品のなかで最も有名なものとなったこの小説は、ロンドン社交界きっての名家の主にして大物貴族院議員の妻でもある中年女性の独白を主軸とした奇妙な物語である。何不自由ない暮らしを営む彼女は、中年になっても娘時代と変わらぬ明朗な美貌の、どこかそわそわと落ち着きのない女性。つまりは本質的に悩むということを知らない――知る必要もない――人物ということだが、物語はその彼女が、ひさしぶりに植民地から昔の恋人が帰ってくるという話にうきうきと朝のロンドンを散歩するところから始まる。彼女の独白は気まぐれで少しばかり独善的なその性格を巧みにあぶり出し、いわゆるブルジョワ有閑夫人ならではの心の動きを読者にかいまみせる。ところが、その彼女が通りを渡りながらふいに自動車のバックファイアの炸裂音がパンととどろいた途端、小説の筆はいきなりダロウェイ夫人とは面識すらない、通りすがりの男の内面に飛びこむのである。そのくだりの描写はこうだ。

セプティマス・ウォレン・スミスは、年のころ三十、顔が青白く、鼻が鳥の嘴《くちばし》のような形をした男だった。茶色の靴に、みすぼらしい外套《がいとう》。その薄茶色の目には、彼をまったく知らない他人をさえ不安にさせるものがたたえられていた。世界は鞭《むち》を振りあげた。それはどこに振りおろされようとしているのか？

ありきたりの小説でならけっして用いられることのない、言葉の不意の跳躍とイメージの侵入。実際、この統辞法はモダニズム文学に縁のない読者をとまどわせずにはおかないだろう。そもそも世界が鞭を振りあげるとは何か？

実はこの男セプティマスは第一次大戦の帰還兵で、社会的地位はなく、連れ添う妻も外国人でおどおどと落ち着かない。しかし彼こそはあの大戦を文学的に象徴する存在にほかならない。というのも彼の内面を襲うこの鋭い鞭の一閃《いっせん》とは、今日いうところのＰＴＳＤ（心的外傷《トラウマ》後ストレス障害）の主症状であるフラッシュバックであ

ヴァージニア・ウルフ
英の女性小説家、評論家

ることが明らかだからだ。

そもそも第一次世界大戦が「心的外傷」と訳されるトラウマの存在を集合的に顕在化させたおそらく最初の出来事でもあったことは、今日では広く認められている。「トラウマ」という言葉そのものが人口に膾炙《かいしゃ》したのはアメリカでは一九七〇年代以降、日本では主に一九九〇年代のことだが、第一次大戦直後の時代の人々もまた、「シェル・ショック」という奇妙な呼び名でトラウマの存在を意識し始めていたのである。

「シェル」とは砲弾の弾頭にかぶせる被殻《シェル》から転じて砲弾そのものを指すようになった言葉で、第一次大戦では堅牢な塹壕の防御に守られた敵兵をできるだけ効果的に殺傷する目的で内部に炸薬を充塡《じゅうてん》し、着弾時に弾殻を破砕して広範囲に破片を一気にばらまく榴弾(explosive shell)がさかんに用いられたことから来ている。もっとも大戦直後の人々はPTSDを必ずしも心因性の病と考えておらず、至近距離で炸裂した砲弾の振動や轟音《ごうおん》のために、三半規管その他に計測不可能なほど微細な狂いが生じるのだと解釈したりしていたという。見方を変えれば、それほどまでに大戦の戦場における暴力の度合いは異様さを増していたともいえるだろう。

とはいえ、こうした惨状は銃後の人々には必ずしも理解されないし、正確に伝えられることもめったにない。苛酷な体験をした人間は逆に寡黙になるものだし、この大戦では敵への憎悪と戦意昂揚を抱き合わせにしたプロパガンダが大規模に展開されてもいたから、前線に縁のない市井の庶民が前線兵士の辛苦を知る術《すべ》は事実上ないに等しいためである。そしてヴアージニア・ウルフが造形したセプティマスという青年は、まさにこのようにして人知れずトラウマを背負い、妻にすら理解されない深い闇《やみ》を心のなかに抱えて生きている存在なのである。

不吉な時代の扉を開く

結局、この小説ではダロウェイ夫人とセプティマスは一度も相まみえることなく小説の言語空間のなかでだけ共存し、やがて彼は自ら命を絶ってしまう。そんな奇妙な小説のなかに、次のような一節がある。通りをそぞろ歩くダロウェイ夫人が、どこか不安を誘うような不吉な爆音を耳にして思わず空を見上げるところである。

突然ミセス・コウツが空を見あげた。飛行機の不気味な爆音が群衆の耳の奥に侵入した。後部から白い煙を出しながら、向こうの木々のうえを通過するところだ。煙は輪になったり曲線になったりしている。なにかを書いている！　空に字を書いているんだ！　誰もが空を見あげた。

……「グラクソー」とミセス・コウツは、空をまっすぐ見あげながら緊張した畏敬の念にみちた声で言った。白い布に包まれて、彼女の腕にしっかりと抱かれている赤ん坊も、まっすぐ頭上を凝視していた。「クリーモー」とミセス・ブレッチリーは、夢遊病者のようにつぶやいた。手にもった帽子を微動だにさせず高く掲げたまま、ミスタ・ボウリーもまっすぐ頭上を凝視した。

ウルフの筆は通りにいる見知らぬ人々の意識の間を浮遊し、彼らの内面をすばやく一瞥しながら音もなくすり抜けてゆく。ここでの彼らはそれぞればらばらな人間の集団であると同時に、どことなく不吉な予感に身を堅くするひとかたまりの群集でもある。読者はウルフの筆に乗ってそんな人々の内面を瞥見し、するりとセプティマスの心中に滑りこむ。

ああやって、とセプティマスは空を見あげながら思った、彼らはぼくに合図を送っているのだ。現実の言葉でじゃない。だからぼくにはその言葉がまだ読めない。だけどこの美しさ、この妙なる美、それはじゅうぶんに明白だ。煙の文字が薄れ、空に溶けてゆくのをながめるうちに、彼の目には涙があふれてきた。その言葉は、尽きることない慈しみと笑いにみちた優しさとをとおして、想像できないほどの美しい形をつぎからつぎへとさずけている。そして美を、より多くの美を、無償で、永久に、ながめるだけのものとして、ぼくにあたえようという意志を伝えているのだ！　涙が彼の頰をつたって落ちた。

トフィーだわ。トフィーの広告をしているのね。子守女はレイツィアに言った。ふたりは一緒に、t、o、f、と綴りはじめた。

「K、R」と子守女は言った。セプティマスは女が耳元で、豊かなオルガンのような深く柔らかな声で「ケイ、アール」と言うのを聞いた。

ここで飛行機雲が空に描く「トフィー」はミルクからつくられた薄甘いキャンディで、英米圏の少し古い世代なら誰もが知る、どことなくノスタルジックな味の菓子である。いいかえればトフィーという名を聞いたとたん誰もが思わずにっこりする、そんな感じの菓子なのだが、この作品に現れるそれはあたかも不吉な時代の扉を開くキーワードか何かのようだ。事実、彼の妻のレイツィアはぼんやり空を見上げて心をさまよわせる夫の姿にひとり傷つき、よるべない孤独のなかで誰とも分かち合えぬ苦しみに沈んでしまうのだ。

異様なほど静かだった。飛行機の爆音は車の行きかう通りまでは聞こえてこなかった。飛行機は操縦者をもたず、みずからの意志で飛んでいるようだった。エクスタシーへ、純粋な歓喜へと高まっていくかのように、飛行機は上へ上へと曲線をえがき、そしてまっすぐに上昇しながら、後部から煙の輪を吐き出し、T、O、Fという文字を書きつづった。

（丹治愛訳）

ダロウェイ夫人の物語に登場する飛行機雲は、私たちが子どものころ、空を見上げて歓声を上げたあの郷愁の風景になびくものではない。この小説を注意深く読んでみるとわかるように、自動車や飛行機は、作中に登場するある人物の意識からべつの人物の意識へと想像力の感知器が受け渡されてゆくときの過程を媒介するものであり、それも多くの場合は陽から暗へ、幸福な世界から不幸と災厄の煉獄へとイマジネーションが飛び移ってゆくときに立ち現れる。

ギリシア悲劇にいう「機械仕掛けの神《デウス・エクス・マキナ》」とは、本来、作者が解決に困って持ち出す急場しのぎの解決策のことだが、このあまりにも隠喩的な小説に現れる飛行機とその航跡雲は、文字通り現世から想像の冥界《めいかい》へと読者を一瞬にして連れ去る、あたかも機械仕掛けの災厄の影のようだ。その影こそは、おそらく第一次大戦を経験した多くの国民の心に深く刻まれた深く秘かな傷の痕跡であったろうし、ひいては人々をその後もくりかえし戦争に巻きこまずにはおかなかった二〇世紀という時代そのものの、兇運の兆しでもあったのかもしれない。

第三章　翼の福音

シネマと飛行機

稲垣足穂とサン＝テグジュペリ

映画と飛行機は似ている、と思うことがある。どちらも世紀の変わりめに生まれ、最も二〇世紀らしい文明の象徴となり、人々の憧れを掻き立て、巨大な産業規模に達した。おまけに映画も飛行機も、動かなければ始まらない。飛ばない飛行機は「翼を休める」の喩《たと》え通りまさに飛ぶのを待っているだけだし、セルロイドの夢を焼きこんだフィルムにしても、映写機が回らなければ映画の命は宿らない。

ならば自動車はどうだろうか。もちろん車にも似たような面はあるけれど、決定的に違うのは多くの人々にとって映画と飛行機が、自分ではどうにもならない対象だというところにある。映画館の闇のなかで回り始めた映写機を止めることは誰にも許されないし、飛行機もまた向かい風のなかを走ってふわりと宙に浮いた機体を引きずり降ろすことは誰にもできない。もしもそんなことをしようものなら、たとえ映写技師であれ飛行士であれ、映画の死か墜落死が待つだけだろう。そういえば大の飛行機好きとして知られた稲垣足穂《たるほ》は、かつて見た映画のなかの航空撮影の場面を思い出しながらこんなことを書いていたものだ。

いつか活動写真の白幕に、機上撮影のヨーロッパの平野が、鳥瞰《ちょうかん》図になって、上下動《フリッカー》と共に、右に左に揺れながら移って行ったことがある。向うから黒い森の帯がやってきて、見る見る梢《こずえ》のつらなりが画面を占領して浚《さら》われるように下端に消えると、前方には再び縦横の縞目《しまめ》がついた耕作地が繰り出されてくる。やがて遙かに帯状の森が見え出し、それが梢の群立にまで拡大されて下方へすくい取られ、またひろびろした畠地、定規で引いたような並木道……こんな時にはどうしたわけか楽音もぴったり止んで、静寂中に、只シンプレックス映写機の鋼鉄製の歯車の噛《か》み合う音だけが響いているのだった。

（『ライト兄弟に始まる』一九七〇）

音の消えた映画館の闇のなかで、ただ後へ後へと眼下を飛び去ってゆく風景の記憶をたどるここでの足穂は、いわば彼自身がカメラであり飛行機でもあるような想像のなかにある。しかもこの想像は、単に飛ぶことの夢想に歓喜し耽溺《たんでき》しているというより、自分が目にしている対象とは――映画とも飛行機とも――遂にひとつになり得ないという、ある種の断念にも彩られている。断念、あるいはわかりやすくいうなら、埋まらない距離へのもどかしさである。

足穂は大正・昭和の新感覚派モダニズムのなかでも徹底した潔癖さで異端をきどるマイナ

ー・ポエットぶりのきわだった存在だが、同時に、天体や飛行機や模型への鍾愛《しょうあい》ともどかしい距離を通して機械の時代ならではの風趣とものの哀れを表そうとした点で、単なる作家的個性という以上に普遍的な時代の無意識を体現した作家だった。現に先の引用にも明らかなように、彼の断念はひと昔前の世紀末美学の自己憐憫《れんびん》とも違って「鋼鉄製の歯車の噛み合う音」に向日的な活力を感じるような楽天性を微妙に含んでいる。そこにベルクソン哲学からの歴然たる影響を見ることができるところを含めて、一九〇〇年というまさに二〇世紀がこれから始まろうとする年の暮れに生まれた足穂は、偶然にも同年に生まれた作家にして飛行家のアントワーヌ・ド・サン゠テグジュペリと同様、夜ふけの飛行機のプロペラ音に揺籃の安らぎを覚えるような二〇世紀ならではの世代だったのである。

時代の美学の最先端

そしてこのような感受性の培養土となる機械信仰と飛行機熱が驚くほど広い範囲で流布したのが、ふたつの世界大戦の間の時代だった——というと、いささか唐突に過ぎるだろうか。

しかし文化史の観点から見ると、大衆的な域にまで達して広まったこのモードが「大戦間期」と総称されるこの時代を貫く美学と嗜好《しこう》になったことは間違いない。現にこのころ、飛行機と映画はまさに時代の花形だった。どこからともなく飛行機の爆音が聴こえてくると、誰もが空を目で探り、子どもたちは歓声を上げ、大人たちはあんぐり口を開けて機影を追った。近隣に映画館などないような田舎でも年に一、二度はトラックに機材を積み込んだ移動映画館がやってきて、そんな夜には老若男女すべてが集まって銀幕に固唾《かたず》を呑み、一夜の夢に我を忘れた。ふたつの世界大戦の間に横たわる二〇年余りは、いわば飛行機と映画を両翼として大衆文化が想像力をいっぱいに飛翔させた時代だったといってもいいだろう。また、だからこそどの国でも、飛行機と映画は戦争のプロパガンダにもしばしば利用されたのである。

とはいえ気をつけなければならないのは、「大戦間期」と呼ばれるこの時代が、世相と歴史的なイメージの点で大きく対立するふたつの時期の隣接した期間だったということである。

たとえば第一次大戦の終わった直後の一九二〇年代は、敗戦国ドイツが強烈なインフレにあえぐ一方、戦勝国はこぞって放埒《ほうらつ》な好景気に沸き、華やかで享楽的な都市風俗と大衆化された消費文化がかつて見たこともない勢いで世に広まった。「ジャズ・エイジ」とはコルセットを脱ぎ捨てた女性たちがチャールストンを踊って夜を明かす世相を誇らしげに描いたF・スコット・フィッツジェラルドらから広まった呼び名だが、社会を紊乱《びんらん》すると旧世代が眉《まゆ》をひそめたジャズのリズムは文字通り世界中に響き渡り、フランスでも「狂騒の時代」(les années folles) と称される新しい大衆文化の時代がやってきた。

一方、これに対して一九三〇年代は、ウォール街の金融恐慌に端を発する深刻な大不況に覆われ、各国ともナショナリズムが抬頭し、あげくファシズムの到来まで招いて、世界は次の大戦へと再び突入することになってしまう。芸術的にもリアリズムが復活し、「世界市民《コスモポリタン》」をきどる一九二〇年代の都会風俗よりもむしろ「人民」を強調する地方主義《リージョナリズム》が拡大した。こうして「ジャズ・エイジ」の二〇年代に対する「苦難の時代《ハード・タイムズ》」の三〇年代、という対比は鮮明な印象で私たちの脳裏に灼きついているのである。

対照的なふたつの時代

もちろんこうした対比は、一面では正しい。たとえば一九二〇年代のアメリカにおける労働運動は、第一次大戦直後の一時期を除いてはしぼんだような様相を呈し、労働組合員の数も一九二〇年の五〇〇万強が二七年には四〇〇万弱にまで減少した。他方で株価は急騰し、大戦直前に創立された出版社のスタンダード・スタティスティックスの場合、一九二六年の株価が翌年には一・二倍、翌々年には一・五倍、三年後には一・九倍、そしてウォール街が未曾有《みぞう》の株価大暴落を経験する直前の一九二九年九月には、ついに二・一六倍を記録した。現代の人間なら、これがまぎれもなく身のほど知らずのバブル景気がはじける直前のきわめて危険な兆候であることを知っているが、「転げまわる二〇年代《ローリング・トウエンティーズ》」とも「咆哮する二〇年間《ロアリング・デケイド》」とも呼ばれる向こう見ずな一九二〇年代当時の人々は——そもそも多くの庶民にとって株を買ったり売ったりすること自体初めての経験だったから——脇目もふらずまっしぐらに奈落の底へと突き進んでいったのである。

一九二〇年代は政治面でも人々の失望と無関心が拡大した時代だった。醜聞まみれの大統

フランクリン・D・ローズヴェルト　合衆国史上、4選された唯一の大統領

領ウォレン・ハーディングの後を受けたカルヴィン・クーリッジもハーバート・フーヴァーも、基本的には何もしない指導者であるがゆえに人々の信任を得たといっていいような存在だった。これに対して一九三〇年代の大統領はカリスマ的な指導力を持つフランクリン・D・ローズヴェルトであり、国民に直接呼びかける偉大なコミュニケーターとしての政治スタイルと政策は二〇世紀のアメリカ政治の基本的パラダイムとなっただけでなく、個人的な彼の人格に対する国民の篤《あつ》い信頼がなければ、その後のアメリカの姿もずいぶん違ったものになっていたことだろう。つい数年前まで空前の繁栄を謳歌《おうか》していた人々が着のみ着のまま食料キップを持って配給の列に並ぶ「大不況時代《デプレッション・イヤーズ》」の典型的なイメージは、政治から芸術にいたるまで、一九二〇年代のそれとはあくまで対照的なのである。

消費の文化とマシーン・エイジ

消費の文化を支える思想

けれども現代の文化史では、これらの違いをふまえながらも、一九二〇年代と三〇年代を連続した過程として捉える立場が優勢になっている。これをふたつの面から見てみよう。

ひとつは一九二〇年代と三〇年代が、消費の文化の拡大という点で明らかに連続していることである。たとえば自動車のような大型の耐久消費財が廃車置場に山積みになっている光景は一九三〇年代の記録写真でよく目にするものだし、もともと世紀の変わりめにフランスの機械技師がアメリカ市場向けに開発した電気冷蔵庫の普及台数は、一九二四年からの一〇年間で六万五〇〇〇台から六〇〇万台へとおよそ一〇〇倍に達した。カメラのような小型消費財も普及がめざましく、特に一九二五年に初めて市場に現れたライカやコンタックスなど、主としてドイツ製のカメラと部品のアメリカへの輸入は一九二八年から三六年までの八年間に五倍以上にも増えた。ちなみに一九三六年はグラフ・ジャーナリズムを代表する雑誌となった『ライフ』が創刊された年でもあるが、だからといって職業写真家が五倍に増えるわけがない。要するに小型カメラを趣味でいじる顧客が、不況にもかかわらず短期間で急増したのである。

フレデリック・ルイス・アレンといえば一九二〇年代の社会風俗と人々の価値観の驚くほどの変わりようを活写した『オンリー・イエスタデイ』（一九三一）で知られるノンフィクション作家だが、その続編として一九三〇年代を描いた『シンス・イエスタデイ』（一九三九）で、いかにも彼らしい面白い見方を披露している。それによると一九二〇年代のジャズ・エイジにおける女性ファッションは、いわゆる「フラッパー」スタイルに代表される短いスカートとコルセットのないワンピースが特徴的な中性的なモードだったが、三〇年代になると急にスカートの丈が長くなり、昔ふうの豪勢でエレガントなハイファッションが復活した。しかしそれは結局のところ、三〇年代のほうがより派手になり、享楽的になり、顕示的になった証しなのだ、と。

さらにもうひとつ、彼によれば一九二〇年代に都会を騒がせたフラッパーたちの性的に奔放な態度が社会のごく一部の現象だったのに対して、一九三〇年代になると中西部の町や田舎の村のようなところでさえ、若者たちの行動が驚くほど放埒になったという。現にこのころになるとティーンエイジャーの娘が夜中にジンの臭いをぷんぷんさせながらハイスクールのパーティから帰ってきたり、不況で職にあぶれた若者たちが結婚もできないまま、登場してまもないモーテルで手っ取り早いセックスに走ったりすることが珍しくなくなり始めていた。大人たちは当然眉をひそめたが、それ以上に悩ましいのは不況と失業だったから、結果として不品行はなしくずしの結婚によって見過ごされることとなった。いいかえればピュリタン的な伝統に基づく厳しい倫理と道徳は、享楽的なジャズ・エイジよりもむしろ、暗くて禁欲的な印象の強い一九三〇年代のほうでより根本的に破壊されたのである。

もちろんこうした状況は、一面では白人中産階級の間に限られたことでもあった。白人人口の多い中西部の農村地帯での電化が急速に進む一方、都市中心部の黒人貧困層の居住地帯では、電気どころか煮炊きすらままならない生活を強いられる人々も少なくなかったからである。しかしアレンが描いているような生活意識の激変は、大衆の反復的な日常生活の積み重ねによって確実に社会構造そのものを変質させ、後戻りできないかたちであらゆる人々に影響を与えていた。

たとえば一九二〇年代のアメリカは禁酒法によって人種の差なく多くの庶民がアルコールから遠ざけられた社会であり、ギャングたちが取り仕切る非合法のもぐり酒場での事件の類いも、煽情的な大衆新聞の紙面を賑《にぎ》わすことはあっても一般の市民生活とはおよそ無縁のままにあった。ところが禁酒法が解除された一九三〇年代になると、ニューヨークやシカゴのような大都会ばかりでなく、セントルイスやシンシナティのような地方の中小都市にも続々とキャバレーやナイトクラブが開店し、ごく普通の暮らしを営む小市民たちが映画を見た帰りに夫婦そろって腕を組んで酒を呑みに出かけ、さっきスクリーンで見たばかりのフレッド・アステアとジンジャー・ロジャーズを気どってステップを踏む――などという消費行動がごく当たり前のものになり始めていた。一九三〇年代不況はもともと物を作っても売れないというデフレ不況であって、消費を奨励するのはニューディール政策の基本のひとつだったのである。

また白人中産階級に見られたこの種の新しい社会行動は、かつては特殊な存在でしかなかった黒人芸能を白人たちに近づけ、そのリズムを彼らの耳になじませ、黒人文化の持つ途方もなく豊かな魅力と可能性を発見させる大きな契機をもたらした。ジャズ・エイジの黒人街を沸かせた「ハーレム・ルネサンス」は当時わきおこった黒人文化運動の総称で、この時期、作家やミュージシャンや芸術家をめざす黒人たちを白人の金持ちがパトロネージュすることも大いに流行ったという。もっともこれも大恐慌で頓挫《とんざ》し、ハーレムもまた不況のなかに沈降してしまうのだが、実はこの時期には連邦政府のＷＰＡ（Works Progress

Administration＝雇用促進局）による文化振興の対象としてハーレムの黒人文化にも継続して注意が寄せられるようになっていた。「ハーレムが最先端《ヴォーグ》だったころ」（When Harlem was in vogue）とは一九二〇年代の黒人文化の昂揚と洗練を指す決まり文句だが、一九二〇年代に始まった黒人文化をめぐる主流社会の意識と行動の変容は三〇年代にも確実に引き継がれていたのである。

「マシーン・エイジ」のデザイン

他方、美学的な面からも一九二〇年代と三〇年代を連続したひとつの過程として捉える見方がある。その中心的な概念が「マシーン・エイジ」（機械時代）である。

建築史や技術史に関心のある人ならたいてい誰もが知るように、「マシーン・エイジ」という言葉は近ごろいきなり出てきたものではない。有名なところでは建築批評家レイナー・バナムの『第一機械時代の理論とデザイン』（一九六〇）が建築におけるマシーン・エイジ論の古典となっているし、一九二〇年代初頭に若手言論人として出発した思想家ルイス・マンフォードも、警世の文明評論家といった後年の様子とは対照的に、機械化と産業化によって急激に変化する都市文明がアメリカに「本物《ジェニュイン》の文化」を生んでいると絶讃していた。また評論家のシェルドンとマーサ・チェイニー夫妻は一九三六年の時点で「マシーン・エイジ意識の広まり」がもう一〇年以上にわたっていると書いていたし、それに先立つ一九二二年には、天才的な若手写真家として美術界に登場してまもなかったポール・ストランドがエッセイ「写真と新しい神」で、ついに人間は「マシーンという神、唯物論的観念論という子、そして科学という名の聖霊による三位《さんみ》一体《いったい》」を達成したと宣言した。

　これらの例は「マシーン・エイジ」が流行語としても斬新だったことを伝えていると同時に、美術史にとっても大きな意味がある。というのもこれは一九二〇年代のアール・デコから三〇年代後半の流線形への変化を一貫した様式上の推移として捉えることにつながるからである。

マシーン・エイジと流線形　マシーン・エイジには「口紅から機関車まで」すべてが流線形をまとった。上はクライスラー「エアフロー」とユニオン・パシフィック鉄道の豪華客車。1934年。下はシカゴ「進歩の一世紀」博のためにノーマン・ベル・ゲッデスが提案した「モデルカーNo.9」。1933年。Richard Guy Wilson, *The Machine Age in America, 1918-1941*, 1986. より

　アール・デコは一九二五年にパリで開催された国際装飾博覧会で世に知られることになっ

た近代デザイン様式で、イギリスのデザイン史家ベヴィス・ヒリアーは「一九二〇年代に発展し、三〇年代にピークに達した断定的な現代様式」だと定義している。ちなみに第一次大戦前に支配的だった美術様式が世紀末美学とともに隆盛したアール・ヌーヴォーだが、こちらが植物のモティーフとなだらかな曲線、そして左右不均衡《アシンメトリカル》なシルエットを特徴としていたのに対して、大戦後の社会風潮を反映したアール・デコは金属的な質感ときっぱりした直線、および新古典主義にも一脈通じる完璧なシンメトリーへの志向を明確に顕示した。

ヒリアーが両者の例として挙げている一九〇三年のアール・ヌーヴォーのティーポットと、一九三七年のアール・デコのコーヒーポットの写真を見比べると、なるほど両者の違いが歴然とする。前者が一九世紀ヨーロッパの小市民階級のゆったりと自足的な生活感覚を見事な円満さで表しているとするなら、後者はまるで時間の扉を額でこじあけるかのような若さとせわしなさで、機械美に酔う二〇世紀の心象をテーブルの上で体現している。要するにコーヒーポットでさえもが飛び立とうとするかのような美的様式、それがアール・デコなのである。

アール・デコから流線形へ

このアール・デコと一九三〇年代の流線形は、何よりどちらも歴史や伝統に縛られないという点で共通していた。美術様式は過去との意識的なつながりをよりどころとするが、アール・デコと流線形は「現代的《モダン》」であること――つまり「伝統的」でも「歴史的」でもないこと——を誇らしい自己像の基礎としたから、逆に意識的に過去とは絶縁しようとしていた。それでもアール・デコは新古典主義との類縁性を感じさせたが、流線形になるとそれもなくなり、むしろ歴史と時間を越えた力と速度そのものを体現することへとデザインの主眼を移してゆく。

　これに関連して建築史家のリチャード・ガイ・ウィルソンは、幾何的装飾性や機械の形態に美を見出そうとしたアール・デコが美術館関係者たちの美意識に忠実な様式であるのに対して、流線形は工業デザイナーなど産業分野の人々の態度や思考法を直截《ちょくせつ》に様式化したものだったと指摘している。いいかえればアール・デコが美術的な「スタイル」（様式）であるのに対して流線形は「タイプ」（型）に相当するということだが、それは両者が別次元にある証しではなく、流線形が様式上はアール・デコの一部またはその外延であることを示していると見るべきだろう。というのもアール・デコから流線形への推移は、美術様式の交代につきものの既

ふたつの様式の対比　上は1903年ブーシュロンのアール・ヌーヴォー調の銀製ティーポット。下は1937年ジャン・ピュイフォルカのアール・デコ調のコーヒーポット。ベヴィス・ヒリアー『アール・デコ』西沢信弥訳、PARCO出版（1977）より

存のスタイルへの否定や反抗とは無縁の、継ぎ目のない移行《シームレス》だったからである。

こうして一九二〇年代から三〇年代にかけての美学は、あたかも吸い寄せられるように機械の持つ合理性と機能美に切れ目なく傾斜していった。大戦間期はまさにこの点でも、近代と現代の間を連続的に架橋する時代だったのである。

大西洋を越えて

航空機における古典期の終わり

そして見逃せないのは、このマシーン・エイジの美学とデザインの中心的な源泉に位置するのが、ほかならぬ飛行機だったということだろう。

ただし実のところ、一九二〇年代と三〇年代の飛行機を比べると、ひとつながりの時代とは必ずしも思えないほど大きな変化があったことがわかる。たとえば一九二〇年代にはまだ複葉機が主流で、特に初期のころにはできるだけ軽量化するために細い木製の構造（骨組み）と布製の外被をかけた薄い翼がほとんどだったのに対して、アルミニウムの強度を高めたジュラルミンが大量生産可能になって構造上の強度が飛躍的に高まった一九三〇年ごろからは、厚い金属翼を持った単葉機が急に増え始める。さらに三〇年代半ばに油圧機構を使った引き込み式の降着装置（主脚部）がボーイングやダグラスの新型機に本格的に採用され始めると、飛行機のシルエットそのものが大幅に変化して現代的な姿が定着した。

特に一九三五年に登場したダグラスDC－3は金属製の機体や翼の構造、引き込み脚、双発エンジンやプロペラの形状と構造などがとびぬけて新しく、米国内では一万六五五機、海外でのライセンス生産（主に第二次大戦後のソ連と日本）だけでもおよそ二五〇〇機が生産された。一九二〇年代の飛行機がライト兄弟の神話的な時代の趣きをどこかに漂わせているのに対して、一九三〇年代になると、もはや航空機における古典時代がまぎれもなく終わったことを如実に感じさせるのである。

こうした印象は、さらにこの時代の航空史を彩るいくつかの出来事によっても強まっている。たとえば一九二七年には、ニューヨークの高級ホテルの経営者が景気づけをねらって飛行機によるニューヨーク―パリ間の単独大西洋横断無着陸飛行に二万五〇〇〇ドルの懸賞金をかけたが、さまざまな有名人たちが名乗りを上げたこの勝負に勝利を収めたのは、ミシガンで生まれ、ミネソタで育ったチャールズ・A・リンドバーグという名のスウェーデン移民の息子だった。彼は陸軍航空隊でパイロットの訓練を受けたことがあるものの職業軍人ではなく、父も第一次大戦当時にミネソタ州選出の下院議員をつとめた人物だが、チャールズ自身はウィスコンシン大学の工学部を中退し、郵便航路のパイロットと曲乗り飛行士として過ごしていたに過ぎない。そんな二五歳の青年が成し遂げた冒険飛行は、たちまち彼をアメリカン・ドリームの象徴にしただけでなく、空という場に対する庶民の憧れを熱狂的に掻き立てたのである。

『オンリー・イエスタデイ』のフレデリック・アレンは、このリンドバーグの冒険に触れながら、実は航空機による大西洋横断それ自体は彼が最初ではなかったことを指摘している。それによると一九一九年にはイギリス人二名によるニューファウンドランドからアイルランドへの無着陸飛行がすでに達成されていたし、同年にイギリスの飛行船も三一名の乗客を乗せてスコットランドからロングアイランドまで折り返しの往復飛行をおこなっている。またリンドバーグの三年前の一九二四年には二機のアメリカ陸軍機が世界一周の途上でアイスランド、グリーンランド、ニューファウンドランドをたどって北大西洋を横断した。要するにリンドバーグの事績――とそれを呼ぶならば――の独創性は、単独だったこと、正確に目的地にたどり着いたこと、その離着陸地がニューファウンドランドのような片田舎ではなく花のニューヨークから麗しのパリへだったというだけのことだ、というのである。

リンドバーグの人柄

では、なぜリンドバーグはいまなお歴史を越えてつづくほどの神話的な名声を得たのか。アレンによれば答えは簡単だ。この無口で内気な長身の青年は、パリで受けた大歓迎の人波にも思い上がったそぶりひとつ見せず謙虚にふるまい、ジャズ・エイジの享楽的な世相にうんざりしていた一九二七年当時の人々に、ひさしぶりに素朴で温かみのある好もしいアメリカ的な青年像を体現した存在として受け容れられ、熱烈に歓迎されたというのである。

確かに一九二〇年代のアメリカは、未曾有の繁栄を謳歌する一方で長い戦争が終わった後につきものの虚無的で冷笑的な気運が高まり、特に若い知識階級の間には幻滅と投げやりな態度がめだつようになっていた。アメリカは大戦で国土を破壊されたわけではなかったが、のべ四七三万五〇〇〇人にのぼる兵士がヨーロッパに送られ、五万三〇〇〇人を超える戦闘中の死者を出し、ほかに六万三〇〇〇名を超える軍務中の死者を数えた。

加えて第一次大戦中に展開された国民向けの強烈なプロパガンダは、政府ばかりか教会や種々の権威ある組織までが過剰な美辞麗句で団結と忍耐を繰り返し訴えつづけるものであったために、戦後になると国民の間に反動が生まれ、知的な青年たちの間では昔ながらの道徳論に一切耳を傾けない風潮が強まった。そんな傾向を象徴したのがスコット・フィッツジェラルドの友人でもあった文芸評論家のH・L・メンケンで、『アメリカン・マーキュリー』誌を拠点に繰り広げられたその辛辣《しんらつ》な文芸・社会時評はあらゆる権威を笑いのめし、叩き壊し、とりわけ保守的な中流層の道徳観念に対してはことさらなまでに揶揄《やゆ》を浴びせかけることで大きな反響を呼んだ。他方、有名人や公人の醜聞も相次ぎ、一九二一年にはハリウッドきっての喜劇スターだったロスコー・「でぶ君《ファッティ》」・アーバック

チャールズ・リンドバーグ　1927年5月20–21日、スピリットオブセントルイス号でニューヨークのローズベルト飛行場からパリのル・ブルージュ飛行場に到着。10万の観衆が喝采を送った。写真提供・ユニフォトプレス

ルがレイプ疑惑で起訴され、一九二三年には大統領ウォレン・ハーディングが遊説先で変死した後、政権全体におよぶ大がかりな汚職疑惑と性的スキャンダルが噴出して国民をうんざりさせた。こうした状態のなかで、とアレンはいう、「アメリカ国民は、精神的飢餓状態にあった」。

誇大宣伝がつくり出した（スポーツ選手や冒険家や映画スターなど）今日的英雄に、民衆は頭は下げたが、この英雄たちは映画と組んで利益を得たり、ゴーストライターの新聞発表用の記事と関係をもって利益を得たりしているので、完全には信用されていなかった。大衆は私生活、社会生活では安穏に暮らしているとはいえ、彼らの生活には必要な何かが欠落していた。そしてそのすべてを直ちに、リンドバーグは与えたのである。ロマンス、騎士道、自己犠牲などアーサー王伝説の純潔の騎士ギャラハッドに象徴されるものを忘れてしまっていたこの時代の人びとに、現代のギャラハッドを体現してみせたのだ。

（藤久ミネ訳）

あり余るほどの豊かさを満喫しながらも心は満たされず、むしろ秘《ひそ》かな失望と幻滅をかこつというこの状態をアメリカ国民はその後二〇世紀が終わるまでに何度か経験し、そのつど疑り深くなってゆくのだが、これについては後で触れよう。

いずれにせよリンドバーグが、事績以上にその人柄で世界中の人々の好意と共感をかちえたのは間違いなく、そのことは大西洋横断の翌年に出版した『我ら』（*We*）と題する自伝を見てもよくわかる。たとえばこの本の随所にはさまれた写真は、少年時代などを除くほとんどが飛行の成功後に世界各地で歓迎を受けたときのスナップショットなのだが、それらに写ったリンドバーグはいつも同じように地味なスーツとネクタイ姿で控えめな微笑を浮かべ、相手が大統領であれ、フランスの首相であれ、イギリスやベルギーの皇太子であれ、終始一貫して率直で飾り気のないアメリカ人らしい仕草と物腰を見せている。それはアメリカ人がいかにもアメリカらしい美徳を保ったままヨーロッパに存在を印象づけたことを物語る視覚的な証言であり、またそのことをアメリカの読者たちにさりげなく、しかし誇らしく伝えるメッセージにもなっている。それゆえにこそリンドバーグは、ライト兄弟以来、アメリカが世界に先駆けてきた航空の歴史をよりいっそう輝かせる誇らしい神話のヒーローとなって、享楽に倦《う》んだ一九二〇年代の人々の心を感動で一杯にする存在となったのである。

民間航空輸送の始まり

ところでリンドバーグの大西洋横断が成功した一九二七年前後は、また、民間航空輸送の歴史に大きな画期の訪れた時期でもあった。その後およそ半世紀にわたってアメリカ国内の旅客航空輸送を牛耳ることになる通称「ビッグ4」――ユナイテッド、アメリカン、ＴＷＡ、イースタンの各エアライン――がそれぞれ創業し、また名にしおう国際旅客航空の雄パン・アメリカン航空《エアウエイズ》、通称「パンナム」も誕生したのである。

もっとも発足当初はいずれも旅客ではなく郵便輸送の会社だったし、創業者やその後の有名経営者たちの経歴もまちまちだった。たとえばイースタン航空の創業者クレメント・キーズは元『ウォールストリート・ジャーナル』の編集者、その下で総支配人をつとめたのは第一次大戦でアメリカの撃墜王となったエディ・リッケンバッカー、TWAの初代運行部長で後の最高経営責任者ウィリアム・「ジャック」・フライは元ハリウッドのスタント飛行士、後にアメリカン・エアラインに発展するテキサス航空輸送の経営者サイラス・R・スミスは元銀行の出納係、一九三三年から六三年までユナイテッド・エアラインズの社長をつとめたウイリアム・「ビル」・パターソンは元会計士、そしてパンナムの創業社長ホアン・トリップは第一次大戦末期に海軍でパイロットの訓練を受けたイェール大学卒業生……と、空との関わりを持つ人物はせいぜい半数を占めるに過ぎない。しかしともあれリンドバーグの大西洋横断が成し遂げられたころ、アメリカの航空産業もまた大きな発展へと向かう歴史の扉を開けたのである。

航空業界の構図

この背景には第一次大戦後のアメリカの航空行政の展開と、それを一手に取り仕切った郵政長官ウォルター・フォルジャー・ブラウンの存在があった。

すでに述べたように、もともとアメリカはライト兄弟の祖国であるにもかかわらず、政府や軍がなかなか航空事業へと積極的に踏み込もうとしなかった国である。ただし例外が郵便事業で、それというのも郵便は広大な国土の奥にまで文明の恩恵を届け、国民国家の社会を一体として保持するための重要な通信手段だったから、鉄道の通っていないような辺陬《へんすう》の地にまで迅速に郵便物を配達するという目的にとっても、飛行機は有用な手段と考えられたためである。そこで連邦郵政局は一九一九年に大戦を終えた軍から払い下げられたデ・ハヴィランドＤＨ－４単発複葉機を九五機引き取って独占的に郵便輸送を開始。その見通しが何とかついた六年後の一九二五年から、航空郵便輸送を補助金つきの民間委託事業に切り替えて、民間の参入を促した。先に挙げた企業（またはその前身）はいずれもこの後に創業されたが、初期の段階では計四四社もの零細事業者が群がり寄るばかりで効率が上がらない。それを劇的に改善し、旅客輸送を兼ねるいくつかの大手企業へと業界を再編しながら政府が厳しい規制を敷く基本政策を実行したのが、一九二八年にフーヴァー政権の郵政長官に就任したブラウンだったのである。

こうして航空行政は、総じて政府の規制を嫌う傾向の強いアメリカでは珍しく例外的に規制の厳しい分野となり、ブラウンはほとんど独裁者のような権力を掌握することとなった。ただし、この手法は当然のように激しい批判の対象ともなり、一九三四年に誕生したフランクリン・ローズヴェルト政権下ではブラウンとその周辺に汚職の疑いをめぐる委員会審問が持ち上がることとなる。結局、これによってブラウン自身の政治生命は絶たれることになったが、事件そのものは証拠不十分のままで決着したうえに、ローズヴェルトが民間委託を中止して業務を代行させた陸軍航空隊が相次いで事故を起こしたため、最後は大統領が公式に謝罪して制度を元に戻すこととなった。こうしてブラウンが定めた航空業界の構図は、後にレーガン政権下で大幅な規制緩和策が実施されるまでおよそ半世紀間温存され、前述したビッグ4とパンナムの経営陣の多くも約三〇年間にわたって業界に君臨しつづけることになったのだった。

パン・アメリカン航空の創業

なかでも飛びぬけて異彩を放ったのがパンナムの創業者ホアン・トリップだったことは、誰しも認めるところだろう。一八九九年にニュージャージーの富裕な一家に生まれた彼はイエール大学を卒業後、実家の資産をもとに富裕層相手のチャーター航空機の会社を興し、さらに大学時代の友人のつてで小さな航空会社を相手に投資や買収を重ねた後、コーネリアス・ヴァンデービルト・ウィットニーやウィリアム・A・ロックフェラーらの後押しを得て、一九二七年にフロリダのキーウェストからキューバのハヴァナまでの郵便輸送事業を手がけるパン・アメリカン航空を創業した。その後、同社は「汎アメリカ主義」を示唆する社名通り、カリブ海および中南米を起点に世界規模へとおよぶアメリカ外交の膨張政策に忠実に寄り添い、歴代当局者との私的関係も深め、また進出相手国の政府要人への食い込みと利権の確保もぬかりなく押さえながら急発展を遂げてゆく。

まず一九二八年にはハヴァナへの旅客輸送業を開始し、ついでヨーロッパの富裕層の多いアルゼンチンの首都ブエノスアイレスとニューヨークの間の定期路線を中心とした輸送網を

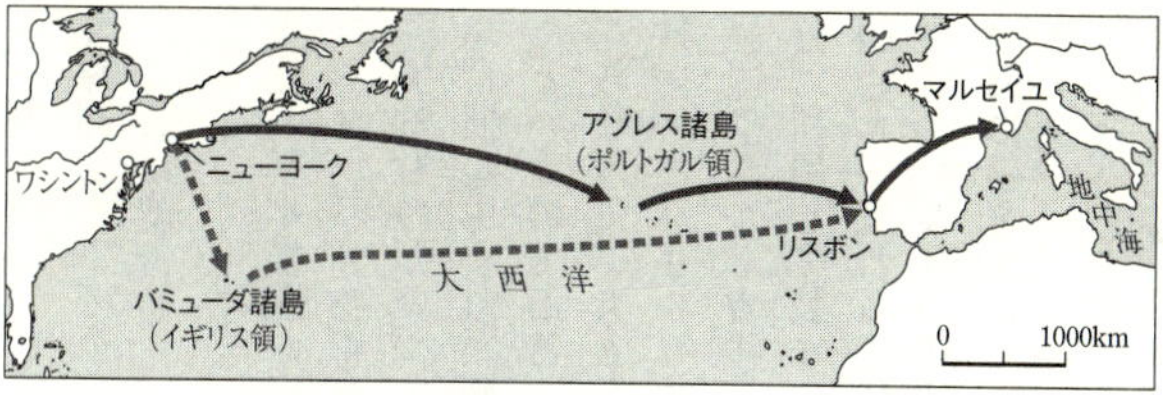

パンナムの大西洋路線　中継地を予定のバミューダ諸島からアゾレス諸島に変更した

敷設した。次に大西洋路線の開拓に乗り出したが、これは航空大国でもある英仏が互恵主義に基づいてアメリカ側と英仏側の同時進出という方針を頑として譲らないために中断を余儀なくされ、すると直ちに太平洋へと目を転じて一九三五年にはサンフランシスコ—ホノルル—ミッドウェイ—ウェーク—グアム—マニラ間の飛行艇による輸送路線を開拓。これは給油や整備などの航空支援施設のほか、乗客と乗員のためのホテル建設まで含む大がかりなもので、最終的にイギリス植民地の香港までを結んだこの路線にはシコルスキー、マーティン、ボーイング各社へトリップが次々に特注した大型の飛行艇が続々と就役し、有名なパンナムの「チャイナ・クリッパー」時代が幕を開けることになったのである。

「ようこそパンナム帝国へ」

その後、トリップは中断していた大西洋路線の開拓にも再び取り組んだが、ここでいかにも彼らしい手腕を発揮する。というのもヨーロッパとの交渉の最大のネックとなっていた互恵主義の壁にしびれを切らした彼は、ニューヨークからの最初の中継地として予定していた英領バミューダ諸島を諦め、その頭上を越えてポルトガル領のアゾレス諸島までをつなぎ、それからリスボン―マルセイユへと乗り入れてゆく路線を一九三九年に強引に開設したのである。

ここに就役したボーイングB－314飛行艇はチャイナ・クリッパーの向こうを張って「ヤンキー・クリッパー」と名づけられ、第二次大戦後にまでつづくパンナムの世界航空網支配の基本構図が完成した。その横紙破りを辞さない強引さは、第一次大戦を経ていよいよヨーロッパ列強をじわじわと引き離し始めたアメリカ合衆国の、「空の帝国」への野心を代弁するものといってよかった。事実、このころからパンナムの社内では自社を「帝国」と呼ぶ習慣が生まれ、新入社員には「ようこそパンナム帝国へ」と声をかけるならわしが生まれたというのである。

ちなみに、もともとアングロ＝サクソン系の一家に生まれたトリップは母親がつけた「ホアン」というスペインふうの名前を生涯嫌っていたといわれるが、同時に、ラテンアメリカ諸国やポルトガル、スペインなどとの交渉の際には彼をラテン系と思いこむ相手の誤解を存分に利用して臆《おく》することがなかったという。そんな逸話もまた、一代でなりふり構わず「帝国」と呼ばれる地位にまで会社を育て上げた起業家ならではの強引さをうかがわせる。かくて第二次大戦の開戦直前、パンナム帝国とアメリカ合衆国は、ついに飛行機による世界支配の扉に手をかけたのである。

大戦間期の飛行機熱

看護師を客室に配置

現代の目からふりかえってみると、この大戦間期の状況こそが、よくも悪しくも今日私たちの知る「空」の文化をめぐるイメージの原形であると同時に、アメリカならではの航空文化の出発点でもあったことがわかる。

たとえば今日、世界中の旅客機につきものの女性の客室乗務員は、一九三〇年、ユナイテッド航空の前身に当たるボーイング・エア・トランスポート（ＢＡＴ）社が八人の正看護師を雇用し、客室に配置したことが始まりだという。きっかけはパイロットとナースの両方の資格を持つエレン・チャーチという女性がＢＡＴに仕事を探しに行ったことで、このとき応対した社の幹部が彼女の経歴を聞いて旅客集めの宣伝を思いついたものらしい。もっともユナイテッド航空の社史によれば、ほとんどの男性クルーが「役立たずの女たち」として最初眉をひそめたというのだが、オークランドからシカゴへの国内線に乗り組んだチャーチに対する乗客の評判は上々で、以後、徐々にスチュワーデスの採用は各社に広まってゆく。といっても彼女たちに対するさまざまな制限は厳しく、必ず独身であること、二五歳以下であること、体重は一一五ポンド（約五二キロ）、身長は五フィート四インチ（約一六三センチ）以下であること、等々の条件が課せられていた。

またスチュワーデスの採用がすぐに広まったかといえば実はそうでもなく、イースタン航空の場合は七人の正看護師を採用したものの試用期間が一年間、またアメリカン・エアラインは一九三三年になってようやく四人の女性看護師を採用したという。ユナイテッドの八人の場合も仕事の内容は結構な重労働で、乗客の荷物の上げ下ろしから古い折りたたみ式のシートの設営、また機体への燃料補給や、パイロットとともに飛行機を押して格納庫にしまう作業まで担当することもあった。月給は一二五ドルだったそうだから同世代の働く女性たちよりはかなり高給だったとはいうものの、優雅で華やかな紋切り型のイメージとは裏腹に、人手不足の僻地の病院勤務並みの重労働だったことになる。

しかし考えてみるとこれは、アメリカの航空文化のある一面ともつながっていることなのかもしれない。というのも史上初の女性乗務員となったエレン・チャーチがそうだったように、客室乗務員であれ何であれ、空に関わろうとした航空史初期のアメリカの女たちは、オイルまみれになりながらもあくまで自分自身の手で飛行機を飛ばそうとする独立心に富んだ傾向を共通の絆としていたからである。

空駆ける女たち

たとえば一九一一年、記録に残っているなかでは最も早く正式の飛行免許を取得したハリエット・クインビーは、世紀の初めのニューヨークで多忙な週刊誌記者をしながらD・W・グリフィス監督のために映画の脚本も手がけ、三六歳で飛行免許を取得した翌年にはドーヴアー海峡をフランスのブレオー式複葉機で横断したほど果断にして豪気な女性だった。また、免許こそ持たなかったものの、一九一〇年に女性として初めて固定翼の飛行機で空を飛び、その後グレン・カーティスの曲乗り飛行隊員からマーティン社のテスト・パイロットになったブランシュ・ステュアート・スコットも、「空のおてんば」(Tomboy of the Air) が綽名になるようなおきゃんな人柄だったという。

さらに一九一七年、自慢の曲乗り飛行を披露に日本と中国にやってきたキャサリン・スティンソンは妹のマージョリーとふたりの兄もすべて飛行士という風変わりな一家に育ったテキサス人だったし、第二次大戦で陸軍航空隊に女性部隊員を創設するよう熱心に働きかけたジャクリーン・コクランは孤児として生まれて最初は読み書きすらおぼつかなかったにもか

ハリエット・クインビー　最も早く飛行免許を取得した女性

キャサリン・スティンソン　飛行機で宙返りをした最初の女性飛行士

かわらずあくまで前向きに人生を過ごし、音速を突破した最初の女性パイロットになった。

なお、このなかでも大衆的な知名度がいまなお高いのが「女性版リンドバーグ《レディ・リンディ》」こと女性初の単独大西洋横断飛行家アメリア・イアハート（一九頁写真）で、さまざまな記録を矢継ぎ早に達成する行動力で世界的に知られたが、人柄はいたって素朴で内気で、いかにもこの時代のアメリカ女性らしい雰囲気が遺された写真からもうかがわれる。

なお同時代のイギリスでも女性飛行家はさまざまに登場したが、数の点ではアメリカのほうが圧倒的に多く、階級的な広がりもアメリカのほうが大きい。写真家などの場合にも同じことがいえるのだが、アメリカでは産業革命の成果を市民が貪欲に日常生活に吸収し、技術学校を設立して女子教育にも応用していくといったことがおこなわれやすく、結果として最先端技術と女性の関わりが深くなるのである。

銀幕を飛ぶヒロイン

一方、このころになると風俗の分野にも新しい現象が見られるようになっていた。映画や大衆誌、雑誌の広告などにクインビーやイアハートらを真似たような飛行帽と飛行服、ゴーグル姿の女優やモデルたちの写真や絵がしきりに登場するのである。

たとえば一九三五年にマーナ・ロイとケイリー・グラントを主演にパラマウントで製作された『盲目の飛行士』（*Wings in The Dark*）は、おきゃんな女飛行士のロイと敏腕技師のグラントの夫婦が事故に見舞われてグラントが失明し、その借金をロイが懸賞金つきの大西

レンピッカの自画像「オート・ポルトレ」1925年。『肖像神話　迷宮の画家タマラ・ド・レンピッカ』PARCO出版（1980）より

洋横断飛行で返済しようという物語だが、このなかでロイが見せた白い飛行帽姿はすぐに『ヴォーグ』のファッション写真にも登場した。また同じころ英米の漫画や大衆小説にも「空飛ぶ《フライング》ジェニー」や「飛行機《プレーン》ジェーン」といったヒロインたちが登場し、妙にしどけない仕草や軀《からだ》つきで飛行帽をかぶった女性像が目立って増えてくる。

実はこうした女性像には、ちょうど一〇年前に先例に当たるものがあった。一九二五年、ポーランド出身の女性画家タマラ・ド・レンピッカが描いた「オート・ポルトレ」と題する有名な自画像である。ここで緑色のブガッティのハンドルを握るのはレンピッカ自身だが、屋根のないロードスターのシートに埋もれるように座って飛行帽と同じヘッドギアをつけ、ほとんど頭部と腕以外の全身を機械と一体化させているように見える。題名が「自画像」と「自動車」を混ぜたような「自動画像」(Auto-portrait) になっているのも興味深い。もちろんここでの機械は自動車であって飛行機ではないが、あたかも下半身を機械に埋め込まれたように虚ろな眸《ひとみ》を見せるこの女性像は、同時代のフリッツ・ラングの映画『メトロポリス』（一九二六）に出てくる機械化された処女マリアと同じく、マシーン・エイジのなかに生まれた「機械と一体化した女」という新しいイメージを体現している。その異形の身体が一九三〇年代半ばまでに大衆文化によって完全に吸収され、換骨奪胎され、わかりやすい官能性をともなって記号化されたのが「空飛《フライング》ぶジェニー」や「飛行機《プレーン》ジェーン」なのだ。したがってそれは伝統的な女性像の書き換えや再定義ではなかった。むしろそこでは飛行帽に象徴される機械＝男っぽさの記号性を加味することによって、逆にしどけない大衆的な女らしさが強められていたのである。

曲乗り飛行と「翼の福音」

一方、この大戦間期を通して興隆した空の大衆文化は、都市風俗にまつわるものだけではなかった。それどころか「空を飛ぶ」「飛行機を飛ばす」という具体的な技術をともなう航空文化の受容は、むしろ都市以外の場所で盛んになったのである。それを示すのが次のふたつの現象だろう。

ひとつは全米の各地、特に都市郊外や田舎で盛んに航空ショーが開かれるようになったことである。といっても現代のそれのように空軍や航空機メーカーが各種の航空機をずらりとそろえて開催する大がかりなものではなく、農村などで開かれるカントリーフェアなどに曲乗り飛行のパイロットが出演したりする程度のものである。つまりはドサ回りの空中サーカスのようなものということだが、リンドバーグもひとところ曲乗り飛行士として生計を立てていたことからわかるように、素朴な庶民の憧れを掻き立てることはあってもことさら地位の低い職業と見なされるわけではない。むしろ曲乗り飛行に憧れた若者が自分でも飛行学校に入ったり、ときには独学で操縦を覚えたりといったかたちで草の根のレヴェルでの飛行機熱がアメリカでは急速に広まってゆく。先に触れた女性飛行家たちもそうした憧れから空をめざした例が多いのである。

このようにして顕在化した飛行機熱を指して、アメリカの文化史家ジョーゼフ・コーンは「翼の福音」(Winged Gospel)という言い方をしている。彼によれば、この時期の飛行機熱は単なる子どもっぽい憧れの域にとどまるものではなく、各地で開かれるアマチュア飛行家たちの集会などでは、ほとんど宗教的な祭祀をも交えながら儀式が進んでゆくことも珍しくなかったという。たとえば一九三三年にフィラデルフィアのフランクリン協会が、ライト兄弟の初飛行から一三周年を記念して開催した展覧会とセレモニーでは、前年に大西洋横断を果たしたイアハートのほかオーヴィル・ライトも招待されたが、このとき全米女性航空協会(Women's National Aeronautic Association)の支部員たちが登壇しておこなったミサでは、壇上にうやうやしく飾られたライト・フライヤー一号機の模型に向かって厳粛な祈りが捧げられ、驚くほど生真面目な宗教儀式が執りおこなわれたというのである。

模型への情熱

そしていまひとつの現象が、全米の子どもの間に熱烈な模型飛行機ブームが起こったことである。しかもこのブームの裏には航空関係者による一種の「未来学習」としての航空教育の試みが横たわっていた。コーンによればこうした試みは一九一〇年代の初めから見られたが、特に第一次大戦後になると、折からの飛行機熱に煽《あお》られてがぜん教育への関心が高まり、学校の正課や放課後の模型飛行機づくりが積極的に奨励されるようになったのである。

たとえば航空機に人一倍関心の強かった自動車王ヘンリー・フォードのお膝元であるデトロイトでは一九二八年の夏におよそ六〇〇〇人の児童が模型飛行機教室で指導を受けたが、八年後の一九三六年にはひと夏だけで四万五〇〇〇人、二年後の一九三八年には一二万人以上の児童が指導を受けるまでになったという。さらに地元のラジオ局や新聞社が模型飛行機づくりの番組や記事を制作し始め、都市部で開かれる模型づくりの講習会の類いに参加できない子どもたちのための通信教育組織などを立ち上げてブームの拡大に貢献するようになる。完成した模型のコンテストも頻繁に開かれるようになり、そうした場では「今日は模型《モデル》のパイロット、明日はパイロットのお手本《モデル》だ」といった標語までが流布していたという。

それ自体としては他愛もないアメリカ大衆文化のエピソードに聞こえるが、学校や各種の民間団体までが加わったこのような動きは、やがて子どもたちが大人になったとき、アメリカ社会のなかに航空文明によって支えられた世界観そのものをめぐる認識の変化をもたらしてゆくことになる。つまりコーンのいう「翼の福音」とは、いわば子ども時代から数々の社会的経験を通して一種の宗教的無意識にまで強化された「空」への信仰――あるいは航空万能主義――のことなのであり、ゆえにそれは第二次大戦における戦略爆撃を経て、冷戦時代の世界観・宇宙観・戦争観へと深く関わってゆくことになるというのである。

現代の文化史研究の流れに即していうと、このようなコーンの解釈には『翼の福音』が書かれた一九八三年当時の時代背景を反映するふたつの特徴があった。ひとつはこれが一九八〇年代後半から盛んになる「冷戦文化論」の先駆けのひとつだったことで、ちょうど同じころ出版されたケネス・C・デイヴィス『安物文化――ペーパーバックのアメリカ』（一九八四）やウッディ・ホート『パルプ・カルチャー――ハードボイルド小説と冷戦』（一九九五）などの大衆小説論などと並んで、一見ささいな趣味に没頭する人々の行動のなかに同時代の政治的無意識を読みとった点でコーンの仕事は冷戦時代の文化論を予告したのである。

もうひとつはアメリカの大衆的な航空文化の広まりに宗教的な情熱を発見したコーンの仕事が、折からレーガン政権下で覚醒しつつあった庶民的な宗教右派の顕在化をいち早く探知するものとなったことである。特にレーガン政権がこの直後に発表した戦略防衛構想、通称「スター・ウォーズ計画」はどこか神がかったような突拍子もなさで宗教学者たちの注目を浴びて、エドワード・リネンソールの『象徴的防衛――戦略的防衛構想の文化的意義』（一九八九）などが書かれたが、なるほど最新の科学技術を駆使した宇宙空間の軍事問題と「翼の福音」の間

1930年代の模型飛行機大会
Joseph J.Corn, *The Winged Gospel*, 1983. より

には、ある種の宗教的心情に支えられた象徴儀礼としての共通性が見られるのである。

とはいえ、このしばらく後に出版された美学者スーザン・ステュアートの秀逸なミニチュア論（『憧憬論』一九九三）が論じたように、模型飛行機にかける人々の情熱と驚異的な集中力には、冷戦を先取りした時代の政治的無意識の反映とばかり片づけられないものがあるのも確かだろう。実際、一度でも模型飛行機をつくった者なら誰もが覚えのあるように、模型はそこにあるだけで人の心をときめかせ、不思議な境地へと誘い出す。ミニチュアの世界とは対象が現実でないがゆえの摩訶《まか》不思議なリアリティを心の裡《うち》に呼び覚ますのであり、それが少年少女まで巻きこむ中流市民層の情熱あふれる公教育活動にまで一気に拡大されるところが、いかにも二〇世紀らしく、またアメリカらしいところなのだ。

そういえばあの稲垣足穂もまたこうしたアメリカ文明を太平洋の彼方から望見し、ライト兄弟の事績に思いをめぐらせた思索家だった。『ライト兄弟に始まる』と題されたその著書のなかで、彼は模型マニアの読者から受けとったらしい次のような手紙の一節をさりげなく紹介している。

先生……私は、総体に、飛行機そのものより模型の方が好きです。ついに模型にすぎないという事は、大変暗示的ですね。……だけれど、それは何かに似ています。つまり芸術そのものに……とくに、この中に出てくる少年の熱中に共鳴します。それにイミテーションのはかなさには哲学があると考えています……

第四章　ドゥーエ将軍の遺産

マッカーサーの憤激

古き武勲主義の落とし子

多文化主義史学を代表する日系アメリカ人の歴史学者ロナルド・タカキが『ヒロシマ――なぜアメリカは原爆を投下したのか』（一九九五、邦題『アメリカはなぜ日本に原爆を投下したのか』山岡洋一訳）で印象的に言及して以来、対日戦争の連合軍最高司令官だったダグラス・マッカーサーが原爆投下の決定に一切関与していなかったことが、改めて広く知られるようになった。関与していなかったというより、意思決定過程から完全に外されていた、というべきだろうか。

マッカーサーは原爆投下が軍事的には「まったく不必要」と見ていたものの、決定前に大統領からも陸軍長官からも意見を求められることはなく、原爆投下のわずか四八時間前に極秘に決定を知らされただけでしかなかった。そのため彼は原爆投下の知らせが届いた直後、激怒し、やがてふさぎこんでしまったとタカキはいう。マッカーサーのある側近の表現を借りれば、彼はこの出来事によって「社会全体の構造、世界の今後のありかたが完全に変わったことを見抜いていた。歴史の転換点になるとみていた」。だからこそ伝統ある陸軍軍人としての自負を何より貴ぶマッカーサーは、屈辱と衝撃のあまり声を失ってしまったのだ、と。

原爆投下という出来事の歴史的な特殊性と重要性を考慮の外に置いたとしても、このエピソードほど、第二次世界大戦の性質とその変化を象徴的に物語るものはないといってもいいだろう。

マッカーサーはべつに人道的な見地から投下に反対したわけではない。参謀本部には核兵器の使用でアメリカが国際的な非難を受けるリスクを危惧する向きもあったが、マッカーサーの立場はそれとも違っていた。もともと強固な伝統主義者である彼は南太平洋での熾烈な消耗戦による米側の犠牲を許容範囲内にあるものと見ており、新型爆弾を使うまでもなく、日本は早晩降伏すると考えていた。つまり彼は、伝統的な戦術で十分なところに軍事的効果も政治的影響も未知数のものを持ちこむのを、軍人の誉れにもとることと感じていたのである。

このことは、マッカーサーという人物が基本的に、第二次大戦よりむしろ第一次大戦の時代に属する軍人だったことを問わず語りに伝えている。一八八〇年に南北戦争で英雄となった軍人の家系に生まれ、ウェストポイント陸軍士官学校を歴史に残る優等生として卒業し、米西戦争直後のフィリピンやパナマに赴任。その後、大統領セオドア・ローズヴェルト付きの参謀本部に勤務し、第一次大戦では早くも四〇歳そこそこで旅団長までつとめる。こうした輝かしい軍歴を持つ彼は明らかに一九世紀的な武勲主義の落とし子であり、その価値観が依然として色濃く保たれていた第一次大戦のための軍人だといってよかった。ということはしかし、第二次大戦——の少なくとも末期——にはすでに時代の遺物と化し始めていたということでもある。いいかえれば第一次大戦と第二次大戦は、同じ「世界大戦」という呼称がときとして不似合いにすら思われるほど、互いに異なった性質を持つ戦争だったのである。

ふたつの世界大戦と航空兵力

では、これらふたつの世界大戦の違いは何か。それを律儀に数え上げるとまさに枚挙にいとまもないが、見逃せない違いのひとつに航空兵力の位置づけがある。先にも触れたように歴史上初めて飛行機が実戦に使用されたのは第一次大戦でのことだが、航空兵力が質量ともに増強され、航空機の使い方が急速に多様化し、結果として戦争全体の帰趨を制したといえるほど大きな影響力を発揮することになったのは、第二次大

ダグラス・マッカーサー　1918年、第一次世界大戦中のフランスにて

戦が初めてのことだったからである。

そのことを示す一例として、第一次大戦の主要参戦国がそれぞれ航空部隊（air corps）をいつ独立した空軍（air force）として正式に組織化したかを見比べてみよう。

たとえば気球の時代から航空力の軍事利用にはことのほか熱心なことで知られたフランスは、一九一〇年には世界で最も早く軍事航空団（Aviation Militaire）を創設している。しかしこれはあくまでフランス陸軍のなかに航空部隊を置くものに過ぎず、独立した空軍（Armée de l'Air）が組織されたのは一九三三年のことだった。またのちにヒトラー体制下で世界最強空軍を自称することになるドイツの場合も、一九一〇年、カイザー・ヴィルヘルム麾下のプロイセン陸軍のなかに航空部隊を設置したが、第一次大戦後は敗戦国のために航空兵力の保有自体を連合国から禁じられ、一九三五年にヒトラー政権下で独立した空軍（Luftwaffe）が編制されるまで、航空兵力部門自体が皆無という有様になった。

他方、イギリスの場合は一九一一年に陸軍工兵隊（Corps of Royal Engineers）のなかに航空大隊を設置する一方、翌年には陸軍の指図を嫌った海軍が独自に海軍航空班（Royal Naval Air Service）を設けるなど不統一な動きが目立ったが、一九一八年には両者を統合し、世界で最初の独立した空軍をＲＡＦ（Royal Air Force）として正式に発足させた。これはしかし、地上部隊との緊密な連携を前提とした当時の世界的趨勢《すうせい》のなかでは、あくまで例外的な動きである。いいかえれば第一次大戦のころ、世界的に見て空軍力はまだ地上兵力の補完的役割に留《とど》まっていたのに対して、第二次大戦の始まるまでには西ヨーロッパの多くの国々で空軍が独立し、それ自体で自立した役割と存在感と命令系統を持つようになっていたのである。

軍事利用には消極的

これに対してアメリカ合衆国の場合はどうだったろうか。

長年、米空軍士官学校の教科書に使われてきたバーナード・ナルティ編『翼の楯、翼の剣《つるぎ》』（一九九七）によれば、アメリカの空軍史は南北戦争時代にフランスの影響で軍用気球が偵察目的で使われたことに始まったという。けれどもこれはあくまで市井の気球実験家を一時的に義勇兵的に遇したというに過ぎず、仏・独・伊・露のように積極的に気球を常備軍兵力のなかに導入する動きは見られなかった。一九世紀末の米西戦争後も同じで、一九〇七年に航空部隊を設置した際も陸軍通信隊のなかに小規模に組み込んだに過ぎない。おそらくここには、先に触れたサミュエル・ラングレーの飛行実験の失敗も影を落としていたに違いない。一八九八年に陸海軍はラングレーの実験に五万ドルの予算を計上したが、一九〇三年、ライト兄弟の初飛行の直前におこなわれた二度の公開実験は大失敗に終わり、ラングレーが理事長をつとめたスミソニアン協会もろともアメリカ政府と軍の面目は丸つぶれになってしまったからである。

結局、一九〇八年に二万五〇〇〇ドルかけて二万立方フィート相当のガスを使った飛行船を購入したのを事実上唯一の例外として、あとはライト兄弟の実験の成功にも興味を示さず、再三アメリカ政府と軍に対する売り込みを図った兄弟からようやく最初の航空機を購入したのは、先にも触れたようにヨーロッパでの兄弟の評判が無視できないほど高まった一九〇九年のことだった。こうしてアメリカはそもそも人類初の有人動力飛行を成功させた国であるにもかかわらず、飛行機の軍事利用には極端なほどの消極性しか示さない国となったのである。

その後も航空関係の予算は厳しく、第一次大戦に参戦した段階でもわずかにパイロット三五人と整備員五五人をそろえたに過ぎない。何しろこの大戦でヨーロッパに派兵されたアメリカ遠征軍（American Expeditionary Force＝ＡＥＦ）のなかに初めて設けられた小さな航空班（エア・サーヴィス）は自前では航空機を持つことができず、飛行士たちはフランスやイギリスの航空隊に編入されるか、そこから飛行機を借りて偵察任務などを遂行するという有様だった。

その後、一九二六年に陸軍航空隊（Army Air Corps）に昇格した後、一九三五年、地上軍の航空支援だけにとどまらず空からの単独攻撃や爆撃にまで任務を拡大した総司令航空軍（GHQ Air Force）が創設されたものの、司令官は航空基地の設営・維持に関する権限を与えられないなど、依然として首脳部の及び腰のめだつ組織になってしまう。さらに真珠湾攻撃に先立つ半年前の一九四一年六月には、ある程度独立した権限を持つ陸軍航空軍（Army Air Force）がようやく誕生したが、アメリカ合衆国において空軍が陸海軍と並ぶ真に独立した組織となったのは、第二次大戦が終わって実にまる二年がたった一九四七年九月のことだったのである。

大型化・高速化・長距離化

こうして制度的な面から見ると航空兵力の扱いは第二次大戦中もあくまで補完的なものに留まったことになるが、その内容と性質はふたつの世界大戦では大きく異なっていた。一言でいうと、第一次大戦が戦闘機を中心とした敏捷《びんしょう》性の高い航空機による戦争だったのに対して、第二次大戦では——少なくともその後半——大量の爆弾を呑み込んだ重量級の大型爆撃機を主体とする新しいタイプの航空機が出現し、他を圧して戦争の帰趨を制したのである。

よくいわれるように、こうした変化は、すべてではないとしても航空機の構造をめぐる技術的な問題にかなりの部分起因していた。たとえば私たちが第一次大戦の飛行機といって必ず思い浮かべるのは複葉機だが、これはエンジンの出力性能が乏しく、したがって速度の遅い機体でできるだけ大きな揚力を得るために翼面積を大きくとらざるを得ないという技術的な制約から来ていた。しかし、だからといって単葉で巨大な面積にすると、今度は翼の付け根が荷重に耐えられなくなる。そのためできるだけ軽い機体でなおかつ翼の面積を広くするために二枚の翼をトラス構造（桁《けた》組み）で組み上げる複葉機のかたちが生まれたが、同時に、二枚の翼にするとその間に乱流が発生しやすくなることから、巧みな操縦技術さえマスターすれば微妙な旋回行動もできるという複葉機の基本特性が確立されることとなった。

こうしてスピードは遅いものの繊細な動きに優れ、特に複雑な旋回性能をよくこなし得る複葉機が第一次大戦における空の主役となったのである。ちなみにこのとき世界的撃墜王となったドイツのフォン・リヒトホーフェンの愛機は三葉のフォッカーDr－1で、これは複葉を上回る操縦の巧みさを求められたものの、腕が立てば空中での格闘にはより優位が得られたという。

一方、これに対して第二次大戦ではすでにジュラルミンを使った剛性の高い単葉機が可能になっていただけでなく、一九三〇年代から四〇年代にかけて急速に発達したレシプロ・エンジンのおかげで前の大戦とは比べものにならないほどの大型化・高速化・長距離化が達成された。たとえばエンジンの出力だけで見ても、ライト兄弟の時代の航空エンジンが約三五馬力、第一次大戦当時が二三〇馬力だったのに対して一九三〇年代には一〇〇〇馬力、第二次大戦がいよいよ盛期に入ったころには二〇〇〇馬力以上、最高で実に三五〇〇馬力にまで達している。ふたつの大戦だけを比べてもおよそ一〇倍から一五倍以上の開きがあるのだから、これはもうまったく別次元のものといったほうがいい。

またこの結果、航空機の用兵法も短期間で急激に変化し、特に一九四三年以降は戦争のあり方自体が一変したといってもよい様相を呈することになった。これについてはしかし、次章に譲ることにしよう。その前にアメリカ空軍力の誕生を語るうえで避けて通ることのできないある人物について見ておかねばならない。

「ライオン・キラー」と呼ばれた男たち

アメリカ空軍の「ふたりの父」

アメリカの空軍史や航空力の歴史というのは奇妙な情熱を掻き立てるテーマのようで、一方に軍人出身の戦史家が書いた血沸き肉躍るポピュラーヒストリーがあるかと思えば、他方にはミリタリズムに批判的な歴史家や行動科学者らが書いた分厚い研究書もある。軍事にまつわる議論を不名誉なものとして忌避する傾向の強い日本では考えにくいが、アメリカではむしろ反戦論者の軍事史や非武装主義者の戦争論が驚くほどの厚みと蓄積を誇っているのである。

しかしこうした主張や立場の違いはあるものの、草創期のアメリカ軍事航空史については諸家に一致した見解がある。すなわちアメリカ空軍にはふたりの建軍の父がいる、という見方である。そのひとりが「ライオン・キラー」の異名をとったウィリアム・「ビリー」・ミッチェル准将、そしてもうひとりがミッチェルの元部下でのちにUSAAF（米陸軍航空軍）の初代司令官となったヘンリー・「ハップ」・アーノル

ヘンリー・「ハップ」・アーノルド　米陸軍航空軍の初代司令官。米空軍創設の功労者

ド大将である。

このうちアーノルドは空軍で唯一の元帥という最高位にまで上りつめ、第二次大戦を勝利に導いた英雄として退役後も丁重にもてなされたが、ミッチェルのほうは途中で准将から大佐に降格されたうえに軍法会議にまでかけられた、軍にとってはほとんど不名誉な存在だった。そして、にもかかわらず多くの論者は、彼を空軍創設の陰の功労者と見なしているのである。

ビリー・ミッチェルの航空戦思想

ビリーことウィリアム・ミッチェルは、一八七九年、南フランスの保養地ニースでウィスコンシン州選出の上院議員ジョン・レンドラム・ミッチェルとその妻ハリエット・ダンフォース・ベッカー・ミッチェルの長男として生まれた。父の一族はウィスコンシンきっての名家で、ミルウォーキー近辺に残るミッチェル・パークやミッチェル・ロードといった地名はいずれも彼の祖父にちなんで命名されたものだという。そんな環境もあってか、ビリーは子どものころから自負心が強く、傲慢なほどの我の強さを見せる一方、目上の権威に対しては絶対服従を貫くというある種のエリートの子弟にありがちな性格を育んでいった。

一六歳で首都ワシントンのコロンビアン大学（現ジョージ・ワシントン大学）に入学したが、一八歳で米西戦争が勃発すると地元ウィスコンシンの義勇部隊に兵卒として志願。そのまま父のつてで陸軍通信隊（Army Signal Corps）に転じて士官に任ぜられた。ちなみに通信隊は工科部隊のなかでも土木・建築と並ぶ専門性の高い部隊で、ここで偵察用の気球などをあつかったことがミッチェルの目を空に向けさせることになる。一九一六年、三八歳でわざわざ民間の航空学校に入学しているが、これは飛行士になるには彼の階級と年齢がすでに高過ぎるとして軍が飛行訓練を認めなかったためで、翌年、第一次大戦にアメリカが参戦した際、彼をヨーロッパ遠征軍のなかの陸軍航空班（U. S. Army Air Service）の副司令に就ける後ろ楯となった。航空司令はパトリック・メイソン少将だが、実際には遠征軍総司令官のジョン・パーシング将軍が着任するまでの二ヵ月間、ミッチェルはほぼ自由に連合軍各国の航空関係者たちの間を行き来して新しい知識を吸収したらしい。特に影響の大きかったのがのちにイギリス空軍（RAF）の司令官となるヒュー・トレンチャード少将との交流で、ミッチェルは四〇歳で飛行訓練を受けたという六歳年長のトレンチャードに自分と同じものを見出しながら、彼の航空思想に強く惹かれていった。すなわち航空戦の発達の可能性は爆撃にこそある、という発想である。

航空戦の独自性

もともと航空機の軍事利用には通信・運輸・戦闘の三つの機能がある。「通信」は情報の迅速な収集・伝達ということで、偵察任務はそのわかりやすい例だろう。第一次大戦における米遠征軍が通信隊のなかに航空班を置いたのもこのためにほかならない。また「運輸」は軍隊でいう輜重《しちょう》任務、すなわち兵員から火器弾薬、各種消耗品、糧秣《りょうまつ》にいたるまでの運搬を担当する。どちらも重要な任務だが、それだけなら航空部隊は独立した軍である必要はない。というのも航空部隊が独立するためには航空機ならではの戦闘形態がなければならないからだ。陸・海・空の三軍鼎立《ていりつ》を当然のことと心得る現代の私たちと違って、この時代はまだ「制空権」という概念自体が存在しておらず――なにしろ「制海権」という概念すら世紀の変わりめのマハン理論を通してようやく定着したに過ぎなかった――、航空機の用兵法もほとんど未知数のままであった。それを考えるなら、航空部隊ならではの戦争形態について共通の認識がなかったことは無理からぬところだといわねばならないだろう。

しかし、それではトレンチャードは具体的に何をもって航空戦争独自の可能性を見出し得るものと考えていたのだろうか。

もともと二〇歳で王立スコットランド・フュージリア連隊に入隊し、一八九九年に始まった南ア戦争（ボーア戦争）をはじめとする植民地戦争の経験を持っていたトレンチャードは、独立を求めて蜂起する未組織の非正規軍、すなわちゲリラを相手に戦うことの困難をよくわきまえていた。そのため彼は早くから神出鬼没のゲリラを一網打尽に叩く手段としての航空爆撃に期待をかけており、特に第一次大戦で実用化された毒ガスとの組み合わせを有効なものと見なしていた。現に彼は第一次大戦後に起こったソマリアやイラクにおける植民地解放闘争を抑止するために空中からの毒ガス撒布を実施しているし、それどころか第一次大戦後にさかんになった労働争議でのデモを鎮圧するために空軍が出動することまで提唱したという。これはさすがにウィンストン・チャーチルによって制止され、案を公表すること自体を禁じられているが、彼の描いた空軍力のイメージがどのようなものであったかを象徴的に伝えるエピソードではあるだろう。

戦艦撃沈の公開実験

さて、ビリー・ミッチェルは陸軍通信隊の士官としてフィリピンやアラスカに駐留した経験からトレンチャードの発想を理解したものの、そのままアメリカにも適用可能なものと考えたわけではなかった。トレンチャードの発想を端的にいえば、植民地を失わないために空からの脅威を確立しようとするものである。が、植民地を持たないことが国是となるアメリカでは逆に、植民地を持たずともその地域における覇権を確立するために空をいかに利用するか、という筋道になるからだ。またミッチェルには、もうひとつの課せられた条件があった。常備軍嫌いのアメリカで独立した空軍組織を正規軍とするためには、国土を防衛するという目的にとって空軍力がいかに有効かを示さなければならないからである。

先に述べたように、この問題についてはすでにアルフレッド・マハンの「海上権力論」が一定の解答を出していた。すなわち北アメリカ大陸を東西からはさむ大西洋と太平洋における覇権――すなわち制海権――を確保するために海軍力を整備することが国土防衛の鍵となる、という論理である。これが常備軍嫌いの合衆国においてなお、海軍を例外として大きく発展させてきた最大の背景だったこともすでに述べたとおりである。

したがってミッチェルの前には、いわばこの論理が「海軍の壁」とでもいうべきものとなって立ちはだかっていたことになる。と同時に、彼が空軍の独立を唱える以上、航空兵力は地上兵力の支援以上には必要ないと考える陸軍の因襲的な伝統主義者たちも敵に回さなければならなくなる。トレンチャードとの付き合いから航空兵力を陸海軍で分割することの愚を教えられていたミッチェルにとって、制海権と肩を並べて制空権を保持する組織を確立することこそがいまや宿願となっていたのである。

こうしたミッチェルにとって、しかし第一次大戦後の状況はけっして好ましいものではなかった。准将に昇格していた彼とその盟友で空軍独立論者のベンジャミン・フーロア准将の期待に反して、戦後、陸軍省が陸軍航空班を統轄する管理官に指名したのは砲兵隊出身のチャールズ・メノハー少将だった。もともとこの役職は戦時中は文官が就任するものとされていたために、制服組がトップに立つことはミッチェルらにとって悪くないはずの話である。が、その座に就いた肝腎の人物があくまで地上軍の指揮下に航空兵力を置くべきだと考える伝統主義者であるとすると、かえって事は面倒なことになったというほかないからである。

そこでミッチェルは幾度かに分けて波状攻撃を開始した。手始めは水上飛行艇などを含む軍事航空部門から航空郵便、民間航空産業まで航空に関わる問題をすべて一元的にとりあつかう航空省を連邦政府のなかに設置し、これを陸軍省・海軍省と同格の官庁とする法案を働きかけることである。この発想は大戦後の軍縮論に受け容れられやすい一面を持っていたために議員たちのなかにも賛同の声があったが、結局は大戦の英雄として赫々《かっかく》たる名声に包まれていたパーシング大将らの猛烈な巻き返しに遭って廃案になってしまう。

そこで彼は次に世論を喚起する作戦に出て『ニューヨーク・サン』などの新聞に空軍独立論を寄稿し、突飛な実験を実現に持ち込んだ。このころ米海軍は敗戦国ドイツから訓練用として戦艦オストフリースラント号を捕獲していたが、これを標的として爆撃機に改造した飛行艇の編隊で撃沈できるかどうかを公開実験してみせたのである。ちなみにこの戦艦は有名なユトラント海戦を生き延びた古強者で、いわゆる大艦巨砲主義の象徴のような存在だった。いいかえれば敵艦ながら、ミッチェルにしてみれば宿敵である海軍そのものといってもよかったろう。

戦艦撃沈の公開実験　ビリー・ミッチェル（上）はマーティンMB－2（中）の編隊でドイツから得ていた戦艦オストフリースラント号を沈めてみせた。William Schwarzer, *The Lion Killers*, 2003. より

六機のマーティンMB－2の編隊で臨んだこの実験は一度目は失敗に終わったものの、一〇〇〇ポンド爆弾に積み替えて臨んだ二度目の実験は大成功に終わり、この年に陸軍参謀長に就任したパーシング将軍以下、詰めかけた記者らが見守るなかでオストフリースラントはものの見事に沈んでしまう。当然、メディアはミッチェルを英雄扱いし、彼と論争したメノハーは辞任に追い込まれてしまった。さらにミッチェルは余勢を駆って一九二三年には退役寸前の米戦艦ニュージャージーとヴァージニアを標的とし、新たにデ・ハヴィランドDH－4をまじえた爆撃編隊でこれも難なく撃沈してしまった。こうしてメディアはミッチェルとその爆撃隊の面々を「ライオン・キラーズ」と呼ぶようになったのである。

軍法会議にかけられたミッチェル

ふりかえってみると、おそらくこのころが米空軍史の異端児ビリー・ミッチェルの生涯の絶頂期だったことになるだろう。実際、彼の名声は日に日に高まるばかりだったし、世間の飛行機熱も盛り上がりつつあった。しかしこうした行動を嫌った陸軍の上層部は彼をテキサスの田舎の基地に転任させ、事実上、放逐処分に付した。

そして一九二五年、ミッチェルの運命を変える事件が起こった。ミッチェルの親友が艦長をつとめる海軍の飛行船シェナンドー号が悪天候のために墜落し、四三名の乗組員のうち艦長を含む一四名が死亡する大事故が勃発したのである。

この原因が天候難を理由に飛行を渋った艦長を押し切った海軍当局の命令にあったことを

知ったミッチェルは記者会見を開き、今回の事件が上層部の無知から来るものであると指摘。のみならず、軍の上層部がこれ以上空軍力の重要性を無視しつづけるなら、それは「国家の防衛義務に対する裏切りにも等しい行為」となるだろうと言い放ったのである。

ミッチェルのように実績ある軍人がおこなう信念の行動に対しては、いかに上層部といえどもうかつに抑えこむことができないのは世の常だが、「裏切り行為」(treasonable administration) とまで言い放つとなると話はべつになる。結局、彼は軍紀違反を理由に軍法会議にかけられ、五年間にわたる無給の停職処分という極刑に等しい判決を受けてしまった。もっとも彼自身は軍法会議を承知のうえの行動で、その場を借りた熾烈な法廷闘争をもくろんだわけなのだが、しょせん軍法会議は軍隊内部の規律を保つための制度でしかなく、民間の法廷のように不服申し立ての上告制度などもない。かくてあっさり敗れた彼は一九二六年に退役に追いこまれ、ウィスコンシンに戻って言論活動を継続したものの、その影響力は見る影もなく落ちていたという。

実のところ彼は航空兵力に理解のある海軍出身のフランクリン・ローズヴェルトが大統領に立候補したとき、陣営に働きかけ、政権誕生のあかつきには陸軍省の航空担当補佐官に指名されるよう工作したとも伝えられる。しかしすでに軍を離れたミッチェルに威光はなく、一九三六年、肺炎と心臓発作のためにニューヨークの病院で死去した。享年は五六歳だった。

映画『軍法会議』でのミッチェル

以上のようなビリー・ミッチェルの生涯をふりかえってみると、それ自体は時代の先を見通しながらも運に恵まれなかった悲運の智将の物語、という程度のものにも思われてくる。なるほどミッチェルはユニークな異端児だったが、ある意味で彼の生涯はあまりにも個性的過ぎて、かえってよくある悲劇の英雄譚というふうにも見えてしまうのである。

実際、この印象はアメリカでも同様のようで、それが証拠に彼の半生をめぐっては第二次大戦後に映画までつくられている。一九五五年、オットー・プレミンジャー監督、ゲイリー・クーパー主演による『軍法会議』である。

念のため断っておくと、この映画はミッチェルの伝記映画ともいえないもので、それというのもミッチェルを演じたクーパーはこのときすでに五四歳。第一次大戦で航空部隊を志願した三〇代終わりごろのミッチェルを演じるのも辛《つら》い状態だったからだ。またミッチェルはいかにも傲岸不遜《ごうがんふそん》な態度が持ち味で、ごく少数の味方と熱烈な信奉者のほかは不要な敵までつくってしまうタイプだったが、スクリーンで見るクーパーはといえば『真昼の決闘』の保安官をさらに寡黙にしたような沈痛な面持ちばかりが目立ち、「ライオン・キラー」の異名をとった強烈な異端児というより、単に無理解な世間に黙殺された正義の人としか見えないのである。唯一リアルなところはといえば、写真で見るミッチェルが、案外クーパーにも負けなさそうな美男であることぐらいだろうか。

茶化しているわけではない。このようにミッチェルを悲劇の英雄や時代を先取りし過ぎた異端児としてだけ見てしまうと、空軍力に対する彼の強烈な執着心をめぐる歴史的な意味と問題が見失われてしまうと思われるからだ。

すでに見たようにミッチェルの航空主兵論はトレンチャード譲りの爆撃による制空権論を骨子としていたが、これは第一次大戦を通して急速に顕在化しつつあった時代の趨勢とぴったり一致したものであった。その理論的な中心人物がジュリオ・ドゥーエ、ある意味でミッチェル以上に数奇な生涯を送ったイタリアの軍人である。そしてこの人物から始まったとされるものこそ、やがて戦争の歴史のなかに厖大な数の民間人を巻き込み、未曾有の大殺戮《さつりく》を招き入れることになる戦略だった。それを「戦略爆撃」という。

「予言者」ドゥーエと航空主兵思想

「戦略爆撃」(strategic bombing)という概念は、ごく一般的にいって「精密爆撃」(precision bombing)と同じ意味合いの言葉として漠然と受け止められているかもしれない。「戦略《ストラテジー》」はどことなく知的な響きに包まれた文化的なレトリックといってもよい一面を持っているからである。しかしドゥーエによって理論化され、トレンチャードやミッチェルによって世に広められた戦略爆撃は、それほど美しくも知的でもなかった。というより戦略

ジュリオ・ドゥーエ 1869年生まれのイタリアの軍人

爆撃こそは、強者が一方的に弱者を蹂躙《じゅうりん》する近代戦争の一面を最も端的に体現したものといったほうがよいのである。

まずはドゥーエについて見ておこう。

ジュリオ・ドゥーエは一八六九年、ピエモンテ州に生まれ、ジェノヴァの士官学校に入学して砲科を選んだ。その後、トリノの工科大学で電気工学を学んでいる。もともと根っからの技術将校で、軍事工学に関する専門書を早くから出版し、三〇代になるとすぐ参謀本部に勤務した。そしてこのころ飛行船、ついで固定翼の航空機の出現をまのあたりにして航空兵力の未来を直観的に見通すことになった。

軍事航空史の専門書のいくつかは、このドゥーエやトレンチャード、ミッチェルらを並べてseer（予言者）という言い方をしている。実際、彼ら三人に共通しているのはある種の直観性と直情性で、そのためだろうか、ドゥーエもミッチェルも軍人の出世という観点から見るとけっして幸福な存在ではなかった。

実際、ドゥーエの場合でいうと一九一一年に北アフリカの支配権をめぐってトルコと争ったいわゆるリビア戦争（イタリア＝トルコ戦争）で初めて飛行機から手榴弾《しゅりゅうだん》を投下する試みをおこなって以来、急速に爆撃を主体とする航空主兵主義へと傾倒してゆくにつれて昇格と降格を繰り返す人生を始めている。特に第一次大戦では五〇〇機の航空機で毎日一二五トンの爆撃をおこなうことを建議したもののあっさり無視されたことに腹を立て、政府の有力者にかけこんで上層部批判を繰り広げたことが問題視され、軍紀違反で軍法会議にかけられて一年間投獄の憂き目に遭っている。

その後、一九一七年のカポレットの突破戦でイタリアが大敗を喫したのを機に現場に復帰し、一足飛びに航空隊司令官に就任。一年後にまたも上官侮辱のかどで軍を辞したものの、休戦協定後に軍法会議の決定が覆され、少将に昇格した。こうして昇格と降格を繰り返しながらも理論書を書くことを一貫してつづけ、一九二一年に上梓したのが有名な『制空論』だった。

ドゥーエの「航空戦の本質」

フォン・クラウゼヴィッツの『戦争論』、アルフレッド・マハンの『海上権力史論』と並んで三大戦略論などと呼ばれることもあるドゥーエの『制空論』は、一言でいえば「戦争の三次元空間」に当たる空をいかに利用して戦争全体の帰趨を制したらよいかを説くものである。そしてここでも空の理論の中心となったのが爆撃だった。

ドゥーエの理論は、第一次大戦で得られたふたつの教訓をもとにしていた。ひとつは数百キロにわたって膠着した戦線を境に両軍がにらみ合ったまま、不毛な消耗戦をつづけたことである。理由のひとつは両軍が機関銃と大砲で武装した塹壕に立てこもり、お互いに身動きできなくなったためだが、この状態を解決し得るのが「三次元の戦場」としての空からの爆撃だというのが、ドゥーエを含むこの時代の航空主兵論者たちの考え方だった。もちろんこのなかにはトレンチャードのように、爆弾ではなく毒ガスを撒布《さんぷ》するという発想も含まれている。

もうひとつは、第一次大戦が総力戦の先駆けとなったことで、特に一般大衆からなる世論を味方につけることで長期化した戦争の行く末が左右されたことである。そこでドゥーエが考えたのは、民心が戦力の一端をになう国民国家時代の戦争においては空からの爆撃がきわめて効果的に恐怖心を与え、敵の国力に打撃を加えることができる、という発想だった。軍事の専門家たちはしばしばこれを「空からの膺懲《ようちょう》」(punishment from the air) などというが、一発で軽く数百キロにおよぶ爆弾を空から雨あられと浴びせかけることによって、この攻撃は敵国の民衆の士気を破壊しよう――いいかえれば民心そのものを圧殺しよう――とするのである。

しかし、この考え方はいうまでもなく民間人を攻撃対象とすることを意味する。もちろんドゥーエは、民間人抹殺が航空戦の目的だなどと書いたわけではない。たとえば彼は、空の戦いの本質とは陸海軍を空から支援することではないと明言する。また航空戦とは戦闘機同士の華々しい空中格闘戦などというものでもないという。その手のものは「ドン・キホーテのごとき頓珍漢《とんちんかん》」のしわざでしかなく、戦争の本質とは何ら無縁なのだ、と。

さらに彼は言葉を継いで、航空戦の真の意味は大編隊を組んだ爆撃機によって大量の爆撃をおこなうことが、実は自衛のための戦法であることを理解することにあるという。というのもこのやり方は、敵勢力を物理的に破壊すると同時に心理的にも恐怖を与え、かつ敵国の経済にも打撃を加えるという三つの機能を同時に果たし得るのであり、しかるがゆえに最も効果的・効率的な戦争の手段となって、味方（自国）の経済を守ることにつながるというのである。

実際のところ、第一次世界大戦はドゥーエのいうような重爆撃機主体の航空戦が戦われたわけではなかったし、ミッチェルが試みたように護衛戦闘機をまじえた爆撃編隊が戦艦や重巡洋艦を次々に撃沈するといった情景が見られたわけでもなかった。しかしこれは、わずか二〇年後に起こるもうひとつの世界大戦でまぎれもない現実となるヴィジョンだった。すなわちドゥーエ将軍の思想は、次の時代の戦争にあまりにも多くの遺産を送り届けるものだったのである。

第五章　銀翼つらねて

第二次大戦と空の総力戦

大量動員、大量破壊、大量殺戮

第二次世界大戦は実にさまざまな面で「大量」という言葉の冠せられた戦争だった。大量生産と大量動員、消耗戦という名のもとでの大量消費と大量破壊、そして一般市民を巻き込む大量殺戮……。注意すべきはこの「大量」が英語ではmassive、すなわち本来なら個々別々の存在である人間たちを十把ひとからげの固まりとしてあつかう概念となっていることだろう。たとえば第二次大戦では枢軸国の総動員数二五四三万人に対して連合国では七九五四万人、戦闘員の死亡は枢軸国が五六六万人に対して連合国が一一二七万人、一般市民の犠牲では枢軸国が一九五万人に対して連合国が三二三七万人にのぼったといわれる。概算すると全体に占める戦闘員の死者の割合が三三パーセントなのに対して、一般市民が六七パーセントもの高率となった。

第一次大戦では一般市民の率が五パーセントと推計されるから、第二次大戦はそれとは比べものにならない規模で市民を巻きこむ大量殺戮がおこなわれたことがわかる。第二次大戦はまさしく十把ひとからげに国民すべてを戦争に巻きこみ、駆り立てた総力戦だったのである。

国民国家が一丸となって戦う

戦略爆撃はある意味でこうした（敵の）総力戦体制自体を破壊することを目的とした作戦だったことになるが、その前に気をつけなければならないのは、総力戦がもともと国民の合意なしには遂行不可能な戦争だということだろう。

歴史的に見ると「総力戦」(total war）という概念は第一次大戦のドイツの参謀エーリヒ・ルーデンドルフの『総力戦論』(*Der Totale Krieg*、一九三五）で理論化されたが、思想的な原形はフランス革命とその後のナポレオン戦争にまでさかのぼる。フランス革命とその過程で起こった周辺国との革命戦争は、史上初めて国民皆兵制度を実現させてフランス男たちに「祖国をまもる栄えある務め」としての兵役を課す一方、「自由の回復を求めるすべての国民に友愛と救いの手をさしのべる」ことを宣言して戦争の性格を「自由のための十字軍」と規定したのである。

その後、この制度的・思想的な仕組みは、ナポレオンの長期にわたる戦争によって徐々に周辺の西洋各国にまで浸透してゆく。こうして近代における戦争はそれまでのように経済的・領土的利害を主因とする王侯たちの駆け引きの一部ではなく、国民国家が一丸となって全存在をかけて戦うイデオロギーのための闘争となったのである。

物心両面にわたり国民を総動員

一八三二年に世に登場したフォン・クラウゼヴィッツの理論は、ともすれば自らの存亡を危うくしかねないこうした戦争の全面化（総力戦化）に歯止めをかけ、軍事に対する政治の優越を理論的に確立しようとするものだった。しかし一九世紀を通して各国が続々とフランスに倣《なら》って国民皆兵制度（徴兵制）を採用するなかで、次第に国民意識の強化を背景とした軍部の威信化が進展し、これがルーデンドルフの総力戦論へとつながった。

ルーデンドルフによると、クラウゼヴィッツが定義したような戦争観——戦争の成否は政治的な目的にもとづいて決定されねばならないという限定戦争論——はプロフェッショナルな軍人だけが戦争を専門的に担当した一九世紀のものであって、政治のほうが戦争の手段となるべき二〇世紀のものではないという。なぜなら二〇世紀において「戦争は民族的な生存意志の最高の表現」だからであり、そこでは軍事を中心に国民国家の総力をあげて戦争を遂行することが求められるからだ。したがって総力戦においては、特にその国家の生産力・経済力と並んで国民の政治的・思想的・文化的な団結力が決定的に重要な意味を持つのだ、と。

実は『総力戦論』を上梓したときのルーデンドルフはすでに現役の軍人ではなく、敗戦国ドイツの憤懣《ふんまん》に鬱々《うつうつ》とする偏狭な右翼運動家になっており、彼の思想に見られる絶対的軍事力の優位化・合理化や暴力の栄光化などもほとんど未来派の芸術家たちと同じ類いの錯覚としかいいようのないものだった。しかし考えてみれば国民意識の昂揚《こうよう》それ自体がベネディクト・アンダーソンのいう「想像の共同体」への熱烈な帰依《きえ》と挺身《ていしん》を求めるものなのだから、イデオロギー化された戦争は国民の自発的合意なしには遂行し得ないとするルーデンドルフの理論は、いわば国民全体にわたる魂の総動員とでもいうべきものを示唆した点でやはり事の本質を衝《つ》いたものであったといえるだろう。かくて物心両面にわたって国民を総動員する総力戦体制のもとで第二次大戦が始まったのである。

「ダブルV」をめざして

戦争と差別への「二重の勝利」

第二次大戦中のアメリカにおける総動員のありかたを象徴する試みのひとつに、黒人社会のなかで主におこなわれた「ダブルV」キャンペーンと呼ばれるものがあった。総動員というと一般にはつい、召集令状ひとつで強引に民衆を戦場に駆り立ててゆくようなイメージが思い浮かぶが、すでに見たように総力戦は国民の同意と協力なしには遂行できない。とりわけ真珠湾攻撃で祖国の領土が直接攻撃され、米本土の安全も脅威にさらされているという恐怖感は、すべての国民にとっていいわけなしに主戦論に転じ、挙国一致の努力に入ることを可能にした。「ダブルV」とはこうした情勢をふまえ、アメリカ市民として祖国の勝利に貢献すると同時に、人種的偏見に対して堂々と権利を主張するために国民一丸となっての戦争努力に積極的に参加することをとなえた「国内における敵と海外の戦場における敵の両方に対する勝利」——すなわち戦争と差別への「二重の勝利《ダブル・ヴィクトリー》」——をめざしたキャンペーンだったのである。

もともと黒人の権利回復運動は南北戦争後に始まり、世紀の変わりめの時代に大きな昂揚を見せながらも、第一次大戦では人種隔離の厚い壁に阻《はば》まれる状態をつづけていた。たとえば第一次大戦のヨーロッパ遠征軍には黒人部隊も混じっていたが、司令官のパーシングは彼らだけを本隊から切り離してフランス軍に預け、一種の厄介《やっかい》払いをおこなっていた。またフランス外人部隊からフランス正規軍の歩兵部隊に転じて戦ったアメリカ生まれの黒人ユージーン・ジャック・バラード（ビュラール）なども、飛行士の訓練を受けて母国アメリカの飛行隊に転属することを志願したにもかかわらず、受け容れを拒まれている。黒人史の専門家たちによると、この状態は第二次大戦になっても本質的には変わりなかったらしい。たとえば真珠湾奇襲の直後から黒人社会では「ダブルV」キャンペーンが即座に始まり、黒人新聞の社説には「大統領と議会には、日本に対してと同時にわが国における人種的偏見に対する戦争を宣言するよう求める」旨の意見が相次いで出されたが、攻撃の翌日に大統領が議会演説で公表したのは「片方の戦争だけ」、つまり人種差別との戦いは無視されたという。現に第二次大戦でも黒人だけの部隊が編制され、その指揮官を白人がつとめるという第一次大戦のやり方はそのまま踏襲されたのである。

黒人層の動員と進出

とはいえ、ほとんどが二〇世紀に生まれた一九四〇年代の黒人兵たちの意識は、先の大戦の黒人世代とは違って、軍隊の現場での露骨な差別あつかいにも昔のように従順ではなくなっていたし、軍当局の側も総力戦の模範を示す宣伝効果の見地から黒人兵士の使い方に多少の工夫を見せるようにもなっていた。

航空の分野でいうと、真珠湾奇襲の少し前の一九四一年九月にはウェストポイント陸軍士官学校を出たベンジャミン・O・デイヴィス大尉が陸軍通信隊航空班の黒人士官として初めて単独飛行を許可されているし、翌年には彼とその他四名の黒人少尉がアラバマ州のタスキギー飛行学校で訓練修了し、初めての黒人飛行隊となる第九九追撃飛行隊（のちに第九九戦闘飛行隊）の結成メンバーとなった。

タスキギー・エアメン　初の黒人飛行隊。左がデイヴィス大尉。トニ・フリッセル撮影

ちなみにタスキギーはもともと世紀の変わりめに黒人指導者ブッカー・T・ワシントンが創設した黒人大学で、特に一九三五年に学長に就任したフレデリック・D・パターソンが医学部、獣医学部、看護学部など主に理科系の実務家養成課程に力を入れた一環として、飛行学校も創設されたものだった。こうして通称「タスキギー・エアメン」が顔をそろえ

た第九九飛行隊は一九四二年暮れまでに四三名のパイロットを擁する規模になり、一九四四年に第三三二航空団に編入されるまでのおよそ一年間で三七〇〇回の出撃と五〇〇回の作戦任務を担当したという。またこれと並行して陸軍の歩兵や砲兵隊、海軍、海兵隊、さらに陸軍の女性部隊などでも黒人の進出が進み、「ブラック・パンサー」と称された黒人だけの戦車部隊が編制されたり、海兵隊で初めての新兵訓練担当の黒人曹長――いわゆる鬼軍曹《ドリル・サージ》――ギルバート・「古強者《ハッシュマーク》」・ジョンソンが登場したりといった例が黒人社会を中心に世に知られるようになっていった。

一九四四年には第一〇〇、三〇一、三〇二各飛行隊と、少し遅れて第九九飛行隊までを合同した第三三二航空団が黒人だけの航空部隊として正式に発足。大佐に昇進していたデイヴィスの指揮下で一五七八回の作戦と一万五五三三回の出撃任務をこなし、合計二六一機の敵機撃墜を記録した。彼らが護衛についた爆撃隊の白人搭乗員たちは、尾翼に赤い塗装をほどこした第三三二航空団を「赤い尻尾の天使たち《レッドテイル・エンジェルズ》」と呼びならわすようになったと伝えられている。いいかえれば黒人社会においてもこの種の手柄話が急増し、飛行士であることのエリート性に裏打ちされた「男らしさ《マスキュリニティ》」の神話が反復・強化されたのが、史上最大の総力戦となった第二次大戦の特徴なのである。

「レディ」たちの戦争

女性看護兵と女性労働者

厳しい差別の対象となっていた黒人たちの自発的な参加を第二次大戦における総動員体制のひとつのシンボリックな例だとするなら、もうひとつの特徴的な事例となるのが女性たち──特に女性パイロットたちのケースだろう。しかしその話の前に、戦時中の女性たちの動員のおおよそのパターンについて触れておいたほうがよいかもしれない。

第二次大戦下のアメリカ合衆国における女性の戦時動員は、職業別に見て、ごく大ざっぱに三種類のものがあった。第一は女性看護兵で、戦争と女性の最も歴史的な関わりの代表ということになるだろうが、合計およそ五万九〇〇〇名の女性看護師が徴用された第二次大戦では、初めて女性の士官が看護部隊専任という限定つきながらも誕生し、退職時にも男性の退役軍人と同じあつかいの恩典が与えられるなどの措置がとられた。黒人の女性看護兵が正規に登場したのもこのときで、ただし、黒人で女性という「二重の差別」を受けやすい彼女たちの場合、当初陸軍当局は、全体で五万名にのぼる看護部隊のなかにわずか一六〇名の黒人女性だけしか受け容れないとの方針を示していたという。黒人看護兵は黒人部隊しか担当しないからという理由だが、これにはさすがに世論のみならず陸軍内部からも強い批判が出て終戦までに計四七九名の黒人女性看護兵が配属された。こうして黒人を含む女性看護兵たちは第二次大戦では最前線にも出向くことになり、ヨーロッパと太平洋の二方面に向かって出動していったのである。

戦時下における女性動員の第二のパターンは、軍需生産工場の工員や事務職などを含めた

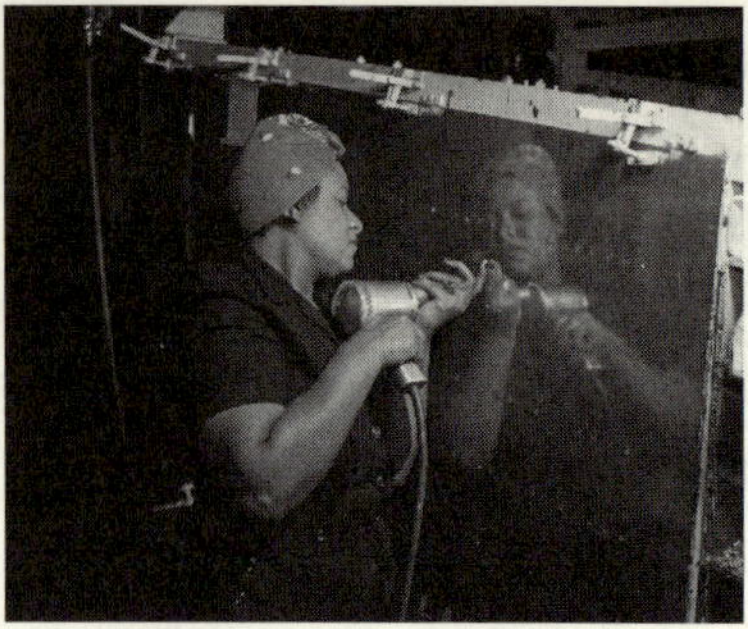

リベット工ロージー　軍事動員された女性たちの通称となった

アメリカ本国内での女性労働者たちである。これについてはモーリーン・ハニーの有名な『リベット工《こう》ロージーの創造』（一九八四）をはじめとする近年の女性軍需労働史研究にくわしいが、特に航空産業の分野で「リベット工ロージー」と通称された女性労働者たちの進出がめざましかったという。その理由が興味深い。すなわち佐藤千登勢によれば、ひとつは航空機製造が他の分野に比して格段に近代化されているため、女性に適した繊細さの必要な作業が多いとされたことである。たとえばB－24爆撃機の先端部で細密な作業をするには、軀《からだ》が小さく真空掃除機を使い慣れた女性のほうが向いている、といった理屈はこれに当たる。

もうひとつは近代化された航空機製造の現場では、かえってとびぬけた熟練工は必要ないとされたことである。従来、最新鋭の軍用機生産には高度な技術知識が必要なため、女性には適さないという考え方が航空機メーカーの経営陣には根強かった。ところが戦時生産が拡大すると、最新式の大量生産方式が大々的に導入された航空機工場では、なまじ機械や技術に関する知識のない女性のほうが与えられた仕事を細部まで正しくこなすのに向いているとされたのである。

興味深いのは「航空産業は近代的だ」という同じ前提が、もっぱら男性経営陣のつかさどる会社側の都合に応じて、女に向く・向かないのどちらの結論にもたやすく結びつけられることだろう。しかも「女に向く」という場合にも、なまじ技術的知識などないほうが――つまり判断力や思考力を持たないほうが――いいのだ、というのであってみれば、むしろ偏見の根は深いことになる。現に女性労働者の給料は男たちに比べるとかなり低かった。このように戦時下という状況は、偏見や差別や先入観の仕組みを実にあっけなく露呈させるのである。

陸・海・海兵三軍の女性部隊

そして戦時下における女性動員の第三のパターンに当たるのが、陸軍のWACや海軍のWAVESなどを中心としたいわゆる女性部隊員である。

米陸軍軍事史センターのジュディス・A・ベラフェアによれば、第二次大戦中にWACとその前身のWAACに所属した女性はおよそ一五万人にのぼる。これは女性看護兵を大きく上回る数字であり、かつ看護兵を含まない数字であることを考えると明白な大量動員といってよい。

一九四一年、まだ真珠湾攻撃が一般には予想だにされ得なかったこの年の初め、マサチューセッツ選出の下院議員イーディス・ヌース・ロジャーズは陸軍参謀総長のジョージ・C・マーシャル将軍と面会し、看護部隊とはべつの組織として女性部隊を編制する法案を提出する考えを明らかにした。第一次大戦のとき、ごく少数ながらも電話交換手や無線士、栄養士などの仕事で軍と個別に契約して戦地におもむいた女性たちがいたことを覚えていたロジャーズは、彼女たちが公的な身分も法的な保護や傷病時の特典受給資格も与えられなかったことを改善すべき問題点として、女性兵士の身分を確定するための法案を提出したのである。ロジとはいえ、一議員の法案提出はほとんどまともに相手にされないのが議会の通例で、ロジャーズの場合も同様だった。しかし日本軍の真珠湾攻撃はここにも天佑《てんゆう》の風を吹かせ、ヨーロッパと太平洋の二方面にわたる広大な戦域に対するためには予想以上の大量動員が必要であることを認めたマーシャルの支援もあって、翌一九四二年の三月には議会を通過、五月には大統領の署名を得た。ただし女性が伝統的な家庭婦人の枠のなかから逸脱することを警戒する男性議員たちからの反撥《はんぱつ》はすさまじく、当初は退役時の恩典や給与の面でも大きな格差を残したままだったという。その最大の、というより最も象徴的な妥協が部隊名称で、発足時には「女性補助部隊」(Women's Army Auxiliary Corps＝WAAC) が正式の組織名となっていたのである。

しかし、ともあれこのようにして陸軍に新しい組織ができたことで他の軍首脳部も刺激を受け、同年七月には海兵隊が予備役女性部隊 (United States Marine Corps Women's Reserve) を、また八月には海軍がWAVESこと海軍女性緊急業務隊 (Women Accepted for Volunteer Emergency Service) を発足させ、これでアメリカの陸・海・海兵三軍がそろって女性部隊を持ったことになった。またWAACのほうも一九四三年には「補助」の但し書きが名称から外され、陸軍の正規部隊となるWAC (陸軍女性部隊＝Women's Army

Corps）として公式に再発足したのである。

「女らしさ」の規範

　では、こうした女性部隊の役割は何だったろうか。大ざっぱにいうと、その答えは前線での戦闘および補給を含む戦闘支援任務と看護兵の仕事を除くほとんどすべての分野にわたる、ということになる。たとえば部隊指揮官の秘書や補給廠《しょう》その他での一般事務の類いから無線通信士、暗号解読手、印字電信士といった通信関係業務、栄養士、薬剤師、各種医療器具のオペレーターなど看護以外の医療業務、偵察写真の分析官や気象士などの分析業務、また海軍のWAVESの場合は航空管制士に整備士、信号士といった航空関係の支援業務まで含まれていたという。海軍の場合、艦隊勤務からは女性はほぼ例外なく外されており、そのぶんだけ航空関係業務が陸軍に比べて少しばかり広い範囲になっていたようだ。

　しかし女性部隊の存在に関して重要なのは、軍が彼女たちに何を期待し、どんな業務を担当させたかではなく、何を期待しなかったか、ということのほうかもしれない。というのも女性部隊に対する政治家や世間の根強い反対論は、彼女たちが――ベルフェアの婉曲表現を借りると――「『レディ』であることと軍務を両立できるのか否か」ということだったからである。

　端的にいいかえるとこれは、WACの隊員たちが陰に陽に中流社会の求める「女らしさ」の基準からけっして逸脱せぬよう命ぜられたことを意味する。だが、その実態は矛盾だらけだった。

たとえば隊員たちは真冬のヨーロッパや真夏の南洋でも防寒や虫よけのためにスラックスを履くことを禁じられ、スカート着用を徹底された。スラックスの着用を認めればその隊員は「男性化」し、ひいては同性愛に走る可能性があるというのである。ところがその一方、WACはレズビアンの摘発には必ずしも熱心でなく、それというのも、もし隊内から同性愛者が発見されると部隊自体が「レズビアンの温床」と見なされて組織廃絶を招く恐れがある、というのだった。

また隊員たちの多くはデスクワークを担当したが、これは男たちを書類仕事から解放して戦闘任務に専念させるとともに、女性隊員と一般の男性兵士の接触をできるだけ避け、風紀の乱れを防ぐことができるからだと説明されて「男」と「女」の領域が明確に区分された。しかし他方で高位の将官たちには希望すれば何人でも秘書として隊員たちを使うだけでなく、軍務での移動先にも随行させることが許され、おかげで前線の兵卒たちにはWACが高官たちの愛人の巣であるかのような偏見が生まれる素地となったというのである。

これらの例は軍隊における女性の進出が偏見や差別の温存や強化につながったことを示唆しているが、他方で興味深いのは、軍隊における女性の存在を社会に掲示する際にしばしば「男らしさ」と「女らしさ」が交わるイメージが可視化され、強調されたことだろう。

たとえば一九四三年に海軍予備役兵でもあったイラストレーターのジョン・ファルターがWAVESのために描いたポスターが、それを示している。

そこには錨《いかり》をかたどった襟章《えりしょう》をつけ、濃紺の制服に身を包んだＷＡＶＥＳ隊員が問診票らしきものを手に軍用機のコクピットに座った航空士《エヴィエイター》——海軍では陸軍で使われる「飛行士《パイロット》」という呼称を意図的に避けている——になにやら訊《たず》ねている場景が描かれているが、彼らの面立ちはさながらハリウッド映画の端役の二枚目と美女のようで、薄っぺらな笑顔も戦争の現場にはおよそ似つかわしくない。にもかかわらずこのポスターは「彼女は勝利に貢献しています。……あなたもいかが？」と呼びかけることによって、「女らしい」仕事が「男らしい」戦争機械に寄り添いながら国家に奉仕する姿を印象づけようとしている。それは戦時下のプロパガンダが商品広告のレトリックを駆使することで、「男」と「女」の領域を明確に区分し、それぞれのジェンダー役割を明示している姿なのである。

「彼女は勝利に貢献しています」海軍のWAVES（女性緊急業務隊）の隊員募集ポスター。イラストはジョン・ファルター

　と同時にもうひとつ、この絵から航空士の飛行帽や艦載機の機体を消し去り、彼にネクタイとラウンジシートを与えてみたとしよう。するとそこには、民間旅客機のスチュワーデスとファーストクラスの乗客、とでもいった感じの典型的な図柄が浮かんでくるに違いない。いいかえれば戦時における大量動員による「総

力戦」と平時における大量生産・消費の「消費社会」は、同じ視覚のレトリックで表され得る共通の構造を持っているのである。

ふたりのリーダー

さて、女性パイロットたちの場合は、前提となる条件が正規軍の女性部隊とは大きく異なっていた。WASP《ワスプ》ことWomen Airforce Service Pilots、日本ふうに訳せば「空軍女性挺身飛行隊」とでもいった感じだろうが、実はこの組織はWACやWAVESとは違って軍の正規組織ではなく、あくまで軍から一部の業務を委託された民間団体という以上の存在ではなかったのである。

その始まりは一九三九年九月、当時アメリカきっての女性飛行家だったジャクリーン・「ジャッキー」・コクランが大統領夫人エリノア・ローズヴェルトに手紙を書いたときにさかのぼる。

コクランは冒険飛行中に行方不明となったアメリア・イアハート亡き後、おそらく全米で最も有名な女性パイロットで、それというのも一九三二年に飛行免許を取得して以来、さまざまな空のスピードレースに片端から出場し、めきめきと腕を上げていたからだ。しかも元はといえばフロリダの貧しい労働階級家庭に生年もわからない状態で育ち、幼くして孤児になり、早くから美容師として自立すると同時に持ち前の積極性で自分の店をたちまち一流美容室に育て上げ、さらに旅先のマイアミで深い仲となった大富豪のフロイド・ボストウィック・オドラムの後ろ楯を得て化粧品事業を興す一方、自ら操縦桿《かん》を握って全米を飛び回るという度胸の持ち主でもあった。人柄もいわば鉄火《てっか》肌《はだ》の姐御《あねご》といった感じで、育ちからして無学ながらも持ち前の押しの強さと、政財界の大物を巧みに味方につける不思議な魅力があったらしい。

その彼女が大統領夫人に提案したのは、ヨーロッパですでに始まっていた大戦における同盟国支援のために、あくまで非戦闘任務ながら大西洋を横断して航空機を移送する任務に女性飛行家を徴用するという大胆なアイディアだった。すぐには実現しなかったものの、その後もあらゆるつてで陳情を繰り返したコクランの尽力によって、真珠湾攻撃の直前までには女性だけの空輸部隊の編制がほぼ認められる情勢が整っていたのである。

他方、このコクランとはべつに同じようなプランを温めていたのが、コクランよりも若い女性飛行家のナンシー・ハークネス・ラヴだった。

もともとミシガンの裕福な医師の家庭に生まれて弱冠一六歳で飛行免許を取得したラヴは、ヴァッサー女子大を卒業後に陸軍航空隊の予備役少佐ロバート・ラヴと結婚し、夫とふたりでボストンで小さな国内航空会社を興したという典型的な中流階級の女性である。氏素姓という

WASP　女性パイロットたちの団体が『ライフ』の表紙を飾った。1943年7月19日号

点では不遇な生い立ちから身を起こし、政財界の大物とじかに渡り合ってのし上がってきたコクランとはおよそ対照的といってもいい。

彼女の場合、夫のつてで陸軍航空隊の上層部と何度も掛け合い、特に陸軍航空隊司令官のヘンリー・「ハップ」・アーノルド将軍に宛てて何度もコクランと似たアイディアの実現を要請する手紙を送っている。初めはあっさり無視されたが、一九四一年の夏から秋にかけて何とか条件が整い、コクランとラヴはそれぞれ女性のための飛行訓練隊や女性パイロットが航空機の移送を担当する部隊を結成。その後、彼女たちの組織は一九四三年八月にWASPとしてひとつにまとめられ、コクランが初代の本部長、ラヴは航空輸送司令部（ATC＝Air Transport Command）付きの理事に就任し、テキサスとデラウェアに分かれてそれぞれ女性パイロットの養成やATCから委託された航空機の空輸を手がけることになった。こうして一九四一年から四四年までの間にコクランの配下にあるテキサスの部隊だけでも合計二万五〇〇〇名の女性たちが入隊を希望し、そのうちの一八三〇名が受け容れられ、最終的に一〇七四名が訓練課程を修了したという。

記録によるとWASPが空輸を手がけたのはPT－19フェアチャイルド練習機やロッキードP－38ライトニング、ノースアメリカンP－51マスタングなどの単座戦闘機から「空の要塞」と呼ばれたボーイングB－17大型爆撃機にまでおよぶ一方、ともすれば取り上げられそうになる仕事を確保するためにコクランは各地の基地司令に手をまわし、新型機の試験飛行、男性パイロットの訓練、無線操縦実験の実施、さらには対空砲撃訓練で模擬標的となる仕事まで、ありとあらゆる仕事を引き受けたという。

また、自身がＷＡＳＰのメンバーでもあったドロシー・ドハティ・ストローサーの回想によると、一九四四年に完成したボーイングＢ－29「超空の要塞《スーパーフォートレス》」大型爆撃機の就役前には彼女と同僚のドロシア・ジョンソン・ムアマンが全国の航空隊基地をまわって陸軍のパイロットや整備士たちに新型機をお披露目するという重責も果たしたらしい。なお、このとき彼女らを指揮してＢ－29の機長をつとめたのが、やがて広島上空で原爆を投下する「エノラ・ゲイ」号の機長ポール・ティベッツ大佐だった、とストローサーはさりげなく付け加えている。

こうした任務にまで民間人の女性をこだわりなく割り当ててくるあたりに、戦時下のアメリカにおける空の総動員の実態の一端を見ることができるだろう。

音速を超えた男女　ジャッキー・コクラン（右）は超音速パイロットのチャック・イェーガー准将（左）とも親しかった

他国の女性パイロットたち

こうしてＷＡＳＰの活動に注目してみるとアメリカにおける空の女性動員はかなり洗練されたものと思われそうだが、世界的に見ると実はそうではなかった。たとえばソヴィエト連邦は早い時期から戦時動員に女性を公式に重用したことで知られているが、航空の分野でも同様に、護衛戦闘機を含む爆撃隊全員がすべて女性パイロットといった例も珍しくなかったらしい。装備はかなり旧式だったから、撃墜されて戦死したり重傷を負ったりする女性たちも少なくなかったが、全員が正規兵で男たちと同じ待遇環境にあった点はアメリカよりはるかに進んでいたという。

またアメリカとの比較のうえでより本質的な問題を提起するといわれるのがイギリスの例で、アメリカのＷＡＳＰに相当する組織だった航空輸送補助隊（ＡＴＡ＝Air Transport Auxiliary）は、イギリスの国営航空会社であるブリティッシュ・エアウェイが政府とＲＡＦ（英国空軍）からの業務委託を受注するかたちで誕生した半官営の組織だった。総計三五〇〇名のうちパイロットはざっと六四〇名で、そのうち女性パイロットは最も多い時期でも八四名前後だったというから、ＷＡＳＰの規模には遠くおよばない。しかし男性パイロットに比べて二割から半額程度の薄給を最後まで強いられたアメリカの女性たちと比べると、ＡＴＡの女性たちは少なくとも大戦末期には男性とほぼ同額の給与を手にしており、スピットファイア、マスタング、Ｂ－17、Ｂ－24などを男たちとともに担当したほか、男ばかりの部隊の指揮を女性が執ることもあったらしい。もちろんイギリスの場合も女性に対する風当たりはけっして弱くなかったが、ひとつには隊員の顔ぶれが英国のほかカナダ、オーストラリア、ニュージーランド、南アフリカ、さらにアルゼンチン、チェコ、ベルギー、デンマーク、エチオピア、ポーランドなどからの亡命者まで多彩に広がっていたこともあって、現場の空気はいわば国際空港のようなものだったようだ。

それに対してアメリカの場合はといえば、コクランとラヴというふたりのリーダーの下にべつの組織が従属するような混乱したかたちになっていたばかりでなく、給与も安く、正規の軍人と違って退役時の恩典などもなく、しかも女性ばかりで反撥を買いやすいという構造的な脆《もろ》さを持っていた。これに対してコクランは軍の一部局に編入されることで組織の存続を図り、何とか法案通過の見通しが立つまでにこぎつけたが、最後の局面で議会とメディアの一部から執拗な反対工作が展開されたあげく、一九四四年の暮れには軍の内部組織への昇格どころか、WASP自体が解散に追いこまれる羽目に陥ってしまった。

『戦いにのぞむ姉妹たち』(二〇〇六)でこの問題を論じたヘレナ・ペイジ・シュレーダーは、ときに強引過ぎたコクランの個性にすべての責を帰することはできないと断りながらも、彼女の議会工作とメディアへの対応の失敗がWASP解散という蹉跌《さてつ》の原因であることを批判的に指摘している。正規軍の一組織ではなかったWASPは公式の資料が残っておらず、そのため正確な詳細に触れることが難しい。しかし大局的に見るとアメリカの総動員体制は真珠湾奇襲後にあわてて整えられた面が強く、一九三九年の大戦勃発から継続して動員体制を整えていたイギリスと比べると総じて拙速ぎみであったことの影響がここにも見られたといえるだろう。アメリカは総力戦を戦い抜くために女たちの力を必要としていたが、それが男の領分を脅かすことについては極度の警戒心を持っていた。その矛盾が、軍部のなかで独立した地歩すら認められていない航空兵力という分野であっけなく表面化したのである。

無差別爆撃の始まり

効率優先と弾薬の大量消費へ

ところで陸軍女性部隊の名称の例にもうかがわれたように、アメリカ合衆国の第二次大戦は一九四三年ごろを転機としてその性質を大きく変えた。一言でいうと、これ以前のアメリカが経験不足の若者のようなナイーヴな姿勢で戦争に立ち向かっていたのに対して、これ以降のアメリカは、まるで人が変わったように酷薄かつ無慈悲な態度で戦争を遂行するようになったのである。

アメリカの文芸批評家ポール・ファッセルは、第二次大戦下のヨーロッパ戦線で戦った自らの体験にもとづく『ウォータイム』(一九八九、邦訳『誰にも書けなかった戦争の現実』)でこの問題に触れながら、第二次大戦初期のアメリカでは正確さが貴ばれていたが、後半は正確さや精密さなどどうでもいいことになり、効率優先主義にもとづいて大量の弾薬を消費するといった戦い方に変化したと述べている。彼の指摘を整理すると、この変化は四種類に分けられる。

第一は兵士たちの携行する火器の変化で、大戦初期の将校たちの多くは軽量で命中精度が高く、しかし殺傷力には劣るカービン銃を所有していたが、後半には打撃力を優先して大量生産されたM-1ガーランド・ライフルに持ち替えるようになっていた。また戦闘車輌も、一九四二年までアメリカの機甲部隊では戦車ですら37ミリ機関砲をとりつけただけの軽装が珍しくなかったのが、後半になると非力なシャーマン戦車でさえ75ミリ砲と12・7ミリ機関砲と7・62ミリ機関銃を装備するようになった。ファッセルによるとこれは戦争の進展につれて正確な射撃や知的な戦術などはどうでもよくなり、ともかく前方に向けて大量に銃弾をばらまくような力まかせのやり方が勝利を制することになってしまった事情の反映だという。

第二は戦場における武勲や威信の表現のしかたが変化したことで、たとえば第二次大戦の初期、陸軍騎兵師団は文字どおり馬にまたがった誇らしげな騎兵集団のかたわらに軽量戦車が数輛おとなしく控えるような部隊だったが、大戦末期には「騎兵隊」（Cavalier Battalion）という名称自体がどうしようもなく時代遅れの古くさいものに感じられるようになっていた。また当初、士官学校出の高位の将校たちはしばしば遠征先の戦場でもひときわ目立つ恰好《かっこう》を好んだが、一九四三年までには将校であることを示す袖章《そでしょう》を目立たない襟章《えりしょう》に替え、身なりで自己顕示するどころか、士官であることを示す白線や金属の星印をヘルメットにつけることさえ忌避して、ひたすら目立たぬようにふるまうようになる。これは遠くからでも視認可能な目印をつけることで狙撃されやすくなるのを避けるためと説明されたが、要するに武勲や名誉をめぐる考え方が敵味方とも変化していたことの反映であったというべきだろう。

「我らは神の側にいる」　ジョー・ルイス起用の陸軍のポスター

「恐怖」を描く戦争ポスター

第三は銃後の国民に向けて発布された戦意昂揚目的のプロパガンダの変化で、特に街角でも目立ちやすいポスターの絵柄にはそれがよく表されていた。たとえばボクシングのヘヴィー級チャンピオンとして人種を越える人気を誇ったジョー・ルイスは一九四二年に陸軍に入隊して二等兵となったが、彼を起用してつくられた有名なポスターでは、大戦初期に使われていた浅いスープ皿のようなヘルメットをかぶって古風なスプリングフィールド銃を持った彼の写真の下に「我らはつとめを果たす……そして勝利する、なぜなら我らは神の側にいるからだ」という宣伝文句が記されている。ところがそれから一年もすると、とファッセルはいう、「神の側にいるのは誰かなどもうどうでもよくなっているのがわかる。というのも道義的なことを上げ下げする代わりに、死体そのものをあけすけに描くようになっているからである」。

　ファッセルが言及しているこのポスターは一九四三年に戦時情報局が制作したもので、波《は》濤《とう》の打ち寄せる浜辺に紺色のセーラー服を着た水兵の亡骸《なきがら》が仰向けに横たわっているところを印象派ふうのタッチで描いたものである。添えられた宣伝文句は「不注意な一言で……不

「不注意な一言の結果が、まずはこれだ」　1944年制作のポスター

「不注意な一言で……不要な損失」1943年に戦時情報局制作のポスター

要な損失」。さらにもう一年後の一九四四年になると同じようなメッセージがさらに強烈なイメージを喚起し、血まみれになった落下傘兵の死体ががっくりと首をうなだれている絵のかたわらに「不注意な一言の結果が、まずはこれだ」と明らかに威《い》嚇《かく》的な文句が横たわるようになる。ファッセルの言い方を借りると、その意味は「戦争はこれほど無残で血なまぐさくおぞましいものだから、ともかく一刻も無駄にせずに終わらせる（つまり勝つ）ほかなく、そのためには人道的だろうがどうだろうが、あらゆる手段で勝利する以外にはない」である。戦争宣伝では通常、あからさまに死体を見せるのは怯《おび》えにつながるとして忌避されるといわれるが、戦争の長期化で人的損害が増大して国民の間に嫌気がさすようになる

と、逆に恐怖をなすりつけて逃げ道を断つようなやり方に変化したことがわかるのである。

火炎放射器と「知略の死」

そして第四が戦術や攻撃方法の変化で、大戦の初期には敵の油断や弱点を衝くスマートな用兵法が重視されていたのが、長期化にともなって集中砲火や絨毯《じゅうたん》爆撃による徹底的な破壊と、火炎放射器などを兵器に使った強引な正面攻撃を主流とするような趨勢《すうせい》へと移り変わってゆく。

皮肉なのは、いまではアメリカ軍に顕著なものと思われているこうした力ずくのやり方が、歴史的に見るとむしろヨーロッパで始まり、アメリカでは長いこと敬遠されてきたものだったということだろう。たとえばアメリカ軍が火炎放射器を初めて兵器として採用したのは一九四二年、日本軍との一大決戦となったガダルカナルの戦闘でのことだが、その始まりは第一次大戦で塹壕《ざんごう》戦に手を焼いたドイツ軍と、第二次大戦で再び火炎放射器を使ったドイツ軍への報復として使用に踏み切ったイギリス軍にあった。アメリカはその応酬を醜悪で非人道的なものとして嫌悪したが、ジャングルの奥深くに塹壕を築いて戦う日本軍に手を焼いたことから米海兵隊は結局これを採用し、ガダルカナルからタラワ、サイパン、硫黄《いおう》島、沖縄……とつづいた熾烈《しれつ》な日米間の戦闘を通して最も巧みで容赦ない火炎放射器の使い手となったのである。

ちなみにファッセルはこうしたなかでいずれも玉砕に終わった日本軍の「防御戦」を伝統

的な意味での「戦闘」とはもはや呼べない「頑迷なまでに繰り返された自殺行為」だったと指摘し、アメリカ側にとってもこれが圧倒的な力さえあれば敏捷《びんしょう》で巧妙な戦いぶりなどというものには大して意味がないということを悟る経験だったと述べている。すなわちファッセルによれば「あの島々で死んだのは日本兵とアメリカ兵だけではなかった。知略もまた死んだのだ。微妙な違いなど、もうどうでもよくなったのである」。

戦略爆撃と無差別爆撃

ファッセルは大戦を現場で経験した帰還兵というだけでなく、もともと英文学者、それも詩の専門家だから言葉に限らずレトリックの働きにことのほか敏感で、それが『ウォータイム』の分析を独自のものにしている。先に挙げたうち最初の三つはその意味でどれも彼らしいもので、レトリックが現実をつくり出してゆくさまをなかなか巧みに活写しているが、だとすると第四の変化はちょうど逆に、現実がレトリックに覆われて真の姿を消す例とはいえないだろうか。

兵士どころか民間人まで巻きこんだ強制的な自殺を「玉砕」と美化した日本軍の婉曲《えんきょく》語法はその典型だが、ファッセルはさらに無差別の絨毯爆撃を「戦略爆撃」や「精密爆撃」と呼ぶのも同じことだと示唆しながら、そこに働く修辞のメカニズムを説明する。それによると、戦略爆撃の思想とは何より「爆撃機は狙ったところに爆弾を落とせるものだという一般的な思いこみ」から生まれたものだという。一見乱暴な解釈に見えるが、ファッセルの関心はドゥーエやトレンチャードやミッチェルのような異端の軍人たちの思想そのものではなく、より保守的で、したがって世間の主流ともなる社会が彼らの極端な思想をどのように合理化し、どのように意味づけして自らの行為のなかにとり収めたかということに向けられている。

一例を挙げると、投下される爆弾は必ず天候や風向きなどに大きく影響されるだけでなく、激しい対空砲火にさらされた爆撃手が恐怖や怒りや居直りなど予測不能な一時の感情に駆られて目標以外の場所に残ったすべての爆弾を振り落としてしまうといったことも珍しくないのだが、「たえず明快な意味を貪欲に求めようとする人間の精神は、目的や意味などなさそうに思われる出来事に直面すると不条理にがまんならなく」なり、そのため「投下されたすべての爆弾はそれぞれ何か特別な攻撃意図のあったものと解釈されるようになったのである」。つまりもともと不正確きわまりない爆撃は、それを正確なものだと信じたい人間のレトリカルな思考様式によって意図あるものと解釈されてしまい、結果として戦略爆撃は精密に軍事拠点だけを狙うことができるものだという神話的思考が成立してしまうのだ——とファッセルはいうのである。

どことなくジャック・ラカンを思わせる論理だが、これを意外な角度から裏づける参照例がある。というのも戦略爆撃の歴史は、一面、それを規制する戦時国際法がいかにして現実の国際政治との間で妥協を強いられたか、その葛藤《かっとう》の歴史だともいえるからである。

無差別爆撃を容認する国際法

前章で見たように、『制空論』で戦略爆撃を理論化したジュリオ・ドゥーエは非戦闘員を含む敵国民の士気を破壊することを爆撃の目的だとして事実上の無差別爆撃論を唱えたが、戦時国際法はドゥーエのはるか前から非戦闘員に対する爆撃を禁止していた。

最初は一八九九年の第一回ハーグ平和会議というから、ライト兄弟の初飛行より四年も前になる。というのもすでにこの時点で飛行船からの爆撃が現実的な可能性を持っており、ハーグ会議はこれを強く牽制《けんせい》するかたちで、毒ガスなどと並んで空からのあらゆる手段による爆発物の投下を禁ずる全面的な爆撃禁止宣言を採択したのである。ちなみにこのとき宣言に五年間の期限が付されたのはアメリカの提案によるもので、空から正確に軍事目標だけを攻撃することが技術的にできるようになるまでは禁止すべきだというのがその主張だった。

その後、一九〇七年には四四ヵ国を集めた第二回のハーグ会議が開催され、再び民間人への空爆禁止宣言が採択されたものの、署名したのは英・米など一五ヵ国のみで、日本など一七ヵ国は署名を拒否。ドゥーエの理論が実践された一九一一年のイタリア＝トルコ戦争（リビア戦争）と第一次大戦を経て、国際法の世界は次第にいかなる条件をつけて無差別爆撃を容認するか、その妥協の歴史を描き始める。

たとえば、一九二二年に米・英・仏・伊・蘭・日の六ヵ国を集めて開かれたハーグの法律家委員会では空爆の是非が具体的な条件を整備するかたちで議論され、ハーグ空戦法規が提案された。しかしその内容はというと、一般市民を直接の爆撃目標としたり意図的に無差別の爆撃をおこなうことを禁止するとしながらも、軍事目標に対する爆撃は容認し、それに付随して起こる「誤爆」については特に規制しないとすることによって、戦略爆撃を合法化するとともに無差別爆撃の禁止を事実上形骸化するものだった。しかも結局のところこの空戦法規すら、実際には国際法としては成立しないままに終わったのである。

列強の仲間入りした日本の行動

この過程に関連して興味深いのが、第一次大戦で列強の仲間入りをした日本の行動だろう。

伊香《いこう》俊哉によると、空からの爆撃に関する日本の立場は、第一次大戦の前と後で大きく変わったという。すなわち戦前は空爆だけを特に禁止する必要はないという立場をとっていた日本は、戦後になると一転して、都市や町村を標的とする軍事行動に航空機を使うことは「人道上ヨリ見テ非難スベキモノ」だとして爆撃を極力制限する方針へと転換した。理由は列強諸国の間に大きな生産力格差があること、および極東の島国という日本の置かれた地政学的条件である。

ところが一九三一年からの満州事変で張学良《ちようがくりよう》の拠点を叩く錦州《きんしゆう》爆撃を実行した日本は、翌年のジュネーヴ軍縮会議で爆撃を「国防上必要」だとする立場に再度転じ、軍事目標に限定するという但し書きのもとで、実際には民間人の「誤爆」も辞さないとする論理をとることになった。さらに一九三七年の南京《ナンキン》爆撃では、軍事目標から遠く離れた対象にまで爆弾を落とすやり方が国際的に囂々《ごうごう》たる非難を巻き起こしたのに対して、日本側は軍事施設と一般の住宅が混在していることなどを理由に爆撃を正当化した。

ことに南京爆撃では当初、超低空で飛行場を爆撃した作戦で迎撃編隊の抵抗による予想外の損害をこうむったため、日本軍はただちに夜間攻撃に切り換えて三〇〇〇メートル以上の高度から軍需工場、士官学校、参謀本部、飛行場その他を爆撃。このときすでに日本軍の爆撃は軍事目標に限定するという本来の立場を離れ、一般民衆に恐怖心を与えて士気をくじく「戦意破壊爆撃」としての性質を強めていた。こうして翌一九三八年暮れから二年近くにわたって継続することになる重慶《じゅうけい》爆撃もまた、ほとんど意図的に一般市民を巻きこんだ大規模な無差別攻撃へと拡大してゆくことになったのである。

伊香はこの経緯をイギリスの対独爆撃――夜間爆撃への転換および独空軍の空襲への報復としての無差別都市爆撃――の変化と比較しながら、日英両国とも最初から意図的な無差別爆撃をおこなったわけではなかったが、軍事目標主義を尊重する昼間爆撃をやめて夜間爆撃へと切り換えることによって、実質的に無差別となる爆撃に傾斜していった点で共通していたと指摘している。そのさまは「あたかも無差別爆撃にむけての心理的な慣性を形成するためのプロセスを踏んでいるかのよう」であったというのである。

夜間爆撃への移行

こうして見ると軍事目標に限定された爆撃から無差別爆撃への移行は、実はそれをおこなう人間の心の裡のドラマであることがよくわかる。もともと爆撃は、意図のあるなしとはべつに無差別になるほかない性質を持っている。にもかかわらず軍事目標主義を掲げることができる——と考える——のは、まさにファッセルのいうように「爆撃機は狙ったところに爆弾を落とせるものだという一般的な思いこみ」があるからなのである。

そしておそらくはこれが、第二次大戦におけるアメリカ戦略空軍の悪名高いドイツ爆撃と日本空襲の極大化の背景についても、ある程度まで当てはまる説明となるだろう。というのも先に触れたようにアメリカは火炎放射器を兵器として使用することに当初きわめて強い嫌悪感を見せたが、それと同じく戦略爆撃についても、イギリスが早くから平然とおこなっていた夜間の絨毯爆撃にアメリカは長らく違和感を示したからである。

実際、よく知られているように一九四二年の初めにイギリスに着任した米陸軍航空軍（USAAF）は英米合同のかたちでドイツに対する戦略爆撃をおこなう予定でいたが、対空砲火で撃墜される可能性を減らしながら爆撃効率を上げるには軍事拠点のみに限定する考え方を捨てて一定の地域をくまなく叩く絨毯爆撃を夜間に決行するほかないとするイギリスの主張を非人道的なものとして反撥し、あえてRAF（英国空軍）と別行動のかたちをとって昼間の精密爆撃に出動した。けれども一九四三年夏に英空軍が夜間爆撃でハンブルク全市を潰《かい》滅《めつ》させたことを転機に米航空軍も精密爆撃へのこだわりを捨ててドレスデン爆撃では夜間爆撃へと移行、これによって一個の都市をまるごと焼尽する戦略爆撃の最終形態が完成したのである。

一九四五年五月、ドイツは無条件降伏した。それ以前、すでにドイツの敗北は明白なものとなっており、にもかかわらず独裁者の決断の遅れが戦争の終結を引き延ばしたといってもよいものだった。同じころ、沖縄では日本の沖縄守備軍が米軍を相手に無謀な反攻戦を展開して大失敗を喫し、民間人を巻きこんだ絶望的な結末へと突入しようとしていた。こうしてヨーロッパでの戦いを終えた米陸軍航空軍はすべての勢力を太平洋方面に転じ、いっそうの苛烈さをきわめた日本本土の都市空襲と原爆投下へと進んでゆくことになるのである。

第六章　将軍たちの夜

戦略爆撃と原子爆弾

原爆の実戦使用に対する態度

歴史に「もしも」はないけれど、という常套句《じょうとう》は、なぜか決まって「もしも」と問いかけたくなるときに思い出すものらしい。たとえばＪＦＫことジョン・Ｆ・ケネディ大統領がもしも暗殺されなかったとしたら、アメリカはあのヴェトナム戦争の地上戦をみずから引き起こしただろうか。そしてＦＤＲことフランクリン・Ｄ・ローズヴェルト大統領がもしも戦時中に病没しなかったとしたら、アメリカは果たして原爆を投下しただろうか——という具合にである。

実際問題としていえば、第二次大戦末期のアメリカが日本との戦争を終わらせるために原子爆弾をわざわざ使う必要のなかったことは、今日ではほぼ定説といってよい。原爆が実戦に使えるかたちで完成したのはドイツが降伏した後のことだったから、アメリカはすべての武力を太平洋方面に振り向ける余裕があったし、並行して「戦後」に向けての準備をする環境も整っていた。また陸海軍参謀長会議議長（現在の統合参謀本部議長）の海軍提督ウィリアム・リーヒーをはじめ、陸軍参謀長ジョージ・マーシャル、海軍参謀長アーネスト・J・キング、陸軍航空軍司令官ヘンリー・「ハップ」・アーノルド、連合軍ヨーロッパ方面軍司令官ドワイト・アイゼンハウアー、さらに他の点では彼らとほとんどそりの合わなかった太平洋方面軍司令官ダグラス・マッカーサーでさえもが、原爆のように法外な破壊力を持つ武器の実戦使用はその必要がないとして反対の立場にあった。

要するにローズヴェルト亡き後をいきなり引き継いだ大統領ハリー・S・トルーマンの周囲では、主だった軍幹部が、程度の差こそあれおしなべて原爆の使用に積極的でなかったことは疑いないのである。

ハリー・S・トルーマン　第33代大統領。1945年４月、ローズヴェルトの急死で副大統領から昇格した

日本の敗北は原爆によるのか

したがって、それにもかかわらず投下された原爆は、大戦の終わりというより戦後の始まりを画するものになった。原爆投下を決意したのは未知の政治手腕をあやぶまれていたトルーマンで、この新型兵器の完成を知ったことがポツダム会談での彼の態度を一晩で強気にしたといわれているが、それは原爆の保有が戦後の国際関係に重大な影響をおよぼすことを自覚し、特に対ソ交渉の点で大きな利を得たことを悟ったからにほかならない。トルーマンはのち

長崎上空の原爆雲　1945年８月９日11時２分、長崎市に２発目の原爆「ファットマン」が投下された

に、このまま日本本土への上陸作戦に突入すれば五〇万人のアメリカ兵が犠牲になったろうと述べて、大戦の早期終結には原爆以外に手段がなかったのだと説明したが、この数字があてにならないことは、戦況を読むことのできる職業軍人にならおよそ自明の話だったのである。

　実際、戦後におけるアメリカ各軍の公式戦史は、原爆投下についてあからさまに批判はしないまでも、それぞれ婉曲な言い回しや論理で違和感を表明している。特に空軍――正確にいうと当時はまだ陸軍航空軍《アーミー・エアフォース》だが――はその傾向が強く、かつて空軍士官学校の教科書にも使われたモンロー・マクロスキーの『アメリカ合衆国空軍』（一九六七）も「革命的な威力を持つ核兵器のヒロシマとナガサキへの投下とソ連の参戦は、持続的な空からの攻撃が勝利にどこまで貢献したかを曖昧《あいまい》にした」と述べている。原爆投下は確かに航空軍の爆撃機が担当したが、仕事の中身自体はいわば核兵器の輸送係のようなもので、航空軍独自の戦略にもとづく「継続的作戦《キャンペーン》」ではない。いいかえれば原爆投下は、航空軍がヨーロッパと日本で一貫して実施し、幾多の経験を重ねて練り上げてきた戦略爆撃の効果に対して、むしろ留保をつけるような役割を果たしたのである。

それゆえに、マクロスキーによれば、航空軍総司令官のアーノルド中将は原爆投下が日本政府に「逃げ道《ウエイアウト》」を提供したようなものだと考えていたという。一般人には奇妙な言い方に聞こえるが、これは軍人の発想をよく示している。すなわちアーノルドによれば「現実問題として日本はもはや自国内ですら制空権を持っていなかったから、我々に張り合うのはとうてい無理な話だったし、我々の爆撃に対しても有効な反撃をすることができず、自国の都市や産業が破壊されるのを阻止することができなかった」。というのもアメリカ航空軍が日本の抵抗力を完膚なきまでに奪い去ったからにほかならない。ところが、それにもかかわらず、たった一発の原爆を落としたことによって、かえってアメリカの通常兵力の優位は明確

アトミック・エイジの大衆文化　原爆の実態を知らないアメリカ大衆社会はキノコ雲をポップなイメージとして消費した。上は1957年の「ミス原爆」。下はビキニ環礁での水爆実験成功の祝賀会。海軍提督夫人の帽子もキノコ雲をかたどっている。1946年。Vicki Goldberg, *Power of Photography*より

に立証されないことになってしまい、核兵器の有無が戦力の優劣を決めるかのような誤解をもたらしてしまう。結局これによって日本軍と政府には、自分たちがアメリカ軍に敗北したのではなく、原爆の前に敗れ去ったのだという口実――つまり「逃げ道」――が与えられたも同然だ、というのである。

爆撃の思想、原爆の思想

軍人の論理は民間人にとってはしばしば見慣れなかったり、怪訝《けげん》だったりするものだが、これもまたその典型的なひとつかもしれない。特に日本の場合、市民の大量抹殺という観点から東京、名古屋、大阪、神戸、福岡、北九州、岡山等々、全土におよんだ空襲（戦略爆撃）と原爆投下を同一線上に位置づけ、双方を等しく「アメリカ軍の日本焦土作戦」の一環と見るのがごく一般的な認識だといってよいから、なおさら違和感は強いはずである。

たとえば日本における最初の体系的な戦略爆撃論になる前田哲男『戦略爆撃の思想』（一九八八）も、戦略爆撃の原点が日中戦争における日本陸海軍の重慶爆撃にあるとしながら、たとえ破壊の規模は異なっても広島・長崎における原爆投下の「本質的な思想はゲルニカ、重慶の時代と少しも変わるものではなかった」と述べている。すなわち「航空機の登場とともに生まれ、二つの世界大戦の期間に鍛え上げられた空からの大量殺戮思想の実践」であり、多数の市民を巻きこんだ無差別戦争の「頂点ではあったが、独立した事象ではなかった」――つまり原爆投下は「戦略爆撃の思想における『負の大団円』というべきもの」だったのである、と。

確かに爆撃を受ける側の経験に即していうと、戦略爆撃も原爆投下も一般市民の大量死を招いた点では変わるところがなく、一晩で八万人の死者といわれる東京大空襲と、被爆後四ヵ月以内の死者が合計一四万人といわれる広島や八万人といわれる長崎への原爆投下を比べて差をつけることにも意味がない。爆撃側のほうについても、両方の作戦があのビリー・ミッチェルの愛弟子のひとりカール・スパーツ中将麾下《きか》の陸軍太平洋方面戦略航空軍のもとでおこなわれたことを考えるなら、なおのこと両者を分かつ考え方は意味がないことにもなるだろう。

しかしその一方、忘れてならないのは、そもそも軍隊という組織が、武力の維持と管理を専管事項とする官庁だという端的な事実である。したがって軍人もまた、あくまで官僚としての自己保存本能に忠実たらんとする。特に事実上独立した組織となったとはいえ、まだ命令系統上は陸軍長官の下にある航空軍は、大戦終結後における正式の独立を瑕疵《かし》なくすみやかに果たすためにも、あらゆる意味でアメリカ正規軍の完璧な一員たるべき存在感を示すことが必要だった。それゆえにこそ航空軍はヨーロッパ戦線における完全無欠の勝利をめざしてイギリス空軍の猛反対した昼間精密爆撃にこだわったのであり、また対日戦争では空軍力による日本の全面降伏をいち早く引き出すべく、徹底した本土爆撃にひたすら努力を注いだのである。つまりアメリカ航空軍全体の立場からすると、戦略爆撃と原爆投下はあくまでべつのものであり、同じ航空機を使用したといっても空軍力の運用という面では本質的に異なった行為とされるのだ。

だが、そうだとしても──あるいは、そうだとするとなおのこと──ここで疑問が生じる。一九四五年三月一〇日未明の東京大空襲に代表される対日都市爆撃は、アメリカ航空軍がそれまで重視してきたはずの規範や信条とは相容れない点を多分に含んでいたからである。

巨大な軍用機B-29

この問題に関連して、E・バートレット・カーの優れたノンフィクション『東京炎上』(一九九一、邦訳『東京大空襲』)は、もともと昼間精密爆撃を旨としていたアメリカ航空軍がどのようにして夜間の絨毯《じゅうたん》爆撃という正反対の考え方にたどりついたのかについて興味深い説明をしている。それによると戦略転換の背景は新兵器の開発、前線における戦術の転換、そして指揮官の個人的資質、という三つの要素がからみ合った状況があったという。このうち新兵器が第二次大戦の歴史的なイメージの象徴ともいうべきB-29「超空の要塞《スーパーフォートレス》」爆撃機とM69焼夷弾のふたつである。そこでまずは爆撃機の話から始めよう。

B-52「成層圏要塞《ストラトフォートレス》」爆撃機やボーイング747ジャンボ旅客機を見慣れた今日でこそさほど感じないものの、B-29は過去のいかなる軍用機よりも巨大で、それまでの主力機であるB-17爆撃機とも桁違いの大型爆撃機だった。なにしろ両翼長一四一フィート強(約四四メートル)、全長九九フィート(約三〇・二メートル)という外形サイズだけでもB-17のおよそ一・四倍に当たり、特に全幅はボーイング７３７やエアバスＡ３２０よりも大きい。操縦士、副操縦士とはべつに専門の航空機関士が搭乗する最初の航空機であると同時に、航法士、爆撃士、無線士、レーダー手など搭乗員は合計一一名。将校らおよそ半数が前部に乗り、中央部におよそ五〇〇〇ポンド（二・二六トン）の爆弾が搭載され、残りの下士官が後部と尾部にそれぞれ分かれて乗り組むという構成を見ただけでも、この新型機がパイロット個人の技倆《ぎりょう》に頼るそれまでの航空戦の常識とは違って、厳密に縦割りされた組織力を訓練して運航されるものであることがわかる。

B－17爆撃機　全幅は30mを超え、フライングフォートレスとよばれた。特に欧州戦線で使用された

B－29爆撃機　スーパーフォートレス。全幅は約44m

エノラ・ゲイと乗組員たち　広島に原爆を投下したB–29。機名は当時の機長の母の名にちなむという。

また三万フィート（九〇〇〇メートル）以上の高々度に達するため内部の気圧を一定にする与圧装置を組みこんだ機体は、20ミリ機関砲と12・7ミリ機関銃の合計一三挺を装備するというものものしさだったが、これらの火器はコンピュータ照準器と連携するかたちで制御され、従来ならすさまじい衝撃と火薬の破裂音に耐えて機銃を操っていた射手は、一変して無人の機銃座に指令を送るオペレータ業務に徹することになったのである。

加えて従来の航空機なら、B－17爆撃機でさえ乗組員たちはほとんどの体験を共有することができたが、B－29になると会話はすべてインターカムを通じたものになり、しかも各員が巨大な機体のあちこちに縛りつけられた具合になったため、戦闘直後の会話ではみんながてんでに自分の体験を披露し合う羽目になったという。特に航空機関士、無線士、航法士、レーダー手の席には窓もなく、ひたすら計器類を前にする航空機械の部品となっていた。戦争の機械化と無人化――つまりロボット化――は現代の戦争テクノロジーがめざしてやまないところだが、その最初の具体的な表れのひとつはこのB－29の開発にあるといってもよいだろう。

アメリカ空軍創成期の世代

またこの大型機の開発は、費用の点でも桁違いだった。なにしろ軍部とボーイング社との契約後、三年間の開発期間を経て一号機が納入されるまでの費用がおよそ三〇億ドル。原爆を開発した「マンハッタン計画」が二〇億ドルというから、それだけでもいかに巨額かが知れる。そのためこの新兵器は当然のことながら就役からすぐに一刻も早くめざましい戦果を挙げることを期待されており、もしそれができなければ航空軍は独立性を脅かされ、B－29を独占する権利を取り上げられて、海軍のニミッツや陸軍のマッカーサーのような有力な将軍たちがもっと大規模なB－29部隊を結成することになるかもしれないという状態だったのである。

ところが一九四四年の夏までインドを拠点にB－29で北九州や中国と東南アジア一帯の日本の軍事施設を爆撃した第二〇爆撃兵団はさしたる戦果を挙げられず、海兵隊が日本から奪取したマリアナ諸島サイパンを拠点とするヘイウッド・ハンセル准将麾下の第二一兵団も、昼間精密爆撃の理念に忠実なあまり、なかなか成果を挙げられずじまいになってしまう。ちなみにこの伝統を保持したのがアーノルドやスパーツ、またヨーロッパの第八兵団を指揮したアイラ・エイカーらビリー・ミッチェル子飼いの面々で、「ミッチェル・ボーイズ」と呼ばれた彼らこそがふたつの大戦にまたがったアメリカ空軍創成期の世代なのである。

しかし彼らの「伝統」はただでさえ変わりやすい天候や風向きに加え、対空砲の高性能化や迎撃戦闘機の登場などで守るのが困難になりやすい。特にハンセルにとって苦しかったのは天候不良やその他の条件で出撃延期を繰り返すたびに徐々に爆撃隊員たちの士気が落ちてゆくことで、これには仲間思いで剽悍《ひょうかん》なハンセルもだいぶ参ったらしい。結局この状態にしびれを切らしたワシントンのアーノルドは、一刻も早く航空軍独自の決定的戦果を得ようとする政治的圧力のもとでハンセルを更迭し、代わってドイツの夜間爆撃で大きな戦果を挙げ、すでに先輩を押しのけてインドに駐留する第二〇爆撃兵団の司令官となっていた弱冠三八歳のカーティス・ルメイ大佐を、より本格的な対日爆撃の拠点となる第二一兵団の司令官に抜擢《ばってき》したのである。

空軍の指揮官たち

ミッチェルの愛弟子、アーノルド

日本の戦争体験の歴史にとって、カーティス・ルメイほど悪名高い人物はほかにいないといってもいいかもしれない。彼が導入した戦術の転換によって日本空襲はそれ以前とは比べものにならないほど密度を増し、「絨毯爆撃」という通称そのままの激しい焼夷弾攻撃が、日本各地の都市部を一面の焼け野が原にしたからである。

ほかにも日本の庶民史が怨嗟《えんさ》の目を向けるアメリカの軍人には広島に原爆を投下した「エノラ・ゲイ」号の機長ポール・ティベッツ大佐がいるが、こちらが一発の爆弾投下を命じられた一介の現場将校に過ぎなかったのに対して、ルメイの場合は一度の出撃でおよそ三〇〇機を飛ばす爆撃兵団の司令官として継続的な作戦を自ら立案し、日本各地を意図的に焦土化した点が異なる。一九九〇年前後から活発になった空襲体験をめぐる郷土史家たちの記録プロジェクトで、ルメイの個人名を挙げて批判的に検証する傾向が顕著になっている――たとえば岡山爆撃の記録として刊行された奥住喜重・日笠俊男『ルメイの焼夷電撃戦』、富山爆撃を詳細に調べ上げた中山伊佐男『ルメイ・最後の空襲』など――のも、こうした戦時中の事情が米議会図書館などの資料で跡づけられることが日本側にも認識されるようになったからなのである。

戦略爆撃を中心としたアメリカの空軍史を原爆投下という「最終戦争《アルマゲドン》の創造」までの道程として批判的に捉えた『アメリカ空軍力の勃興』（一九八七）で知られる歴史家のマイケル・S・シェリーは、このルメイとアーノルドが年齢こそ二〇歳も違っていたものの、軍人としての資質において共通する点が多かったと述べている。シェリーによると、アーノルドとルメイは第二次大戦という「戦争が求めた典型的な人物像」に合致するのである。

ここで簡単に彼らの経歴に触れておくのは無駄ではないだろう。「ハップ」ことヘンリー・ハーリー・アーノルドは一八八六年、プエルトリコに駐留していたペンシルヴェニア州軍の軍医の次男に生まれた。兄は父の意をくんで士官学校に入学する予定で、ヘンリー自身は牧師をめざしていたが、兄がいきなり勝手にペンシルヴェニア州立大の工学部に入ってしまったため、次男のヘンリーがやむなく志望を変えて士官学校に進むことになった。入学後は名うての悪童連に仲間入りし、明らかに成績よりも素行不良で教師たちの記憶に残るような生徒だったらしい。

カーティス・ルメイ　日本本土への空襲を立案、指揮した

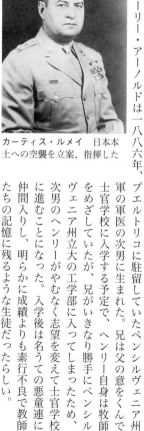

その後、赴任先で陸軍通信隊の航空班に配属されたことから空との関わりを得たものの、第一次大戦中もほとんど前線に出ることなくワシントンの武官として過ごし、大戦終結の年に出逢ったビリー・ミッチェルに親炙《しんしゃ》して最も忠実な弟子のひとりとなる。おかげでミッチェルが軍法会議で放逐された後はアーノルドも冷遇されて田舎の歩兵基地で冷や飯を食うことになったが、ミッチェルを囲んだ若手たちの階級が上がってゆくにつれて航空部隊をとりまく環境も徐々に変化し、彼自身もアラスカの軍事的利用に関する調査飛行で手柄を立てたことが幸いして、一九三〇年代半ばからは順調に栄達の道を歩み始めた。特に真珠湾攻撃以降は、年間五万機にのぼる航空機の大増産を指示した大統領ローズヴェルトの威光もあって航空軍の地位は一気に上がり、アーノルドはそのなかで初めて大将まで昇格した存在となったのである。

智将タイプのルメイ

他方、カーティス・ルメイはアーノルドより二〇年遅い一九〇六年、オハイオ州の貧しい家庭に生まれ、ROTC（予備役将校訓練課程）で奨学金をもらいながらオハイオ州立大学で土木工学を専攻した。ROTCは卒業後すぐに将校になる資格を与えられるものの、士官学校出の同輩たちとは幹部候補者としての環境の点で比べものにならない。それにもかかわらずルメイは任期明け後もそのまま軍にとどまって着実に昇進を重ね、特に三一歳で爆撃隊に転属してからは水を得た魚のように異彩を放ち始める。特にあらゆる場面を想定したその猛訓練ぶりは基地の評判になるほどで、それでも彼の部隊にはとびぬけた士気の高さがあったという。さらに彼の場合、原理原則にはこだわらず、目的を達成するためなら何でも採り入れる柔軟さがあり、結局これが昼間精密爆撃にこだわる士官学校出の先輩や同輩たちを押しのけてアーノルドに取り立てられる一因となった。

シェリーによれば、ルメイがヨーロッパ戦線で目立ち始めるまで、アーノルドと彼の間には個人的なつながりはほとんどなかったらしい。しかし彼らはいくつかの点で似ていた。なかでも目を惹くのが、ふたりがともに戦闘経験をほとんど持たず、戦闘への興味もなかったことである。一般に空軍の花形は戦闘機部隊にあるとされ、パイロット自身も高度専門職であることから、大佐や准将など高位の軍人が最前線の戦闘部隊の先陣を切ることも珍しくない。爆撃部隊の場合も同様だが、アーノルドやルメイの場合、B－17以降の本格的な爆撃機が登場したときにはすでに前線での部隊長をつとめるには階級が上がり過ぎていたこともあって、直接戦場に出る搭乗員としての経験をほとんど持たないままだった。

むろん出撃するのを怖がることはなかったが、特にルメイの場合、自分から先頭に立って斬《き》りこみに出るような猛将タイプというより、後方司令部で作戦を練り、兵たちを自分の手足のように使って勝利を収めることに軍人としての喜びを見出す一種の智将タイプだった。

彼は戦場経験のほとんどない新米を猛訓練で一人前に仕立てるのを得意としたし、こわもての外見のわりに部下の心理状況を的確に把握して士気を鼓舞したり、必要とあれば配置転換や故国への送還も指示するなど人身掌握術にも長《た》けていた。さらに熱中したのが新しい爆撃隊形を工夫したり新兵器を試したりすることで、これがハンセルに代わって日本爆撃の現場司令官に着任後、それまでは常識外とされていた低高度爆撃や夜間爆撃を繰り広げる素地となる。逆に不得意なのが政治的・外交的な要素を含む大戦略を立てることで、ただしこれは第二次大戦の指揮官たちに総じて共通した傾向でもあったという。

シェリーによればその第一の理由は、軍事テクノロジーの急速な発達に加えて戦域が世界中に広がった結果、前線指揮官もワシントンの戦略立案者たちも具体的な作戦遂行に関する厖大《ぼうだい》な量の些事《さじ》に追われており、それゆえ特に若手の指揮官たちのなかではこうした実務に向く人材が積極的に登用される傾向にもあったからだという。要するに軍隊においてもまた、現場のマネジメントに秀でた人材が求められる時代になっていたということである。

空軍指揮官たちの政治的センス

と同時に、それはまた第二次大戦がアメリカにとって「有無をいわさぬ戦争」であったことにも起因していた。真珠湾攻撃から始まったアメリカの戦争は、戦争をおこなうべきか否か、その道義的根拠は何か、政治的影響はどうか……といった政治的・哲学的な議論を無用とし、複雑で巨大な戦争機械《ウォー・マシーン》と化した軍事機構を能率的に動かすための具体的で実践的な管理運用《オペレーション》能力に長じた中堅管理者を多数必要としたからである。その点で、ともかく目の前の業務を効率的に仕上げるために組織を運用する実践的な技術に秀でたルメイは、発足してまもない航空軍という組織のなかで戦争を遂行する仕事にはまさに適格の逸材だったのである。

シェリーはこうした傾向が総じて第二次大戦の指揮官たちに共通して見られるものであったことを指摘しながらも、特に空軍のアーノルドやルメイには陸海軍の指揮官たちのような政治と外交のセンスが欠けていたと指摘している。たとえばマーシャル陸軍参謀総長やアイゼンハウアー連合軍最高司令官らは、よく訓練された優秀な軍人の例に洩れずあくまで具体的な軍事的有用性の観点から意思決定することを好んだが、同時にクラウゼヴィッツをよく理解し、戦争が政治の一部であることを踏まえながら、文官が政治的要請に従って軍事的決定を求めたり、逆に軍事的必要性に政治的な名分をつけることを求めるのにもよく応えた。しかしアーノルドもルメイも、とシェリーはいう――「クラウゼヴィッツに思いを致すことはむろん、グラントやシャーマンすら思い出すことは稀《まれ》だった」。

シェリーによれば、ビリー・ミッチェル以来の伝統につらなることを自負する彼らは、自らの任務も軍歴も「従来の軍の伝統にさからうものだと見なしていた」。そのため、特にルメイは服装や敬礼のしかたに細々とうるさい陸軍のしきたりを公然と無視し、着崩したユニフォームやぞんざいな敬礼を奨励するふうさえあったという。さらにシェリーはこんな傾向が彼らの回顧録の書き方にまでおよんでいるとして高位の軍人の回想が自分の体験談だけで綴られているのも珍しいと皮肉っているが、こうした姿勢は明らかにアメリカ空軍のあの奇妙なしきたり、すなわち愛機の胴体に漫画やピンナップガールをペイントしたり、投下予定の爆弾に落書きしたりするような粗野で子どもっぽい習性の由来するところだった。実際、

機体にほどこされたペイントの例　投下する爆弾にも落書きをするなど、空軍には奇妙な習慣があった。写真提供・ユニフォトプレス

これがもし厳格で鳴らしたジョージ・S・パットン麾下の戦車師団だったとしたら、と考えるとよくわかるはずだ。果たしてパットンは部下たちが戦車の腹にしどけない裸女を描くのを笑って許しただろうか――？

ルメイ少将の役割

こうしてみるとルメイの着任後、日本の上空を襲った爆撃編隊がためらいもなく焼夷弾であたりを焼き払うようになった理由が、おぼろげながらもわかってくる。前任のハンセルはヨーロッパ第八兵団の指揮官アイラ・エイカーと同様、昼間爆撃を事実上の無差別爆撃となる夜間爆撃に切り換えることをためらい、また焼夷弾を使用することも明らかに嫌って、ワシントンの航空軍参謀本部からの指令をしばしば無視したが、上役の求めるものに敏感なルメイは数字の上でより大きな戦果を挙げることができさえすれば、ためらいなく夜間爆撃と焼夷弾攻撃を採用した。なにしろ一九四五年三月一〇日未明にルメイの指令のもとでおこなわれた伝説的な東京空襲では、B-29の爆撃編隊が常識外れの七〇〇〇フィート（約二一三四メートル）前後という超低空での任務を強いられただけでなく、機銃類などすべての戦闘火器をとりはずし、軽くなったぶんだけ余計に焼夷弾を積みこんで一機あたりで合計六トンから七トンもの焼夷弾を地表すれすれのところからばらまく任務についたのである。

カーが記すところによると、この作戦は周到に仕掛けられ、文字どおり民間人の居住地区を対象として東京を焼き払うことを目的としたものだった。特に第一陣の爆撃隊がM47焼夷弾を投下し、つづく第二陣以降の爆撃隊がM69焼夷弾を投下することになっていたのはその現れにほかならない。焼夷弾はもともと一九四〇年にロンドンを空爆したときのドイツ空軍が初めて使用したもので、これを見た各国がこぞって自らも開発した火炎兵器である。ガソリンにゼリー状の混合剤を加えたものを既存の爆弾のシェルに封入し、爆発すると火のついたゼリーがあたり一面に飛び散って火災を惹き起こす。

M47はアメリカで開発された最初の焼夷弾で、長さ一・二メートル強、直径二〇センチ強の軀体《くたい》は一〇〇ポンド（約四五・三キロ）もの重量があった。落下すると建物の屋根を突き破って内部で爆発し、こっぱみじんになった本体から引火したゼリー状のガソリンが四散する。したがってこれが付着すると水をかけても容易には消えず、むしろ燃え広がって被害を広める。

その後、アメリカでは軽量小型の焼夷弾を改良し、直径七センチ半、長さ一六センチの細長い軀体を三四本まとめて金属帯で縛り、ある高度までくると空中でばらばらに解《ほど》けるというM50集束焼夷弾を開発。さらにこれをもとに延焼力のより強い小型焼夷弾を三八本束ねたM69集束焼夷弾を生み出した。その特徴は石造りや煉瓦《れんが》造りの建物に適したM47と違って、より軽量で小型のために木造建築に適していることにあった。焼夷弾の目的は爆発よりも飛び散った油性の火炎があたりに燃え移り、水をかけても容易に消えない大火災を惹き起こしてその地域一帯を潰滅させることにある。しかも本来ヨーロッパの都市向けに開発された重いM47では木造家屋の屋根から床下まで突き破って効果的でないため、わざわざ日本向けに改良したのがM69なのであった。

この兵器の開発を担当したスタンダード石油の上級副社長ロバート・ラッセルは、最初に英空軍がドイツにおこなった大規模な焼夷弾爆撃を視察し、帰国後の報告書にこう記したという――「高性能爆弾によって工場などの限定目標を破壊するよりも、敵側に致命的な打撃を与えるのは、結果的にみると軍需工場に勤務する労働者の住宅や日常のサービス機関を破壊する方なのである。それ故、今後はこれらを焼夷弾爆撃の主要目標とすべきである」（大谷勲訳）。

カーによるとこのM69の使用を特に強く求めたのがアーノルドの参謀だったローリス・ノースタッド准将、反対したのがハンセル、そして飛びついたのがルメイということになる。ただしシェリーによるとノースタッド自身はルメイに好感を持っておらず、「典型的なお側役人間《スタッフ・マン》」と見ていたという。後年、当時をふりかえったノースタッドによれば、ルメイは「ちょっとばかり非伝統的《アンオーソドックス》というのも悪くないもんだとアーノルドに思わせたのである」。

ずいぶんと底意を感じさせる物言いだが、ノースタッド自身もハンセルを更迭する側だったことは忘れるべきでないだろう。つまりは整理するとこうなる――アーノルドとノースタッドはB－29による戦略爆撃の目に見える結果を求めて、新兵器の導入と新しい作戦の実施を前線司令部に指示した。彼らはその具体的な細部（どの程度の低高度爆撃にするのか、一般市民が標的になることをわかっていてあえてするのか、等々）まで指図したわけではない。それこそが現場指揮官の仕事というものだからだ。したがって彼らは結果だけを求め、それが得られさえすれば「伝統《オーソドクシー》」を守るためにも細かなことには気づかないふりをした。そしてこの任に最もよく応えたのが、上級幹部としては破格に若いカーティス・ルメイだったのだ、と。

空のプロパガンダ

国民国家という名のシステム

日本における焼夷弾爆撃作戦とそこにいたる一連の過程は、単にアメリカ軍の非道を証明するという以上に、「システム」によっておこなわれる現代戦争のありよう――意思決定とその運用の実際――を象徴的に示しているように思われる。この「システム」は「組織」の意味であると同時に、いったん組織が動き始めると個人の意思や思惑を超えた作用と影響をもたらす「機構」でもあり、またそこに働いている曰《いわ》くいいがたい人間同士の「関係」の謂《いい》でもある。

すでに述べたように第二次大戦は途中から暴力の質が強大化し、なんともいえず酷薄かつ無慈悲な傾向を示すようになった戦争だった――そして以後の戦争はすべて同様の傾向を持っている――が、その陰には、要所要所における個々人の意思や責任が折り重なり、お互いを牽制し合ったり駆け引きしたりする相互作用を経て、実行とその責任の所在を網の目のように分散化する「システム」の存在がある。

いわゆる総力戦《トータルウオー》は単に独裁的な権力が民衆を駆り立ててゆくというだけでない、こうした「システム」によっておこなわれるという点で、まさしく国民国家という名のシステムの隠喩――もしくは表象――というべきものなのである。

戦争の「主役」の変化

しかし、それでは果たしてこのシステムによる戦争の暴力的な苛烈化は、一般国民にどのように受け止められていただろうか。大戦の後半における国民向けのプロパガンダがしばしば露骨な暴力性を見せるようになっていたことはすでに触れたとおりだが、敵国民に対する爆撃も同じように激しい暴力性や憎しみのレトリックのもとに描かれていたのだろうか。

これについて考えるときに忘れてならないのは、第二次大戦における「主役《ヒーロー》」のイメージがそれまでの戦争と比べて変化したということである。

そもそも戦争に際して人々の士気を鼓舞する英雄の出現が待望され、必要とされるのはいつの世にもあることだが、前大戦まで英雄はつねに人間の姿をしており、それもアメリカでは粗暴さをひけらかすことのない知的に抑制された人物が英雄の名に値するものとしてほめそやされた。たとえば後年映画にも描かれることになる篤信家のヨーク軍曹、ブロードウェイの芸人で有名な「海の彼方へ《オーヴァー・ゼア》」を作詞作曲したジョージ・M・コーハンといった第一次大戦時におけるアメリカのヒーローたちは、同時代のイギリスの愛国詩人ルパート・ブルックスのようなきらびやかな詩才を持ち合わせているわけではないとしても、質素で控えめな態度やタフで陽気なおおらかさといったアメリカ的美徳によって、きどりのない庶民の叡智《えいち》を体現した存在とされた。けれども第二次大戦になると新聞の見出しや戦時宣伝用のポスター、種々の掲示物、また公共の場での飾りもの《インスタレーション》などに描かれる英雄的なイメージが一変し、非人間的な事物——とりわけ新兵器類——が圧倒的な力を誇示する存在として一躍前面に進出してくるのである。

その典型的な一例が一九四二年にシカゴのユニオン駅の天井を一面に覆った模型飛行機による爆撃編隊の巨大なディスプレイだろう。全米鉄道網最大のターミナル駅として建築家ダニエル・バーナムが設計したこの円蓋《ヴォールト》構造の駅舎はニューヨークのグランドセントラル駅や首都ワシントンのユニオン駅と並ぶ新古典主義の壮麗さでよく知られているが、通勤客や旅客でごったがえすその頭上をびっしりと埋め尽くした鮮やかな機影の大群は、巨大建築に慣れたシカゴの人々のみならず全米各地のアメリカ市民をも一驚させることになった。というのもこの光景を撮影した大きな写真が同年九月の『ライフ』に掲載されたからで、アメリカの最も影響力あるこのグラフ雑誌——当時それはB４変型サイズの大きな誌面だった——に掲載されることは、都会の中流層を中心に絶大な広報効果を発揮することだったからである。
そのときの写真を見ると、なるほど全体の三分の二を占める模型編隊の視覚的・物理的な密度にたちまち目を惹かれるのがわかる。そして人々の頭上にひろがる巨大な伽藍《がらん》が実際にこのように飾られていたさまを脳裏に描いてみると、それがあたかも自ら爆撃編隊についてゆくかのようなイリュージョンを誘っただろうことが実感とともに想像される。いまではアメリカでもすっかり珍しくなった当時の『ライフ』の大型誌面は、こういう空間的な壮大さをも読者に感覚させるものだったのである。

爆撃のスペクタクル

しかし同時にこの写真をよく見ると、プラットフォームから玄関口に向かう突き当たりの壁一面を塗りたてた大きな壁画に、黒光りする無数の爆弾が雲のあいまからナチを表す鉤十字《かぎじゅう じ》めがけて真っ逆さまに落ちてゆくところが描かれているのがわかる。思えばそれはなんとも悪趣味な絵図で、これほどの数の爆弾を雲の上からばらまけば、必ずや多数の一般市民が巻き添えになるだろうことを現代の人間なら想像しないではいられない。けれどもこの時代、有名なバトル・オヴ・ブリテン（一九四〇）のロンドン空襲で二万人以上の市民が犠牲となったことがすでに知られていたはずだとはいえ、「戦略爆撃」や「精密爆撃」などという言葉もまだ一般の耳には触れたか触れないか程度の特殊な語彙《ごい》であって、それがどれほど実態とかけ離れたものであるかを見抜くのはけっして容易なことではなかった。

いうまでもなく、これは当時の人々が無《む》知《ち》蒙《もう》昧《まい》だったことを意味しない。日米戦争が始まって少なくも一年から一年半の間、多くの人々は日米双方とも戦争の実態をほとんど知らされずにいたからである。たとえば日米戦争の帰趨を分けることになった一九四二年六月のミッドウェイ海戦の大敗北を日本国民はずっと後になるまで知ることなく、それどころか逆に

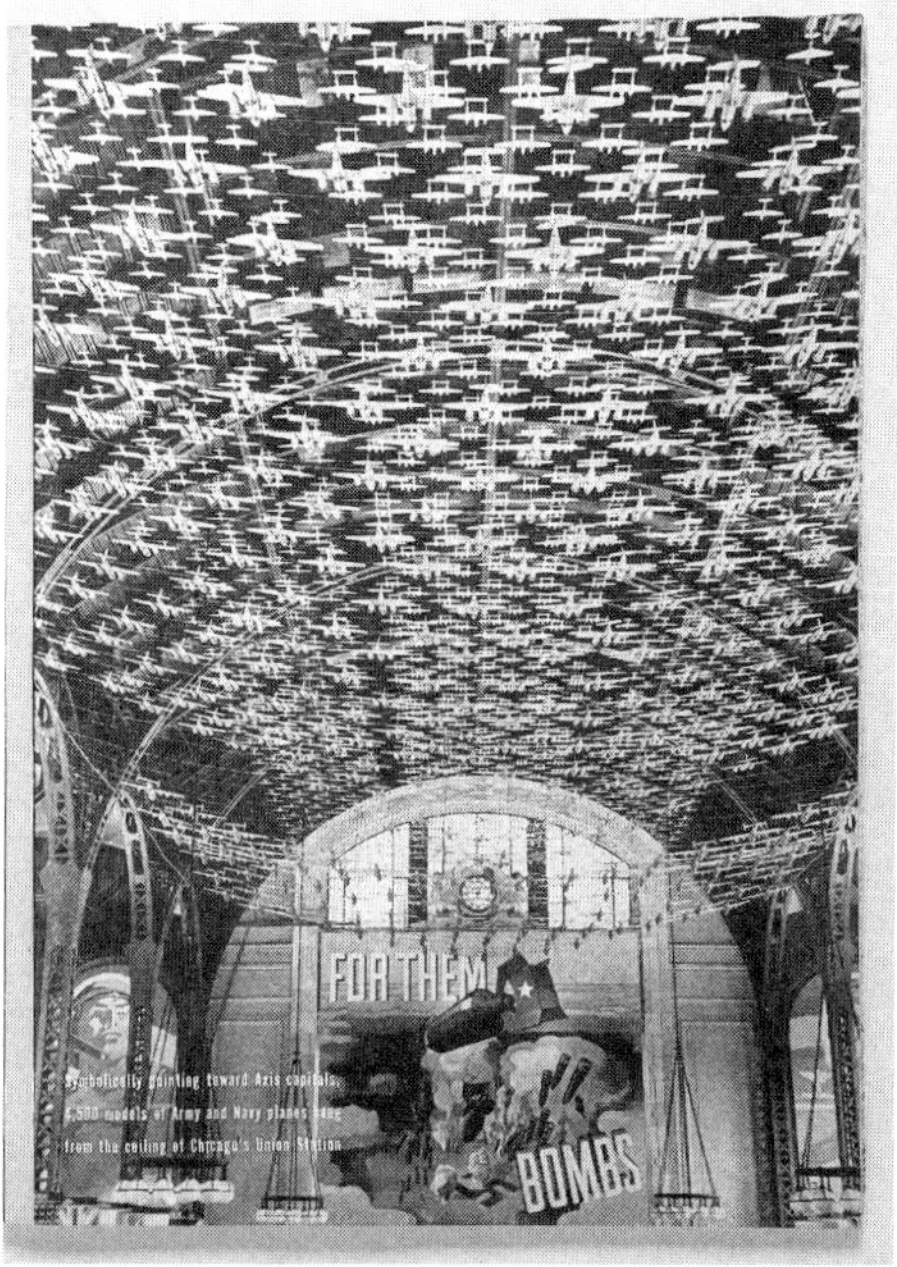

4500機の爆撃編隊　シカゴのユニオン駅のディスプレイ。『ライフ』1942年９月28日号。国際基督教大学図書館蔵

この年の末に公開されて大ヒットした『ハワイ・マレー沖海戦』のような露骨な国策映画のイメージに幻惑され、子どもたちまでが熱烈に戦争を支持する社会を作り出していたのもその一例だろう。

その点をふまえて改めてシカゴ・ユニオン駅のディスプレイを見直してみると、象徴的な意味でふたつの特徴があるのがわかる。ひとつは天井一面を覆いつくすこの大編隊爆撃のスペクタクル的な情景が、実はこの時点では非現実的なイメージでしかなかったということである。現にバトル・オヴ・ブリテンで英国民の士気を破壊すべくドイツ空軍が繰り広げたいわゆる「恐怖爆撃」（terror bombing）でも、雲霞のごとく空一面を覆う双発爆撃機の大編隊といった光景は実際にはなく、米軍のB-25が参加した翌年からのドイツ空襲や翌々年暮れからのB-29による日本空襲などで初めて現実のものとなる。いいかえれば真珠湾奇襲から一〇ヵ月足らずの時点でこうした巨大なインスタレーションを仕掛けることは、いわば国民大衆に向かって生産増強をうながし、国家の戦争努力への貢献を鼓舞するために仕組まれた明らかなファンタジーであったということになる。すでに触れたようにアメリカ合衆国にとっての第二次大戦はその前半と後半とで質・量ともにまったく異なった戦争だったが、ミッドウェイ海戦をひとつの転機として、それ以降急速に質から量へ、精密さから物量による圧倒へと戦術的発想を変化させてゆくことになる戦争の変貌を、この写真は図らずも象徴しているのである。

「見えない戦争」の表象

もうひとつは、奥の壁面に描かれた爆撃の模様が明らかに無差別爆撃・絨毯爆撃を表しているにもかかわらず、それがあくまで「見えない戦争」と化していることである。実際、多くの爆撃隊員の回想を見るまでもなく、高度二〇〇〇メートル以上からおこなわれる爆撃は、その高みゆえに地上の惨劇を抽象化し、どこか非現実的な眺望としがちな傾向を持っている。かつての戦争と違って高度に機械化された現代の戦争では、攻撃する側とされる側の経験があまりにも大きな非対称を描き、敵味方の双方にとってお互いを見えない存在としてしまうのである。

しかしシカゴ・ユニオン駅の巨大なインスタレーションが象徴的・隠喩的に指し示しているのは、実はもう少し先の文化的な問題でもある。というのも一見してわかる通り、この見世物じみた展示物は駅舎を行き交う通勤客や旅客を、模型編隊がおこなう空想上の爆撃任務へと心理的・想像的に参加させるものだからだ。またその編隊のゆくてに爆弾投下の絵図を明快に掲げることによって、この展示が破壊という行為の持つある種の昂揚感へと観客を誘導し、前年暮れの真珠湾奇襲の衝撃に対する報復心を誇らしげに顕示させるものになっていることもわかる。いいかえればどこか誇大妄想的にすら思えるこの見世物的な公共展示物は、プロパガンダという名の言論・心理操作における秘められた快楽の存在を隠喩しているのである。

実際、このことはアメリカの場合に限った話ではなかった。たとえば先に見たように戦略爆撃は満州事変以来の日中戦争を通して継続的な士気破壊作戦となったが、日本国民の側にとっては逆にそれが戦意昂揚の恰好のキャンペーンとなった。現に伊香俊哉によれば、当時の新聞では中国各地への継続爆撃のニュースがあたかも勇壮な祭りの知らせのように一面トップに採り上げられ、「海軍機空前の大壮挙」「我が空爆の一報毎《ごと》に新しい興奮に湧きたつ」といった煽情的な見出しが人々を煽《あお》ったという。たとえば一九四〇年八月の『朝日新聞』の記事は、前日の重慶爆撃が「敵都連続攻撃三十回の輝かしい記録を空軍史に打ち樹《た》て」た「新記録」だと謳《うた》い上げ、「第三十一次重慶猛爆、市街は火の海と化す」と戦果を報じた。冷静に読むと悪趣味としかいうほかないが、これは明らかに当時の航空戦をめぐる典型的な報道のしかたの一例だった。すなわち伊香もいうように「空戦や爆撃はあたかも戦争の華やかさや爽快感を表現するものであり、悲惨や残虐を意味するものではなかった」のである。

昂揚感へと導く『ライフ』のイラスト

おそらくこうした点にかんがみて何とも奇妙かつ皮肉なのが、『ライフ』の一九四一年一二月二二日号に掲載された見開きのイラストレーションの例だろう。

それは真珠湾奇襲から一〇日ほど後に発行された「アメリカ、戦争へ至る」(America Goes to War)と題された特集号の一部で、同誌が真珠湾奇襲の第一報を伝えたのはその前の週だったが、このときは週刊誌の印刷・発行のタイミングが嚙《か》み合わず、表紙にはハリウッドの少女子役のあどけない笑顔の写真を置いたまま、なかほどの誌面に七ページの解説記

真珠湾奇襲を報じる『ライフ』誌　1941年12月22日号。爆撃する側の視点から描かれた奇妙なイラスト。国際基督教大学図書館蔵

事を放り込んで何とかしのいだという程度でしかなかった。そのため『ライフ』が本気で日米開戦を報じたのは一二月二二日号になったが、攻撃を受けたときの模様を撮影した写真は極秘の軍事機密だから使うことは当然できない。そこで特集記事のほぼ冒頭に置かれたのがこのイラストだったわけだが、そのなかで『ライフ』の編集部はよく見ると奇妙なことをおこなっている。というのもオアフ島南部に位置する真珠湾に向かって、この絵図はちょうど東向きにフォード海軍基地への侵入経路をとった攻撃側の視点から全体を描き、いわばアメリカ人読者を日本海軍機のほうへとすみやかに自己同化させるような眺望を与えているのである。

実際、この図解誌面を眺めながら観者

が経験するごく素直な感覚は、パノラミックに広がる雄大な鳥瞰《ちょうかん》風景の開放的な爽快《そうかい》感と、その中央の一点に向かって日本の九九式艦上爆撃機の編隊が矢のように急降下してゆく獰猛《どうもう》なまでの突入感といったものだろう。と同時に、その横に添えられた「リメンバー・パールハーバー」という文字の喚起する勇猛な復讐《ふくしゅう》心との、論理的には矛盾しているが感覚的には一貫した奇妙にヒロイックな情動だろう。

もちろん真珠湾が叩かれたことは米海軍にとって恥ずべき不名誉というだけでなく、あらゆる被害を軍事機密として秘匿すべきショックでもあった。したがってこの絵がよく見ると被害側の損耗を明示していないことは、軍事的見地からも合理的といえる。しかしこのイラストはそんな配慮の存在すらほとんど感知させないまま、およそ一切の視覚的身ぶりをもって熱烈な昂揚感へと読者＝観衆を導こうとするのだ。たとえばこれが戦争スペクタクル映画なら、惜しげもなく火薬を使った爆撃シーンや地上で吹き飛ぶ水兵たちといった諸々の場面が繰り広げられることで、観客は感覚的・心理的な打撃を無意識裡に加えられていると見ることもできたかもしれない。しかしこのイラストはあくまで地上の経験を見えない距離にまで押しやりながら、しかも攻撃する側の残忍で獰猛な意欲へと想像的に一体化させることによって、見る者を圧倒的な視覚のヒロイズムへといざなうのである。

もっともこの感情は真珠湾奇襲が開戦通告（宣戦布告）の遅れから「卑怯《ひきょう》な騙《だま》し討《う》ち」となったことと相まって強烈な復讐心へとすぐさま転化されるのだが、プロパガンダの図像学からすると、これもあくまで二義的なことに過ぎない。というのもここで図像の記号作用の成否を握っているのはメッセージの内容ではなく、昂揚と恍惚とともに読者＝観衆の心理を誘導できるような情動の形式《フォーム》――というよりむしろ形状《フィギュア》というべきだろうか――のほうだからだ。いいかえれば敵味方の別をこえて見る者を圧倒的な昂揚感のなかに連れ出したとき、第二次大戦という機械戦争をめぐるプロパガンダはその役目を十全に果たしたことになるのである。

だが、そうだとするとこの図像は、べつのある意味で実に皮肉なものだともいわなければならないだろう。というのもこのように驚くべき興奮をともなう空の戦いとともに始まったアメリカ合衆国の第二次大戦は、しかしいうまでもなく、およそ裏腹の脅威と恐怖をもたらすもうひとつの航空戦をもって終わったからである。すなわち原爆投下である。

核兵器と「ひとつの世界」

核兵器が「平和」をもたらす？

先に述べたように、原爆投下は軍事的には疑問の余地のある攻撃であり、それゆえに大戦の終わりというよりむしろ戦後の始まりを画するものだった。が、それは果たしてアメリカに何をもたらしたのだろうか。原爆はその年の終わりまでに広島・長崎合わせて二〇万人を超える死者を出すと同時に日本軍部の継戦意志ならびに能力を最終的に奪い去り、戦争に対するきわめて強い嫌悪感を多くの日本国民に残したが、アメリカ社会には何を与えたのだろうか。

その答えのひとつは「平和」ということになる。もちろんこれには多くの補足が必要だろう。

原爆(ならびに核兵器一般)はいうまでもなくひとつの都市を一瞬にして潰滅に追いこむほどの破壊力を持った兵器であり、しかも残存する放射性物質の影響を未来にまでおよぼす非人道的兵器である。したがってそれは当然のように道義的反感を呼び覚ますと同時に、多大な恐怖をもたらす。核兵器が「平和」をもたらすと主張する人々の論理は、この道義心と恐怖感とが両輪となって人々の知性と情動を駆り立て、核兵器の使用を抑止する政治的な力が生じる——つまり「平和」が生まれる——とするものだが、実はこのどこか転倒した奇妙な論理の陰には、航空史にとっても重要なひとつの新しい政治的認識があった。それを「ひとつの世界《ワン・ワールド》」論という。

「ひとつの世界」論の系譜

二〇世紀のアメリカ外交史を見るとすぐに知られることだが、「ひとつの世界」は第一次大戦後の国際連盟結成の動きに端を発し、大戦間期の政治・経済・産業その他における国際化への急展開を経て第二次大戦で確立された政治思想ないし世界観の総称である。この言葉自体は、後述するようにウェンデル・ウィルキーの同名のベストセラーの書名から来ているが、それを含めて「ひとつの世界」論にはいくつかの系統があった。

第一は、ニュース雑誌『タイム』、ビジネス雑誌『フォーチュン』、写真報道誌『ライフ』の三つを創刊して成功させた出版人ヘンリー・ルースが一九四一年二月に『ライフ』に発表した「アメリカの世紀」と題する論文に代表されるものである。まるで二〇世紀はアメリカが支配する世紀だとでもいっているように聞こえかねない題名だが、実はこれはヨーロッパで第二次大戦が勃発してすでに久しいというのに、相変わらず孤立主義に閉じこもってファシズムの跋扈《ばっこ》から目をそむけたままでよいのだろうかとアメリカ人読者に向かって訴える、大戦への参戦論だった。科学技術の発達と経済における国際関係の相互依存化（現代ふうにいえばグローバリゼーション）によって世界はかつてなく緊密に結びつき、アメリカ合衆国も事実上大戦に関与しているも同然の状態にある。にもかかわらずそれを無視し、世界最大の工業生産力を有するまでになっている自らの能力を棚に上げて無関心を装うのは果たして正しいことか。ヒトラーの専横と日本ファシズムの抬頭を前にして、いま合衆国に求められているのは、一九世紀までの世界の指導者だった英帝国に代わって自由と平等と独立というアメリカ的な理念のもとに世界を領導するという責任を果たすことではないか――。

ウェンデル・ウィルキー　各国を歴訪して著した『ひとつの世界』がベストセラーに

　もちろん以上だけでもわかるように、ルースの論理はいかにもアメリカ的な価値観にもとづくものであり、「支配」することの自覚のないまま、アメリカの力と理念に他を従わせようとする志向を色濃くたたえていた。つまりルース的な意味での「ひとつの世界」は、アメリカを主導者とするいわゆる「アメリカによる平和《パクス・アメリカーナ》」のヴィジョンであった。

これに対して、よりリベラルな立場から白人による帝国主義の終焉を訴え、平等な国際協調主義を訴えた第二の「ひとつの世界」論が、一九四三年の春に出版されたウェンデル・ウィルキーの、その名も『ひとつの世界』である。ウィルキーは一九四〇年の大統領選で現職のローズヴェルトと争った共和党の政治家で、敗北後に大統領特使を依頼されて世界各国を歴訪した。そのときの旅行記という体裁をとったのが『ひとつの世界』で、北アフリカ、中東、ソヴィエト、中国など、従来ヨーロッパにばかり偏っていた多くのアメリカ人の認識をくつがえすような多様な世界の存在を紀行文と写真でわかりやすく示して、三〇〇万部の大ベストセラーとなった。そこで彼のいう「ひとつの世界」とは、地球上のすべての国々が互いに民族自決の原則を重んじて植民地主義を脱却すると同時に、国内にも色濃く残る人種差別などを根絶した完璧に平等な社会のことだった。一九四三年といえば大戦の苛烈さがますます極まっていた時期だが、それだからこそウィルキーの理想論は残酷さを乗り越えて到達すべき徳義を明確に示したことで人々の広い支持を得たのである。

そして第三がローズヴェルト政権の一員として農務長官および副大統領をつとめたヘンリー・ウォレスが一九四二年の春に発表した「自由世界の勝利の代償《プライス》」と題する講演論文である。これはちょうど一年前にヘンリー・ルースが発表した「アメリカの世紀」を批判する目的を含んだもので、国際連盟の結成に尽力しながらも国内政治の反対で蹉跌《さてつ》をきたしたウッドロー・ウィルソンの国際主義的な志を受け継ぎながら、アメリカ支配のイデオロギーによるのではない民衆自身の世紀を構築すべきだとするリベラル左派からの「ひとつの世界」論であった。

その立場からわかるようにウォレスは政界の大物のひとりだったが、同時に、リベラル左派は現代の中流大衆社会において主流になるのが困難な党派でもある。とはいえその理念が、被抑圧者への理解と共感を訴えかけていた点で、ウィルキーとウォレスの議論は重なるものであったということになるだろう。

危うい両義性を秘めた「ひとつの世界」

以上見たように「ひとつの世界」論にはさまざまな違いがあったが、共通するのは科学技術の急速かつ多大な発達によって、いまや地球は小さくなり、世界は狭くなった――という認識だった。と同時に見逃してならないのは、この「ひとつの世界」がある種の脅威や恐怖とも背中合わせの関係にあるものだったということである。ルースの「アメリカの世紀」は真珠湾攻撃の直前に発表されたが、太平洋のまんなかに位置する真珠湾までが日本からの直接攻撃の目標となるという端的な事実は、もはやアメリカ大陸もそのままでは安寧の地でいられないという不安を与えた。リンドバーグやイアハートらの大西洋横断も、この文脈においては、ひとつに結ばれた世界がいかに危うい両義性を秘めているかを強調する働きを示したのである。

実際このことは、ウィルキーの『ひとつの世界』にも微妙なかたちで反映されている。彼はローズヴェルトの特使として一九四二年八月二六日にニューヨークを出発し、北アフリカ、中東、トルコ、ソ連、中国を歴訪し、およそ五〇日後に帰国した。その第一章「エル・アラメイン」の冒頭で、彼は次のように出発のときの模様を描写している。

> 去る八月二六日のこと、私は四基のエンジンを搭載したコンソリデーティッド爆撃機を輸送用に改良して合衆国陸軍のオフィサーが操縦桿を握る機内に乗りこみ、ニューヨークのミッチェル飛行場を後にした。できるだけ多くの世界各地と戦争の状態を実見し、前線のありよう、現地の指導者たち、また現地の民衆と出逢うための旅である。その後、きっかり四九日後の一〇月一四日にミネソタ州ミネアポリスに帰り着いた。私は世界をぐるりと回った。それも周回距離の小さい北半球だけを回ったのではなく、二度も赤道をまたいだのである。
>
> 私の旅程は合計三万一〇〇〇マイルにおよんだが、これを数字として眺めると、何ともいえぬ驚きととまどいに襲われるのを感じる。なぜなら今回の歴訪で私が抱いた偽らざる実感は、世界各国の人々の距離というよりむしろ、その近さ《クロースネス》というものであったためである。かつての私がもしも、世界は小さくなった、お互いが完全に依存し合うようになった、ということに少しでも疑いを持っていたとすれば、その種の疑念は今回の歴訪

であますところなく拭い去られたのである。

しかもこの途方もない距離を翔破するのに、我々一行が空中で費やした時間は何と一六〇時間に過ぎない。これは実に驚くべき事実である。我々は通常、移動に際して一日八時間から一〇時間を機内で過ごしたことになる。これは全四九日間の旅程のうち、三〇日間を地上で過ごし、所与の目的を果たすための仕事に専念できたことを意味するのである。

……

世界にはもはや僻地といえるような場所は存在しない。今回の歴訪で私は、極東の幾億もの人々と我々の間は、ちょうど最速の特急列車でロサンジェルスからニューヨークまで走るのと何ら変わりがないことを学んだのである。いいかえれば近い将来、かの地の人々に関する諸問題は、いわばカリフォルニア州の人々の問題がニューヨーク州民に関係するのと同じようなかたちで我々に関わってくるということなのである。

平和構築の逆説

ウィルキーの「ひとつの世界」論は、明らかに第二次大戦を勝ち抜くことを超えて、その戦争が終わった後にいかなる世界を築くのか、そのヴィジョンを持つための論説であった。彼がしきりに世界の「小ささ」を強調するのも、平和の構築が単なる戦争の終結だけでは成就しないことを悟り、遠い異邦の人々への想像的な理解力を現実の力にしなければならないという認識への啓蒙のためである。その教育的な高潔さが長引く大戦の不安をかこった一九四三年の人々の心を捉え、異例ともいえる大きなベストセラーにつながったということができるだろう。

しかしこうしたユートピア的な理念が現実味をもって響くのは、当然、それを裏打ちする実世界の状況あってのことにほかならない。その仕掛けに当たるのがウィルキーの乗りこんだコンソリデーティッド爆撃機、すなわちB-17より一回りほど大きなサイズでコンソリデーティッド社が開発し、一九四一年の暮れに就役したB-24「解放者《リベレーター》」爆撃機であった。この爆撃機は戦闘行動半径がおよそ三四〇〇キロ、輸送だけなら航続距離およそ六〇〇〇キロにおよぶ爆撃機／輸送機で、B-29にはおよびもつかないとはいえ、B-17をはるかにしのぐ航続距離の長さでアメリカ航空軍の輸送機のほか、海軍の爆撃機、またイギリスやカナダなど同盟国の軍用機として重宝されたものである。それゆえにこそ「赤道を二回もまたいで」地球を短時間で周回するこの航空機——とそれを生み出したアメリカの航空軍事力——は今日「グローバリズム」と呼ばれているもののヴィジョンに現実的な説得力を与えたということになるのである。

このあたりに関連して、高田馨里はウィルキーに代表されるような「ひとつの世界」のイメージが、ちょうどこのころから青少年を含む民間教育を通して新しい世界観を普及させる動きと連動していたことを「航空時代の教育」として論じながら、公教育と大衆文化の間を政治的につなぐ状況が生み出されていたことを指摘している。

それによると真珠湾攻撃から六ヵ月以内に陸軍航空軍司令官のアーノルドは、兵員募集を効果的におこなう手段のひとつとして全米の教育関係者に対して「一つには戦争遂行を、そしてもう一つは戦争目的である平和を志向する航空教育」を繰り広げるように強く要請したという。これによって始まったのが「飛行準備予備隊訓練プログラム」(Pre-Flight Cadet Training Program) と称する、主に高校三年生ないしほぼ同年輩の高校中退者や未就学者を対象とした航空軍要員（飛行士、爆撃手、整備手）の養成プログラムだが、並行してセントポール、ニューヨーク、クリーヴランド、ミネアポリスなどの都市の博物館では「アメリカは爆撃され得るか」と題する展覧会が開催されていずれも相当な入場者を記録した。高田によればこうした展示では巨大な地球儀や航空地図などが大きな役割を果たしており、ウィルキーのいう「ひとつの世界」と同じヴィジョンが、ただしちょうど意味を裏返したようなメッセージ——すなわちアメリカはどのぐらい世界から攻撃されやすいのか——を含んで提示されていた。

いいかえればウィルキーが説くような平和構築のヴィジョンは、科学技術の多大な発達によってむしろ安全保障上の体制が脆弱化《ぜいじゃく》したという認識と裏腹になっていたのであり、それゆえにこそ「ひとつの世界」論は、その論理自体の内部に戦争と平和をめぐるあたかもコインの表裏のような逆説の機構を含みこんでいたことがわかるのである。

戦争の翼、平和の翼

実際、こうした逆説はウィルキーが帰国するのと相前後してルースが編集長をつとめる

『ライフ』に掲載されたある雑誌広告にも、皮肉なかたちで示されていたといえるかもしれない。

それは自動車企業のナッシュ社が冷蔵庫メーカーのケルヴィネーター社を吸収して一九三〇年代後半に設立した冷却機メーカー、ナッシュ＝ケルヴィネーター社の広告で、B－24爆撃機が爆弾をばらまいているイラストの横に「日本にアイスキューブを落とせ！」というヘッドコピーが添えられている。「聞け！　東条《トージョー》」で始まるボディコピーによると、同社はB－24のプロペラ製造を手がけると同時に海軍仕様のB－24（海軍での制式名は「PB４Y－１」）に搭載される魚雷も製造しており、これらをもって憎き日本に天罰を加えるのだという。単純でいささか稚拙な国威発揚と生産増強主義のプロパガンダだが、それにしても家庭的な平穏と安寧に奉仕するはずの冷蔵庫メーカーが軍用機の部品や魚雷を生産するという両義的なイメージがこのように媒介されている例を見ることによって、私たちは、コンソリデーティッド爆撃機もまた〈戦争の翼〉が「ひとつの世界」を説くウィルキーを乗せた〈平和の翼〉でもあるというそれ自体の文化的な両義性を微妙に体現する存在であることに気づかされるのである。

そうしていよいよ大戦の終わりを迎えつつある一九四五年八月のアメリカで、究極の破壊をもたらす戦争機械である一方、その使い手と使い方によっては平和の装置にもなり得るという両義的な論理を媒介するものとして受け止められたのが、ほかならぬ原子爆弾であった。

このあたりのことに関連してポール・ボイヤーは、原爆投下によって「ひとつの世界」という平和なヴィジョンが一夜にして「ひとつの世界か、無か」(One World or None) という二者択一を迫る恐怖のメタファーに転じたと指摘している。すなわち途方もない破壊力を持った核兵器の登場は、航空網の発達によって小さくなった地球という認識と相まって、この世界のどこへでも核兵器が運搬され、そこを破壊することができるという新しい恐怖を生み出したのである。

日本にアイスキューブを落とせ！
冷却機メーカー、ナッシュ=ケルヴィネーター社の広告。1942年、『ライフ』に掲載された

さらに原爆投下は「ひとつの世界」を「ふたつの世界」に分裂させた。たとえば政治評論家のウィリアム・B・ジフは一九四四年に『紳士は平和を語る』を出版し、ウィルキーの理念をある程度まで共有しながら戦後における平和構築を模索していた論客だが、原爆投下後に一転してその立場を変え、一九四六年には『ふたつの世界』を出版。その序文で彼は前著『紳士は——』の主張を取り下げることを明言し、「平和維持に関する諸問題への現実主義的なアプローチ」を唱えて、核保有による平和の維持へと宗旨替えしたのである。

ジフの論説は今日ではほとんど

振り返られないに等しいが、それゆえにこそ逆に私たちは、いわゆる平和運動が直面しがちな問題の典型をそこに見ることができるだろう。原爆投下によって平和運動はもっぱら道徳論であった昔の域を越え、反核運動・核抑止運動としてある種の現実性を獲得することになった。が、同時にそれは平和運動が本来の理想主義を離れ、既存の政治制度と妥協し、その枠組みのなかでの平和維持をめざすものへと変身——もしくは変心——することを意味した。いいかえれば原爆投下から始まった戦後の世界は、もはや純粋な平和が存在せず、核をめぐる恐怖によって平和がかろうじて支えられることを初めから認めるよう強いられたのである。

第七章　アメリカン・ライフと世界の旅

戦後世界の始まり

アメリカの変貌と躍進

第二次大戦が終わると、アメリカ合衆国は政治・経済・社会・文化のあらゆる面において、大戦前とはまったく異なる存在になっていた。一九三〇年代に大不況で疲弊していた経済は、一転、世界の基軸通貨となった最強のドルのもとで空前の繁栄に沸いた。長い戦争を乗り切った米国民の平和への意欲は強く、先の大戦後に国際連盟への参加が議会の反対で批准失敗に終わったのとは裏腹に、日本の降伏から二ヵ月もたたないうちに国際連合が発足した。これに先立ってサンフランシスコ市内のオペラハウスで開催された「国際機構に関する連合国会議」には一般市民が傍聴のために何時間も行列するほど詰めかけ、強大な軍事力を手にした合衆国がその力をしかるべき国際機構に付託しつつ、世界的な指導力を発揮することが期待された。

アメリカの変貌と躍進は文化的な面にもよく表れていた。たとえば文学の分野ではフォークナー、ヘミングウェイ、スタインベックらがこぞって世界的な大作家とされ、従来見劣りのした美術界でも「抽象表現主義」と名づけられた新しい傾向がアメリカ独自の様式として喧伝《けんでん》された。

一方、人々の日常生活に目を転じると、長かった戦争がようやく終わった安堵《あんど》感を背景に、終戦の翌年からいわゆるベイビーブームが始まると同時に、深刻な住宅不足が露わになった。もともと長い戦争が終わると戦勝国でも敗戦国でも平穏な日常へと復帰する動きの一環として新生児の増加が見られるものだが、第二次大戦後のアメリカの場合、一九四六年から始まった新生児の出産ラッシュが五七年をピークとして六四年まで持続するという長きにわたったことに大きな特徴がある。その結果、当然のように新しく世帯を構えようとする人々の需要も急増することになったが、三〇年代にすっかり冷えこんでいた景気の影響で都市部における住宅戸数はほとんど増加しておらず、予想を上回る住宅難が始まったのである。

GIビルと勝利の分け前

ベイビーブームがこれほど長期間にわたった理由のひとつは、一九四四年に大統領ローズヴェルトが署名した帰還兵再調整法による復員援助金制度、通称「GIビル」の存在が大きい。これは大不況時代に第一次大戦の帰還兵たちが恩給を求めて大きなデモを起こした一九三二年の通称「ボーナス・マーチ」の騒動を教訓として制定されたもので、大きく分けて三種類があった。第一は大学を含む高等教育や専門教育を受けるための教育資金で、授業料のほかに受験料や課外講習費、教科書その他の学習資材費までがすべて含まれていた。おかげで一九五一年までの七年間に二二三〇万人の大学生と三五〇万人の専門学校生、三四〇万人の職業訓練受講生が誕生し、合計一億四〇〇〇万ドルの費用が国庫から支出されたという。

第二は求職期間中の生活資金で、一九四七年から翌年にかけての場合、毎週二〇ドルが最長五二週間にわたって交付された。現在のアメリカの都市物価平均で換算すると、毎週一九一ドルずつを手にする勘定となる。そして第三が低金利の住宅ローンで、こちらは一九四六年の時点で実質二〇〇〇ドルぶんの担保をつけるのと同等だったという。ちなみにこの翌年から売り出される建売住宅がおよそ八〇〇〇ドルから一万二〇〇〇ドルだから、ほぼ四分の一が国庫補助から出る計算となり、これが後述する郊外住宅の購入意欲を掻《か》き立てる大きな一因となった。

いずれを見ても大変な厚遇で、こんなことが可能だったのは戦勝国のなかでも無論アメリカしかない。それは明らかに国家に忠誠を尽くした男たちに酬《むく》いることを目的としたものであり、同時に、家庭の夫となる彼らを通して総動員された女性たちとその子どもたちに対して勝利の分け前を配分することを意味したのである。

豊かさの大量配給

そしてこの結果、大量生産方式による豊かさの大量配給が始まった。人の悪い向きは「アメリカン・ドリーム」や「アメリカン・ウェイ・オヴ・ライフ」（アメリカ的生活様式）という決まり文句をもじって、これを「ＧＩドリーム・オヴ・ライフ」（ＧＩ流人生の夢）などと呼ぶことがある。というのもこの豊かさの文化は、軍隊が兵隊にお仕着せの官給品を配るのと同じやり方にもとづくものだったからであり、またそれを求めた消費者たちも、総動員体制を通して同じ質・同じ量のものを規律正しく享受することに慣れた人々だったからである。

事実、一九四七年にヴァージニア出身の不動産業者ウィリアム・レヴィットがニューヨーク郊外ロングアイランドのジャガイモ畑の真ん中に開発した「レヴィットタウン」(Levittown) は、一日に三〇軒の住宅を建築する手軽さと安さが大評判を呼んだいわゆる「パッケージ・サバーブ」だが、この造成法は戦時中に海軍設営隊員だったレヴィットがバラック兵舎を急造する任務のために編み出した方式を改良したものであった。

もともと弟とともにヴァージニアで戦時動員された労働者住宅の建築契約を請け負ったレヴィットは従来の建築工法を改め、スキルに差のある大工の作業を均質化するための管理技術に習熟した。その後、海軍設営隊に入隊したレヴィットは占領したばかりの南太平洋の島々を一気にブルドーザーで整地し、上陸した数千人から数万人の兵士たちがその晩からでもすぐに安全に過ごせるような建物——それも階級はまちまちで、士官や将官用にはそれなりに凝った造りの宿舎が必要だった——を急造する技術を開発した。できるだけ簡便に強度を保つ方法やコストをかけずに質を維持する構造を編み出すには資材も必要だったが、すべて軍の資材を自由に使用することができた。「軍隊こそ私の実験室だった」というレヴィットの言葉に偽りはないだろう。

早くて安くてヴォリュームたっぷり

軍隊方式による大量生産された豊かさのありようは、食生活にも見られた。特に戦後のモータリゼーションで登場したモーテルやレストランなどのフランチャイズ・チェーン方式は、軍隊式の給食マニュアルを応用してすべての店舗に均一のサーヴィスを提供するものであった。

その代表がマクドナルド・ハンバーガーだろう。もともとニューイングランドのなかでも薄暗い風土のニューハンプシャーで育ったマクドナルド兄弟が、陽光あふれるカリフォルニアのサンバーナーディノに小さなドライヴインを開いたのが一九四〇年のこと。その八年後、彼らはちょっとした思いつきから店を全面的に改装し、メニューの数を減らし、ウェイトレスを馘《くび》にして「早くて安くてヴォリュームたっぷり」なハンバーガーを一個わずか一五セント――しかも調理時間も一五秒――で売り出し始めた。それから一年もたたないうちに、店の売り上げは一〇万ドル、さらに一九五一年には二七万ドルを超えるまでになったという。

その後、兄弟の店にフランチャイズ担当のセールス・マネジャーとして入社したレイモンド・クロックは、牛肉のパテに含まれる脂肪の割合からケチャップとマスタードの量までを厳密に規格化し、全米に拡大しはじめた店の内装から味まですべてを完璧に統一する事業に乗り出すことになる。やがて彼は兄弟からすべての権利を買いとってマクドナルド社を世界企業に育て上げることになるが、その過程で効率化を目的にコカ・コーラ社へ缶入り製品を要求した。ちなみに実はそのころまでコカ・コーラ社には壜《びん》入りの製品しかなかったらしいのだが、クロックは海外に駐留する米軍部隊のために供される缶入りコークを引き合いに出して、あれと同じものが欲しいと求め、一九五五年に初めて自分自身のマクドナルド・レストランをシカゴに開店したのである。

軍隊暮らしとアメリカン・ライフ

マクドナルド兄弟にはレヴィットのような軍歴はなかったが、実際に彼らがやったのは軍隊や工場での給食と同じシステムをハンバーガーという食品に対して集中的に適用することだった。とはいえ軍隊の給食といういかにも不味《まず》そうに聞こえるし、果たしてそれが「豊かさ」と結びつくものなのかどうかにも疑問がわいてくる。しかしそもそも給食とはできるだけ質のよい食品をできるだけ安く、かつできるだけたくさんの相手に提供するために厨房の作業効率を上げる技術であり、そのことは戦時中のプロパガンダ映画にも明確に示されていることだった。

たとえばエドワード・スタイケンは芸術写真史に名高い巨匠のひとりで、第二次大戦後はニューヨーク近代美術館写真部門のディレクターとして有名な『ファミリー・オヴ・マン』展などを成功させた人物だが、彼が第二次大戦に際して海軍中佐の身分で参加した宣伝映画に『戦う貴婦人』（*The Fighting Lady*）と題する作品がある。一九四三年、空母ヨークタウンに乗り組んだスタイケンと彼のチームがパナマ運河を通って南太平洋のトラック諸島およびマーシャル諸島での戦闘に従軍したときのことを記録した作品である。アメリカ海軍省製作のため、二〇世紀フォックス社の配給作品でありながらＭＧＭ専属の俳優ロバート・テイラーがナレーターをつとめるという変わり種で、一六ミリながらもテクニカラーのフィルムが使われているところも珍しい。

しかし何といっても珍しいのは、この映画が米本土を出航した空母が戦地へ向かう途上で経験する「空母の日常」を丁寧に描いていることだろう。空母のなかには床屋もあればランドリー・サーヴィスの部署もあり、それらを預かる水兵たちが艦載機の整備兵たちと同じように汗水たらして働いている。

特に目を惹くのが食事の場面で、士官たちは専用のダイニングルームに集まって白い上っ張りを着た水兵の給仕を受けながら銀のスプーンをあやつるのだが、大勢の水兵や下士官たちは「メスホール」と通称される食堂に三々五々やってきて、列をつくり、順番が回ってくると大きな玉じゃくしで料理を好きなだけ盛りつけてはテーブルへ運んでゆく。供されるのはたいていステーキにマッシュポテト、豆、ニンジンといったところ。しかしそれらを旨《うま》そうに口にする水兵たちの口許《くちもと》がクローズアップされて、軍隊とは何よりも腹一杯メシの食えるところだというイメージが強く印象づけられる。さらに仕事のあいまには甲板で日光浴し、ラウンジでポーカーをやりながらソーダファウンテンで自由にコークを飲むことができる。この当時の兵士たちの回想にしばしば現れるように、軍隊に入って初めてコカ・コーラを飲み、イタリア系の移民たちが持ちこんだスパゲティを食べたという田舎出身のアメリカ人たちはけっして珍しくないのである。
いいかえればそれは軍隊が——あるいは戦争が——「アメリカ的生活様式」と通称されるような豊かで安逸な日常生活のモデルとなり、ネブラスカの農村青年がブルックリン出身のポン引きや、ボストンから来た学校教師や、カリフォルニアのトラック運転手や、ときにはアラバマの黒人理髪師と肩を並べ、生死を分かち合いながら「アメリカの多様性」なるものに触れる大きな経験の源泉となることをも意味していたのである。

マーシャル・プランと海外旅行

経済によるアメリカの国際的優位

第二次大戦は軍隊で初めてアメリカ的な生活様式に触れたという多くのアメリカ人たちに、初めて「世界」というものを目撃させる機会ともなった。そして戦争が終わると、こうして世界を見た人々が今度は家族や友人たちと連れ立って「世界」を見物しに出かけるようになった。すなわち海外観光旅行時代の到来である。

だが、その前に当時の国際社会におけるアメリカ合衆国の立場を一瞥《いちべつ》しておくべきだろう。

アメリカの国際的優位はその経済に端的に示されていた。典型的な例が一九四八年に開始されたいわゆる「マーシャル・プラン」である。背景には大戦直後にアメリカ社会を覆っていた「同盟国」ソヴィエトに対する友好心があっというまに消えうせ、いわゆる「対ソ封じ込め」政策と「冷戦」という新語の流行のなかで、ヨーロッパにおけるアメリカの優位を一刻も早く確立する必要が叫ばれたという事情があった。もともとソヴィエトに対して融和的だったローズヴェルト亡き後、トルーマン政権では日を追って反共主義と高圧的な対ソ強硬論が強まっていたが、よりリアリスト的な権力政治（パワー・ポリティクス）の態度でこれを牽制しながらソヴィエトへの優位を確立しようとしたのが国務官僚ジョージ・ケナンの「封じ込め」政策であり、これを受けてジョージ・マーシャル国務長官が一九四七年に発表したのが、ヨーロッパの希望する国々に対して合計一七〇億ドルの借款・贈与をおこなう大規模な経済援助計画だった。

援助実施のために開催されたヨーロッパ復興計画会議にはソヴィエトや東欧諸国も招待さ

ジョージ・ケナン　対ソ外交の専門家で、1957年にはピュリッツァー賞を受賞

ジョージ・マーシャル　朝鮮戦争時に国防長官。1953年にはノーベル平和賞を受賞

れたが、ソヴィエトはアメリカ資本による欧州支配の動きと非難して途中退場し、英仏をはじめとする西ヨーロッパ諸国だけが一九四八年から五二年までに合計一三〇億ドル強の援助を受けて、アメリカの優位を積極的に支える役目を果たした。この結果組織されたのがヨーロッパ経済協力機構（ＯＥＥＣ）――のちの経済協力開発機構（ＯＥＣＤ）――だが、翌年には西欧一〇ヵ国にカナダとアメリカを加えた北大西洋条約機構（ＮＡＴＯ）も結成され、経済と軍事を一体的に運用して国際戦略に利用するアメリカのもくろみが明白となったのである。

マーシャル・プランの「旅行開発部」

しかしながら経済援助というものは、えてして単なる「援助《エイド》」ではすまない。よしんば無償の援助ということになっていたとしても――というより無償であればなおのこと――金の出し手はその使われように敏感になるのである。

それを端的に証明しているのがマーシャル・プランの「旅行開発部」（Travel Development Section）の活動だろう。これはアメリカの民間航空会社やホテル・チェーン、およびジャーナリズムを含む旅行業界がワシントンにロビー活動をおこなって設けられた部署で、主任のテオ・ポジーはもともと第一次大戦後に渡米してメイン州で市民権を取得したフランス人である。彼は缶詰工場を経営して成功を収める一方、第二次大戦勃発後は陸軍に所属してオーストラリアやフランスでの軍用品の調達を担当し、連合軍のパリ入城後は軍の高官たちのためにプラザ・ホテルのコーディネーターをつとめたという。その後彼はニューヨークのメイシーズ・デパートでヨーロッパからの輸入品を担当したラルフ・I・ストロースや『ニューヨーク・ヘラルド・トリビューン』で旅行欄の記者だったトレヴァー・I・クリスティといった面々をそろえ、マーシャル・プラン本部のなかに設置された旅行開発部を発足させたのである。

この組織の主な仕事のひとつはフランスのホテル業界と交渉し、中流のアメリカ人旅行者の受け容れに貢献するようなマネジメントの改善を指導することだった。たとえばアメリカ人旅行者はホテルで勘定を済ませるときに従業員たちに残す心づけ（チップ）も一緒に旅行者用小切手に書きこんで渡したが、特にパリのホテルではフロントのマネジャーとメイドたちの待遇の差がはなはだしく、マネジャーたちがチップを独り占めしていることが歴然と知れるようなホテルも多くあったため、アメリカ人旅行者たちの不興を買うことがしばしばだった。そこで旅行開発部はこうした細かな事案にまで関与し、パリのホテル業界に対して従業員教育を求める指導などを頻繁におこなったという。またフランス各地の空港の飾りつけが貧弱で旅行者を落胆させる可能性が高いことにも苦言を呈し、『ハウス・ビューティフル』誌の協賛などを得て改善案をヨーロッパ側に示したりしたらしい。その成果のほどはともかく、戦後のアメリカは資本主義的な市場志向《マーチャンダイジング》を浸透させることが西欧全体を共産主義に対抗する文化の砦《とりで》に育てることに貢献するという、いささかナイーヴな世界観にもとづく文化外交を展開していたのである。

軍需から民需へ転換

他方、こうした旅行事業をビジネスの観点から積極的に歓迎したのが、いうまでもなく民間航空会社である。しかもそのために使われる商業航空の国際的ルールの基本的な枠組みは、すでに戦時中の一九四四年、大統領ローズヴェルトの呼びかけで連合国ならびに中立国の五四ヵ国からの代表を招いて開催されたシカゴ国際民間航空会議で大筋が提示されていた。もっともなかにはスペインやスイスのようにファシズム諸国に好意的な国々も参加していたし、またイギリスは戦後の経済活動においてまで大幅な優位をアメリカに与える提案に強く反撥した。

もともとイギリスは航空の軍事的・政治的・経済的な可能性にいち早く注目し、独立した空軍を世界で最初に創設する一方、同盟国と植民地を結ぶ広大な航空路ネットワークを構築していた。しかし二度にわたる世界大戦による消耗で、すでにイギリスにはアメリカと対等に渡り合う力はなかった。そのためイギリスは航空網を管理する中立的な国際機関を設置し、路線・運賃・輸送法や輸送量の制限などを一元的に調整することを提案。これに対してアメリカが掲げたのが「空の開放《オープンエア》」主義で、自由競争による航空輸送の主張と国際機関による規制への反対を表明して、英米両国の主張は真っ向から対立することとなったのである。

結局、この点に関する議論は最後まで平行線のまま終わり、運行の技術的側面以外の貨客輸送についてはすべてを棚上げし、あくまで二国間条約に委ねることで閉幕した。見逃せないのは、このアメリカ側の主張の陰に、戦時中に構築された軍事空輸活動の成果を戦後の民需転換へとそのまま結びつけようとする財界・産業界の動きが横たわっていたことだろう。現に陸軍航空軍司令官のアーノルドも、パンナムをはじめとするアメリカの民間航空一八社の代表を招集し、国際的な航空商業権を確保するための国策を求める圧力団体を結成するよう呼びかけていた。

こうした動きの背景には、戦時の軍需によって一気に大規模化した航空機製造産業が、戦争が終わったとたんに不振に陥り、大量の失業者を出す可能性があるという懸念が存在していた。そのため長距離爆撃機をそのまま旅客用や貨物用に転換して、航空産業の失速を防ぐための方策が求められていたのである。

海外旅行の奨励

こうして第二次大戦後のアメリカではさまざまな側面から一般国民に向かって海外旅行が奨励されるような社会的条件が整っていたが、重要なのは、陽気で愉《たの》しい海外観光旅行のイメージのそこかしこに冷戦の影が微妙にちらつくことだった。

たとえばパンナムは戦争末期からすでに米国民に向かって海外旅行を奨励し、社長のホアン・トリップも招待された会合のスピーチでは、海外旅行の経験が多く見聞の広い旅行者こそがアメリカの「デモクラシー」をよりよく表し得る存在だとしばしば語った。世界に出て種々の見聞をすることによって、人々はアメリカが世界でいかに恵まれた国なのかを知るだろう。そして「地球上で最も力強い国の市民なのだという新しい責任」に目覚めることになるだろう——。この理屈は明らかに冷戦下のコスモポリタニズムというべきものであった。

同時に興味深いのは、海外旅行に一種の教育的効用を見出し、しかもそれがアメリカの文化的優位への自覚につながると考えるこの思考法が、アメリカ国民に一種の民間外交の担い手となることを求めたという点である。たとえば一九五四年に国務省はパスポートを発行するすべての米国民に対してパンフレットを配布したが、それによると旅行者の行動は自国の国益に関わるものであり、たとえ一個人としてであれ「思い上がった物腰」や「慎みに関する常識」を欠いた行動をとるならば「政府が長年かけて友好関係を築こうと」してきた相手国との交渉にも多大な迷惑をかけることになるだろう、むしろ「一般の人々同士が友好的なつきあいをして互いにくつろいだ時間をともにする」ほうがはるかに国家への貢献も高い、というのだった。

今日の常識からするとずいぶん説教臭い働きかけに見えて無用の反撥を買ったのではないかと勘ぐりたくなるが、当時、この程度は実はさほど珍しくなかった。たとえばこのときから六年後の一九六〇年、『リーダーズ・ダイジェスト』は大統領アイゼンハウアーの一ページ大の写真を掲載し、その向かい合わせのページに「よく知る市民こそが民主主義の精神の守護者となる」という大統領からの呼びかけを掲載した。趣旨自体は『リーダイ』(と日本ではそう略称された)にはこれだけ役立つ記事が満載されていますという一種の販売促進文に過ぎないのだが、その道学者的な姿勢こそが一九六〇年当時には雑誌のクオリティを保証するものとして受け止められた――あるいはそう期待された――のである。

しかしながらこうした道徳的な姿勢は、一九六〇年代に入るとまもなく、急速に色褪《いろあ》せて見え始める。ヴェトナム戦争の本格化がすぐそこまで迫り始めていたのである。

冷戦のエキゾチカ

『エスクァイア』に見る戦争の記憶

一九六五年八月というから、それは日本とアメリカの間の戦争が終わってちょうど二〇年目の夏ということになる。その月、アメリカの男性誌『エスクァイア』がカヴァーストーリーにしたヴァカンス特集の最初のページを開いた読者は、奇妙な写真に目をとめ、驚き、あるいは複雑な感慨にふけったかもしれない。

奇妙な、といってもその写真は特に奇抜だったわけではない。特集の最初の見開き誌面の両袖に、それぞれひとりずつ男が立っている。齢のころはともに六〇代後半ほどだろうが、老人というには矍鑠《かくしゃく》として、長年ダークスーツを着こなしてきた男たちらしい落ち着きを見せている。いわゆる貫禄や押し出しがあるわけではないが、どこへ出ようと軽くあしらわれることのない自然なたたずまい――そんな風情を控えめに漂わせた彼らが、大きな笑みをうかべてシャンパングラスを掲げ、まるで互いの健闘を祝うかのように乾杯を交わし合っているのである。

もちろん『エスクァイア』はスノビズムと贅沢《ぜいたく》好みが売りものの雑誌だから、ダークスーツやシャンパングラスが権威の徴《しるし》として登場すること自体は珍しくない。しかし彼らの写真の横に添えられた口上を目にすれば、戦争を知らない若い読者も少しばかり目をみはったことだろう。向かって左手の長身の白人男性の上には「こちらが東京爆撃を指揮した人物」、右手の柔らかそうな物腰の東洋人男性の上には「こちらはパールハーバー爆撃を率いた人物」、そして彼らの間の下手の余白に「ともあれ、乾杯。佳《よ》き日を再び」という中見出しが滑りこんでいる。

左の人物は、あの悪名高い一九四五年三月と五月の東京空襲のルメイではない。その三年前の一九四二年四月にアメリカ軍としては初めて大規模な渡洋爆撃を企て、空母「ホーネット」に搭載されたB‐25の爆撃隊で東京、横須賀、名古屋、神戸など日本本土初空襲を敢行したジェイムズ・ドゥーリトル大佐（当時）である。真珠湾から半年もたたずに実施されたこの作戦は、規模も小さく、損害も散発的で、日本国民の大半は「被害軽微なり」という報道以上のことを知る由もなかったとされる。しかし真珠湾の衝撃を未曾《みぞう》有の国難として受け止めていたアメリカ国民はこのニュースを意趣返しの快挙として称え、ドゥーリトルを英雄として記憶していたのである。

他方、右の東洋人男性は日本海軍機動部隊の真珠湾攻撃隊総指揮官をつとめ、第一艦隊司令官南雲忠一《なぐもちゅういち》中将に宛てて有名な「トラ・トラ・トラ」（ワレ奇襲ニ成功セリ）の暗号電文を打電した淵田美津雄《ふちだみつお》中佐（当時）である。

彼はその後、不慮の病や負傷のために戦闘機乗りとしては不本意なまま戦中を過ごし、大佐まで昇進したものの戦犯にはならず、死にそこなった後ろめたさと占領者アメリカへの消えぬ敵意に煩悶《はんもん》するなかで新約聖書に出逢って回心したという。現にこの記事のころはメソジスト派の福音伝道者として日米を行き来する立場にあり、それかあらぬか、写真にうつるしぐさにも腰の低さが見てとれる。しかし記事は回心の話にも伝道についても触れないま、「現在カリフォルニア在住」と注記しているに過ぎない。つまりこの写真はかつての敵味方、それもパールハーバーと東京爆撃という互いに大きな遺恨を含む――はずの――出来

20年目のヴァカンス特集　かつて敵同士だった「空のヒーロー」が乾杯（上）の後、フィリピン（中）、沖縄（下）など、かつての戦場への観光ガイドになっている。『エスクァイア』1965年8月号

事をになった空のヒーローたちが再び相まみえ、お互いの無事と息災を称え合っているという図だったのである。

戦争の日を遠く離れて

おそらく今日の目からふりかえって最も興味深いことのひとつは、この写真が戦後二〇年目という歴史の節目にありがちな因縁や屈託めいたものをおよそ感じさせることなく、戦争を単なる遠い昔の逸話のようにしかあつかっていない——ように見える——ことだろう。

実際、いまや遠い昔の誌面を見ながら驚かされることのひとつは、この特集記事のテーマが一見戦争を回顧しているようでいながら、実は単なる夏のヴァカンス旅行ガイドに過ぎないということだ。たとえばこの乾杯写真の次の見開きは奇襲攻撃でまともに弾薬庫に被弾してうずたかく業火を噴き上げた瞬間の米駆逐艦「ショウ」の有名な写真を左手に、反対側には緑なす真珠湾ぞいのカクテルパーティの遠景写真が入っている。その次は「アイ・シャル・リターン」の言葉を実行したダグラス・マッカーサーのフィリピン再上陸の写真と、マニラ湾ではしゃぐビキニ姿の娘たち。さらに沖縄戦の戦場写真の反対側には正装の海兵隊員に絣《かすり》の着物を着た沖縄女性がしなだれかかる写真が置かれて、かたわらの記事では当時アメリカの統治下にあった沖縄なら「自由にドルが使え、ヴィザもパスポートもなく日本製のカメラやスイス製の時計、香港にも負けない宝石類がすべてバーゲン価格で買える」ことが紹介される。

さらに特集の最後では、被爆からほどない広島の原爆ドームの写真を左に、同じドームの前で近所の小学生たちが「かごめかごめ」で遊ぶ二〇年後の写真が右にくる。子どもたちの学童帽の黄色が、二〇年後の平和というより何か肩透かしにあったような奇妙な気分を掻き立てる、というと不謹慎に響くだろうか。しかしそのすぐ下の記事には、「平和都市」を名乗る現代の広島へは「トーキョーからおよそ一時間、オール・ニッポン・エアウェイズのF－27旅客機に二七ドルで乗れば」よく、ホテルは一泊五ドルだが和風の旅館がよければお薦めはここ、といった情報までがぬかりなく紹介されているのである。

「清く正しい」オリエンタリズム

これと並行してもうひとつ見落とせないのが、『エスクァイア』の記事に表されたアジア旅行のイメージや世界観が、マーシャル・プランとともに奨励されたヨーロッパ旅行のそれとは微妙に異なっていることだろう。あるいは、もう少し正確な言い方をすると、ヨーロッパを旅するアメリカ人たちのイメージが品行方正な「デモクラシー」の担い手であることを表しているのに対して、アジアを旅するアメリカ人たちの表象がどことなく甘い快楽に酔いしれているように見えるのである。

もちろんこれは、何よりもまず『リーダーズ・ダイジェスト』と『エスクァイア』という雑誌の性格の差に由来するものに違いない。しかし事はもう少し象徴的な次元に関わっている。というのも戦後二〇年を記念した『エスクァイア』の特集がかつての激戦地をめぐりながら対比的に示すのは、単なる平和の光景という以上にエキゾチックで、しかもどこかエロティックな「オリエント」としての太平洋世界のイメージなのである。加えて南太平洋から日本へと向かって伸びるその航程は、東南アジアから太平洋のへりをなぞって日本にいたる一九五〇年代の「中国封じ込め」の境界線でもある。いいかえればそれは、アメリカの文化史家クリスティーナ・クラインのいう「冷戦オリエンタリズム」をどこか髣髴《ほうふつ》とさせる世界像なのだ。

クラインによればこのイデオロギーは、伝統的なオリエンタリズム——西洋世界が思い浮かべる〈東洋〉のファンタジー——の異国的で性的・官能的な性質を、冷戦時代ならではの「世界を正しく導く」使命感に燃えたアメリカ民主主義の「義務」と「責任」の観念で包んだところに成り立つものだという。そのことをよく示すのが一九五六年にハリウッドで映画化されたミュージカルの『王様と私』である。

よく知られているように、ウクライナ系の血を引く俳優ユル・ブリンナーがシャム（タイ）の暴君を演じ、相手役のイギリス人女性教師を英国女優デボラ・カーが演じたこの映画では、終始一貫して西洋人女性が寛容で開明的な文明世界としての「西洋」の代表をつとめ、対するアジアの男が頑迷《がんめい》で偏狭《へんきょう》ながらも野性味に富んだ「オリエント」を表す。つまり伝統的なオリエンタリズムの構図——「男」としての西洋と「女」としてのオリエント——とはちょうど正反対の図式になっているのだが、それだけにここでカーが演じる「西洋の女」は、「東洋の男」にひとときと心惹かれながらも最後は節度をもって自分を抑え、遅れた東洋を「清く正しく」導いて物語を終える。それゆえにこそ、この物語は東洋の魅力を発見しながらも道徳的な節度を崩さない西洋文明の高潔さをよく託し得るものとなるのである。

ヴェトナム戦争の地上戦が開始される直前の『エスクァイア』の、一見戦争ノスタルジーのようでいながらその実不思議に快楽追求的《ヘドニスティック》な特集誌面は、正確にいうならこうした道徳的な「冷戦オリエンタリズム」とは違っている。けれども忘れてならないのは、この快楽的なオリエンタリズムが、ヨーロッパにおける品行方正な「デモクラシー」の道義性と背中合わせになってることだろう。いいかえれば戦後の超大国アメリカは、「ひとつの世界」としての地球の上に描き出した、相矛盾する願望と欲望のファンタジーを存分に満喫していたのである。

第八章　冷戦の空の下

陸・海・空三軍の暗闘

ヴェトナム戦争の位置づけ

二〇世紀のアメリカ社会に最大の影響をおよぼした戦争はいうまでもなく第二次大戦だが、それと同じくらい——あるいは見方によってはそれ以上に——永続的な影響を与えたのがヴェトナム戦争であることには、おそらく誰しも異論がないだろう。「アメリカ史上最長の戦争」に始まって「宣戦布告なき戦争」「前例のない戦争」「イレギュラーな戦争」「奇妙な戦争」「名誉なき戦争」「英雄のいない戦争」「汚れた戦争」「誤った戦争」等々、否定的な形容ばかり冠せられてきたこの戦争は、過去のアメリカのいかなる戦争とも違うユニークな戦争だった。すなわち正面からの大規模な正規戦が展開された第二次大戦と違って、あくまで「同盟国支援」が名目の限定戦争で、かつ神出鬼没の市民ゲリラを相手とする特殊な戦争である。しかも、にもかかわらず大小さまざまな誤算によってとめどない大規模介入に拡大した結果、合衆国にとっては初めての惨めな敗北に終わった戦争でもあった。その意味で「大義ある戦争」または「よい戦争」として一般に知られる第二次大戦とヴェトナム戦争は、あらゆる面で正反対だったのである。

それればかりではない。ヴェトナム戦争はまた社会的・文化的に与えられた影響のほうが政治にはね返り、政治を揺るがしたという点でも珍しい戦争だった。この戦争で起こった大規模な反戦運動が、伝説化された一般的なイメージの描くように本当に戦争をやめさせることができたのかといえば議論の余地は少なくない。いや、それだけでなくヴェトナム反戦運動は政治的には失敗に終わった無力な運動だったともいわれるのである。けれどもこの戦争で、政策の失敗が露わになるにつれて動揺する世論の動きを気にかけた大統領が、みずから辞任してまで責任をとろうとしたことは確かである。その意味でもヴェトナム戦争は、なるほど過去に類例のない珍しい戦争だったのである。

B―52の役割

ヴェトナム戦争はまた、いくつかのイコンともいうべき象徴的な映像によって強烈に記憶されてきた戦争でもある。たとえばヴェトナム戦争の悲惨で混乱したイメージは有名な報道写真の数々――一九六八年の「処刑される解放戦線兵士」や一九七二年の「ナパーム弾の少女」など――によって象徴されているし、ほとんど伝説の域に達した超絶的な暴力性については、フランシス・コッポラ監督の映画『地獄の黙示録』（一九七九）におけるヘリコプター騎兵師団の地上攻撃の場面がよく知られているだろう。

しかしそれら以上にヴェトナム戦争当時、人々がＴＶニュースやその他のメディアを通して最も反復的に見せつけられたイメージがあった。B-52戦略爆撃機の編隊がグアムやタイの基地を発進し、ハノイやハイフォン、またカンボジアやラオスの上空でその一見細長い胴体の爆弾倉を開き、無数の集束爆弾《クラスター》をばらまいている姿である。細長く見えるのはもちろん機影全体のプロポーションのためであって、最大積載量およそ三〇トン強におよぶ機体がきわめて巨大なものであることは、特徴のある後退主翼に合計八基のエンジンが下がっていることからも見当がついた。頭部を見るとちょうど蛇のようにも思えるその機影が、いつ果てるとも知れぬまま延々と爆弾を吐き出す不気味なさまは、朝夕定時のTVニュースでもしば

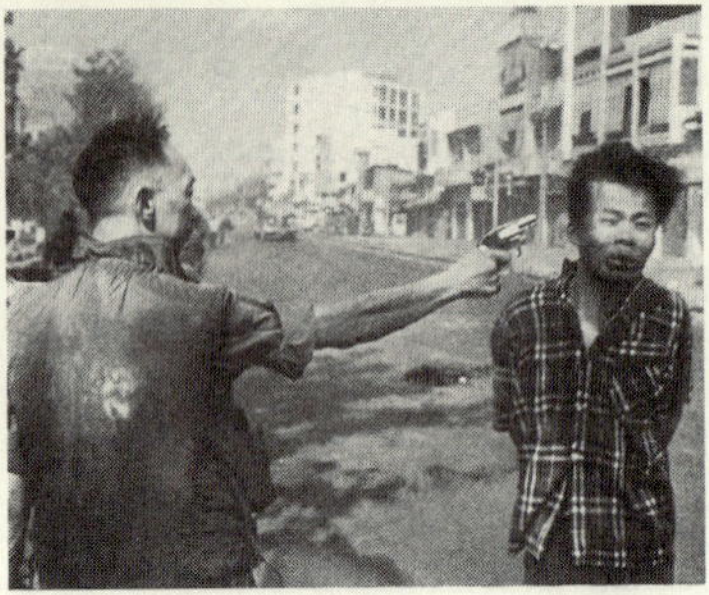

処刑される解放戦線兵士　AP通信の写真家エディ・アダムズが撮影した有名な写真は、ヴェトナム戦争の悪夢を集約した衝撃映像となった。南ヴェトナムの警察長官・ロアン将軍（左）はこの写真の後、大佐に降格された。1968年2月

ナパーム弾の少女　AP通信の写真家ヒュン・コン・「ニック」・ウトが撮影した裸の少女キム・フックは、南ヴェトナム政府軍機の誤爆で重度の火傷を負った。上の写真と並んでヴェトナム戦争の悪夢のシンボルとなった。1972年6月

しば目にされて人々の記憶をかたちづくるうえで見逃せない役割を果たしたのである。

しかし思えばそれは、一種皮肉な光景でもあったろう。というのもB－52はもともとクラスター爆弾のような通常爆弾を搭載して戦域爆撃に従事するために開発された機種ではなく、核兵器を載せて戦略的抑止を担当するはずのものだったからである。現にヴェトナム戦争でのB－52からの絨毯《じゅうたん》爆撃も、当時から有効性はしばしば疑問視されていた。しかもB－52が実戦配備を開始した一九五五年から翌年の時点ですでに大陸間弾道ミサイルは実用化されており、まもなくすると海軍でも核ミサイルを搭載した原子力潜水艦が就役することになる。つまりB－52は配備された時点ですでに戦略目的のためにはいささか古びてしまった兵器ということになり、それゆえ空軍は新たな用途を探しながらB－52の延命と戦略空軍自体の再定義を模索しなければならなかったのである。

B-52戦略爆撃機　全幅56.4mのストラトフォートレス（成層圏要塞）。北爆でおもに使用された

果たしてなぜそんなことになったのか。それを考えるために、いったんここで第二次大戦直後、空軍が陸海軍とならんで独立する時点までさかのぼらなければならない。

空軍の独立

先に触れたように、空軍の独立はすでに第二次大戦中の陸軍航空軍《アーミー・エアフォース》の設置によってほぼ約束されたといってよいものになっていた。大統領をかこむ参謀本部のなかに航空軍から「ハップ」・アーノルドが正規のメンバーとして加わったことがそれをよく示している。しかし、だからといってすみやかに約束が果たされるほど政治の世界は甘くない。

きっかけは軍の統合問題である。もともと反常備軍思想の強い風土に加えて大戦時の戦費が莫大《ばくだい》なものになったことから、戦争が終わるとすぐに軍の再編と組織の効率化が喫緊の課題となった。特に大統領トルーマンは国防を担当する単一の組織を新たに設け、その下に陸海軍を統合する発想を強力に推進した。ノルマンディ上陸作戦や南太平洋における対日戦争など、第二次大戦の主要な作戦は陸上戦闘と海軍行動の間の緊密な連携がよりいっそう必要になっていることを示していたから、なおさらである。

と同時に、しかし興味深いことに、この状況は空軍の独立にとってはむしろ有利なものとなった。大戦中に航空戦力の役割が増大したのは誰の目にも明らかだったし、地上と航空の兵力連携は必要だとしても、大戦を通して確立された戦略爆撃という任務は、陸軍とも海軍とも直接関わらない航空軍独自の単独作戦であり得たからである。このため、仮に全軍が単一組織に統合されたとしても、その新しい組織のなかで陸・海と並んで空軍が同じステイタスを持った機構となる資格は、客観的に見て十二分にあった。いわゆる既得権益を持たない新しい集団である空軍にとって、話はどちらに転んでも有利な情勢だったのである。

しかしこれを裏返せば、同じ話が陸海軍には不都合だということを意味した。特に海軍にとって空軍力の存在との関わりは、ビリー・ミッチェルが爆撃で戦艦を沈めてみせて以来の遺恨とも深く関わっている。あのときミッチェルの部隊が――規定違反の大型爆弾によってだったとはいえ――ドイツ海軍の誇る大型艦を航空爆撃だけで撃沈したことは、第一次大戦で確立されたはずの大艦巨砲主義に終わりを宣するきっかけのひとつとなった。このため海軍は海軍で第二次大戦中に航空部隊を充実させ、大型空母を中心とする新しい形態の戦力運用法を開発していた。アルフレッド・マハンの海上権力論は海軍の発展に大きく貢献したが、航空兵力の抬頭によって制空権が制海権に先んじる可能性が現実のものとなっていた。とすると海軍としてはこの事態に対応して独立を維持するためにも、航空兵力をとりこんだ海軍力のヴィジョンを公的に確立し、かつそれを根拠とする組織の保持を承認される必要があったのである。

軍の統合へ向けて

もちろんこの論理は、軍統合派の論者にとっては、そのまま自らの立論の根拠となり得るものだった。空軍力をとりこんだ海軍力が必要だとするなら、空軍と海軍を統合するほうがはるかに効果的となるはずだからだ。こうした情勢のもとでウォール街の辣腕《らつわん》銀行家だった海軍長官ジェイムズ・フォレスタルに率いられた海軍は一九四五年五月に改革案の策定に着手し、フォレスタルの友人でやはりニューヨークの銀行家だったファーディナンド・エバースタットが各軍の指揮官たちから多数の意見聴取をおこなったうえで、四ヵ月後に妥協案となる改革案を完成させた。

それによると、陸軍航空軍は正式に独立して陸海軍と同格の空軍となる一方、海軍航空隊には従来どおりの処遇が与えられる。また陸海空三軍は統合されない代わり、すでに戦時中に発足していた統合参謀本部とはべつに、大統領の下に国家安全保障会議が新設され、文民統制（シヴィリアン・コントロール）によって三軍――さらに海軍の下にある海兵隊も独立性を保持したために事実上、四軍だった――の間を調整するというものである。

これに対して軍統合をめざすトルーマンはあくまで三軍を統轄する単一の軍事機構の設置にこだわり、フォレスタルと第一次大戦の英雄だったロバート・P・パターソン陸軍長官の間で熾烈な駆け引きが繰り広げられた結果、国防長官のポストを新設する一方で単一軍事機構としての国防省は設けず、大統領に助言する国家安全保障会議を新設しながら三軍相互の独立はすべて維持されるという、まさに妥協だらけの改革案が一九四七年に国家安全保障法として議会を通過した。軍が武力を専管事項とする官庁だという事実が端的に証明された瞬間だった。

この改革に関してはその後もさまざまな暗闘がつづき、一九四九年に現在の国防省が新設されるなど大幅な改定がなされたが、それは海軍長官から初代の国防長官に就任したフォレスタルの自殺と事実上引き換えのようなものだったともいわれる。また一九四七年の国家安全保障法では核兵器の開発に関する統制権限が原子力行政全般をとりあつかう原子力委員会（Atomic Energy Commission）から国防長官のもとへ実質的に一部移動し、これによって軍部が核兵器構想に関与する部分が大きくなったのである。

空軍と海軍の対立

そしてこの結果、陸海空三軍は競って核兵器の運用に関わろうと争うことになった。核兵器をめぐる三軍の駆け引きの第一は空軍と海軍の対立である。特に原爆投下の実績をもって核運用の担い手を自負する空軍はB－29の後継機として戦時中から計画していたB－36「ピースメーカー」爆撃機の開発を推進する一方、空軍の独立に備えて一九四六年三月、戦略空軍・戦術空軍・防衛空軍からなる機構改革を進めながら翌年の国家安全保障法によってようやく正規の独立を果たした。初代空軍長官に就任したのが国防長官のフォレスタルにB－36問題をはじめあらゆる案件でごり押しを重ねたミズーリ州選出の元上院議員スチュアート・サイミントン、初代の空軍参謀長になったのがアーノルドを忠実に支えたカール・スパーツ大将である。

空軍がB－36に固執した理由のひとつは、第二次大戦中に飛躍的に発達した航空産業が平時への転換のなかで深刻な不振をかこっていたこともある。のちに軍産複合体問題として浮上することになる産業の軍需依存は、空軍の場合、いち早く典型的に現れたのである。こうして空軍は大戦中の戦略爆撃の成果を背景に、核兵器を目標にいち早く運搬するには航空力が最適だとする主張を大々的に展開した。

これに対して真っ向から反撃に出たのが海軍で、ミッドウェイ海戦などで海軍航空力を駆

B-36爆撃機（右）　別名はピースメーカー。B-29（左）の後継機として、B-52が登場するまでの間、使用された

使した先例を挙げながら、広大な領土を持つソヴィエトを核の威力によって戦略的に抑止するには空母と組み合わせた航空兵力が最適だとの主張を展開。最大排水量八万トン強の超大型空母「ユナイテッド・ステーツ」の建造計画を推進した。ところが再選された大統領トルーマンが国防長官のフォレスタルを再任せず、陸軍に近いルイス・ジョンソンを新しい国防長官に選んだことから問題がこじれた。ジョンソンは緊縮財政の立場からすでに着手されたこの空母の建造を強引に中止し、これに憤ったジョン・サリヴァン海軍長官が抗議のために辞任。おまけに空軍のB-36配備計画の欠陥を指摘する怪文書がばらまかれ、議会で開かれた公聴会に出席した海軍提督アーサー・W・ラドフォードら強硬派の将官たちが次々にB-36を批判する証言をおこなった。これが世に名高い「提督たちの反乱」である。

結局、「ユナイテッド・ステーツ」の建造は中止され、ラドフォードらは太平洋方面軍の司令官に更迭されて騒ぎは決着したものの、核兵器を搭載した大型空母の建造案は数年後に大型空母「フォレスタル」に引き継がれて実現し、ラドフォードもアイゼンハウアー政権の誕生とともにワシントンに呼び戻されて統合参謀本部議長に迎えられるなど、「反乱」組の高級将校たちはむしろ栄達することになった。海軍と空軍の対立は武力を専管事項とする官僚としての軍人同士の対決を典型的にかいまみせるとともに、ジョンソン国防長官の緊縮財政路線に対する議会の懸念を呼び覚ましながら、軍産複合体問題を急速に肥大させる一因となったのである。

弾道ミサイルをめぐる駆け引き

核兵器をめぐる陸海空三軍の第二の駆け引きは、弾道ミサイルの運用に関するものである。

もともと大型爆撃機は、核保有国同士が核兵器を戦略的抑止に使う目的にはあまり適さない。戦略核兵器はふだんから核の有効射程内に敵目標があること自体で抑止力を発揮するものだから、いざ臨戦態勢となってから敵地上空へ駆けつける爆撃機では間に合わないからである。そこで浮上したのが、大戦末期に実用化の段階に入り始めていたロケット技術による

ステュアート・サイミントン　1947年、初代空軍長官就任

カール・スパーツ　独立をとげた空軍の初代参謀長

弾道ミサイルである。まず動き出したのは一九四八年にメリーランド州のアンドルーズ空軍基地からネブラスカ州のオファット空軍基地に拠点を移した戦略空軍で、ここがＩＣＢＭ(Intercontinental Ballistic Missile＝大陸間弾道ミサイル）の空軍による運用拠点となった。

他方、これに対して空軍の独立と拡充による勢力不均衡を怖れる陸軍も核の運用に乗り出す。もともと戦時中に原爆開発を直接担当したのは陸軍省であり、有名な「マンハッタン・プロジェクト」の現場指揮官をつとめたのも陸軍のレズリー・Ｒ・グローヴス少将である。さらにヨーロッパ戦線終結時にはドイツのロケット技術者フォン・ブラウンとおよそ一〇〇人の技術陣をテキサス州のフォート・ブリスに連行し、陸軍弾道ミサイル局（Army Ballistic Missile Agency）をいち早く設立した経緯もあった。

その後、前述したように核運用の主導権は独立した空軍に多く委《ゆだ》ねられたが、一九五〇年代に入って米ソ間の「ミサイル・ギャップ」が問題になると、多層的な戦略核兵器の開発と運用が課題となり、空軍が管理運用する射程距離およそ六四〇〇キロ以上のＩＣＢＭとはべつに、およそ二〇〇〇から六〇〇〇キロのＩＲＢＭ（Intermediate-Range Ballistic Missile＝中距離弾道ミサイル）を陸軍と海軍が共同して開発・運用することになった。さらに海軍はこの技術をふまえて射程二〇〇〇キロ以下のＳＲＢＭ（Short-Range Ballistic Missile＝短距離弾道ミサイル）を開発し、「ポラリス」と名づけられたこの核ミサイルを原子力潜水艦に搭載して戦略抑止活動に従事する態勢を整えた。やがて米海軍部内には洋上艦支持派、空母支持派、潜水艦支持派が生まれ、身内同士でも互いに主導権争いを演じることになるのである。

ルメイのメディア戦術

こうした動きが急展開する一方、戦略爆撃機は必ずしもその命運を絶ったわけではなかった。それどころか戦略爆撃機は一九四〇年代末から五〇年代後半にかけて、ちょっとした時代の花形の地位を築いたといってもよかった。一九四八年からネブラスカの戦略空軍司令部には「戦略爆撃の申し子」ともいうべきカーティス・ルメイが総司令官として着任しており、彼の周到なメディア操作によって戦略爆撃機に対するイメージアップが図られたからである。

もともと空軍独立に際してアメリカ欧州空軍の総司令官に就任していたルメイは、一九四八年、ソヴィエトによる強引なベルリン封鎖に対抗して起案されたベルリン大空輸でB－29の大編隊による緊急物資輸送を陣頭指揮した実績を持っていた。このとき日本空襲の指揮官としてこうむった

ベルリン大空輸　1948年、ソヴィエトのベルリン封鎖に対し、西側諸国は市民の生活物資を空輸した

批判や悪評から一転しての英雄あつかいに気を良くした彼は、巨大な爆撃機を使役する空軍の威風堂々たるさまをメディアが歓迎すること、また一般の民衆も――むろん空襲のような仕打ちを受けない限り――それを憧れの目で見上げることを悟り、派手好きの空軍らしい宣伝術に心を砕くようになっていたのである。

その手始めが一九四八年の終わり、問題になったB－36およびB－50でテキサスとハワイ間のノンストップ往復飛行がおこなわれたことだった。さらに翌年にはテキサス州のカーズウェル空軍基地を拠点とするB－50「ラッキーレディII」号が航空機で初めて地球一周を成功させる。いずれもルメイの指示によるもので、航続距離に限界のある爆撃機では戦略的抑止には不適だとする批判を封じるためのものであった。ちなみに問題を解決するために使われたのがB－29爆撃機を改造して空中給油の機能を持たせたKB－29M給油機《タンカー》である。「ラッキーレディII」の場合はこのKB－29Mから合計四回の給油を受け、およそ九四時間で地球を一周したのである。

これに味をしめたルメイは、戦略空軍のデモンストレーションのために矢継ぎ早に爆撃機のノンストップ飛行を計画。たとえばソヴィエトが水爆開発に成功した一九五三年にはB－36の編隊で一万マイルにおよぶ太平洋横断飛行を二八時間強で実現し、他方、大西洋についてはB－47で五時間以内の記録を達成した。となれば次に対象となるのが一九五二年に試験飛行を成功させ、五五年から戦略空軍に配備されたB－52爆撃機であった。

ところがここで問題が生じる。配備されてまもないB－52が次々に墜落や空中爆発の災難に見舞われ、最低でも一機八〇〇万ドルという高額の調達費用の浪費だとして問題視されたからである。原因はのちに電気系統の不備にあることが判明したが、いずれにせよ一度まとわりついた悪印象は容易なことではぬぐえない。特にこのころAP通信と契約したフリーランスのジャーナリスト、P・D・エルドレッドが事故機の所属したカリフォルニア州のキャッスル空軍基地の関係者に丹念に取材してB－52に対する批判的な連続報道を開始したため、ルメイとしては一刻も早く強力な対抗キャンペーンをおこなう必要に迫られたのである。

B－50「ラッキーレディⅡ」　第二次大戦後に製造されたB–29の改良型で、初の無着陸地球一周に成功した

こうして始まったのが「クィック・キック作戦」と称するB－52八機の北米大陸一周耐久飛行のデモンストレーションで、当時『タイム』誌が報じたところによると八機のうち半分がメイン州のローリング空軍基地を離陸してラブラドール、グリーンランド、北極点、アラスカ、シアトル、サンフランシスコ、ロサンジェルス、フロリダ、アトランタ、そして最後にバルティモアに着陸——という合計一万三〇〇〇マイルを約二六時間でまわるコースをとる。他方、残りの四機は西海岸のキャッスル空軍基地を離陸してから同じルートをおよそ三一時間半でまわる。目的は水爆を搭載

してソヴィエトと米本土の間を一気に往復できることを実証することで、この成功によってエルドレッドの批判記事の影響はかなりの程度まで抑えられたという。

しかし好事魔多しの譬《たと》えどおり、「クィック・キック作戦」の成功からわずか五日後にまたしてもB-52が墜落する事件が起こり、なまじデモ飛行が成功した直後だけに批判はかえって強まることになってしまう。そこでルメイは再び反撃に出た。すなわちB-52を使ってジェット機による初の地球一周を計画。三機の主機に二機の予備機を加えた合計五機で一九五七年一月にカリフォルニアを飛び立った部隊は、二機が途中トラブルで脱落したものの、隊長機の「ラッキーレディⅢ」と予備の一機が四五時間一九分で地球一周の記録を樹立した。これは八年前にB-50「ラッキーレディⅡ」がプロペラ機として達成した九四時間の記録を半分に縮めるものだった。しかも「ラッキーレディⅢ」のクルーたちは帰投するやいなやワシントンへひとっ飛びし、折から再選された大統領アイゼンハウアーの凱旋パレードにちゃっかり同道して、英雄的偉業をなしとげた戦略空軍のヒーローたちが大統領とともに拍手を受けるというパフォーマンスを演じてみせたのである。

すでに述べたように、B-52は配備された時点でもう純粋な戦略目的のためにはいささか時代遅れになり始めており、それゆえ戦略空軍はB-52の延命を通して自身の再定義を模索しなければならない立場にあった。しかしルメイのメディア戦術は、少なくとも一時的には懸念を吹き飛ばすことに成功した。そしてルメイはこの余勢を駆って一九五七年には空軍副参謀長、六一年には空軍参謀長に就任。以後、彼は発足まもないジョン・F・ケネディ政権を支えるというよりむしろ対ソ強硬派として圧力を加え、事あるごとに国防長官ロバート・マクナマラと対立を繰り返す「獅子《しし》身中の虫」として政権内部で異彩を放つことになったのである。

未完の自画像

グリーン・ベレーの民生作戦

先に触れたようにヴェトナム戦争はアメリカにおける過去のいかなる戦争とも異なるユニークな戦争だったが、そのことは実戦の具体的なありように端的に表されていた。戦略策定者――すなわち「命令する側」――と前線の歩卒――つまり「命令される側」――の双方にとって、ヴェトナム戦争は確かに過去に類のない体験だったのである。

しばしばいわれることだが、ヴェトナム戦争はアイゼンハウアー政権の「大量報復」戦略からケネディ政権の「柔軟反応」戦略への転換を契機とする軍事介入から始まった。アイゼンハウアー政権はジョン・フォスター・ダレス国務長官のもと、いかなる有事に対しても核兵器をもって即刻臨戦態勢に入るという、剛直にしていささか不便な大戦略を政策の基本としていた。この戦略は核兵器をいかなる戦闘においても使用可能な通常兵器としてあつかうというものだったが、朝鮮戦争で原爆の使用を本気で検討したマッカーサーをトルーマンが解任するしかなかったことが端的に示すように、核兵器の実戦使用は事実上の禁じ手といっ

ジョン・F・ケネディ　第35代大統領。ヴェトナムへの介入を深めた

てよいからである。

特にケネディ政権の目から見ると、第二次大戦後に世界中で頻発していた植民地独立闘争の類いに対して、大量報復戦略はおよそなし得ることを持たない不自由きわまりないものだった。米ソ間の冷戦が恒常化した結果、東西間の緊張はたいてい第三世界における代理戦争のかたちをとり、植民地からの独立と民族自決をうたって蜂起したゲリラ軍の背後に共産勢力が潜む——というのが実態だと考えられたからである。つまりケネディ政権の見方では、現代世界においては核兵器を使用することなどとうてい不可能な、限定された、特殊で非通常の戦争のほうがはるかに多いのである。それゆえケネディ政権の「柔軟反応」戦略は、より具体的なレヴェルでは対ゲリラ戦を主軸とする「特殊戦争」戦略として組み立てられることになった。そしてこの戦略は次のふたつをもたらした。民生作戦とヘリボーン作戦である。

次ページの図に示したように、特殊戦争戦略は戦争を通常のものと非通常（非正規《イレギュラー》）なものに分けて発想する。通常の戦争とは主権国家同士が対決する伝統的な形態のもの、それに対して非通常戦争は国家と国家でないものが対決するものである。国家とは一般に認められないゲリラ組織などは後者に属するため、植民地からの独立をめざす「民族解放戦争」など

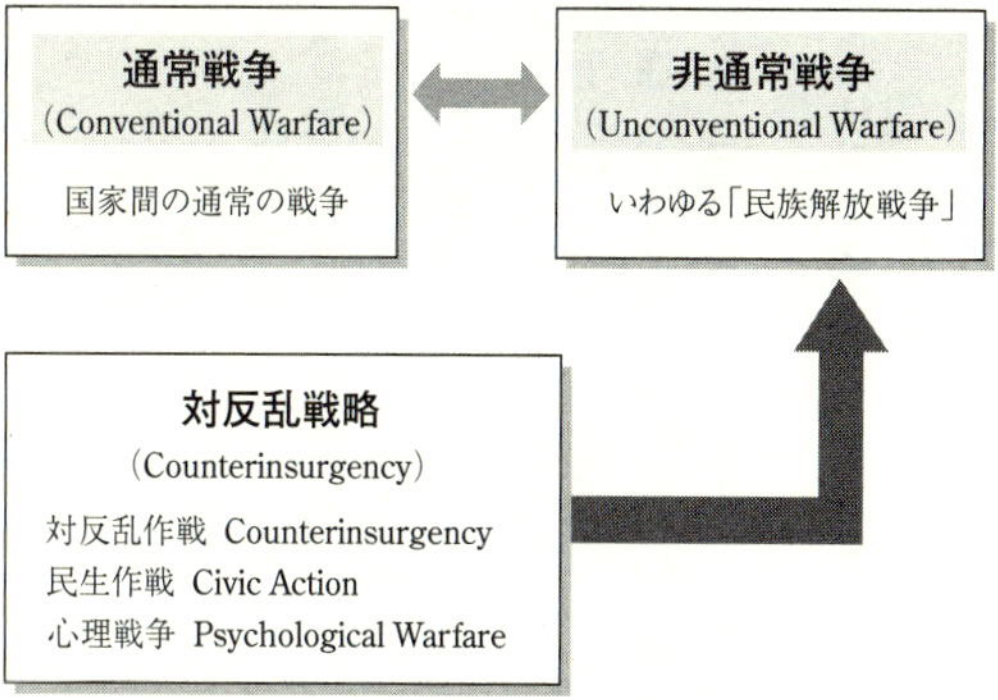

特殊戦争戦略における「戦争」のとらえかた

は後者になるが、その実態は大方が共産主義勢力（具体的にはソヴィエトや中国）に使嗾《しそう》された反乱でしかないため、アメリカはこれを「対反乱戦略」によって抑止する。その具体策として挙げられるのが軍事的手段で対ゲリラ掃討をおこなう「対反乱作戦」と、非軍事的手段で対ゲリラ活動を展開する「民生作戦」ならびに「心理戦争」であった。

　このうち「民生作戦」と「心理戦争」の違いは、ひとことでいうなら、中立的な民衆に対するものと敵勢力に対するものの違い、ということになるだろう。米国防省の定義によると心理戦争《サイ・ウォー》とは「敵意ある外国勢力に対して、その意見・情緒・態度・行動に影響を与えることを目的とするプロパガンダおよびその他の心理的活動の意図的な使用」とされるが、この定義の最初と最後を手直しすればほぼそのまま民生作戦の実質的な定義にもなる。すなわち民生作戦とは「介入先の現地民衆に対して、その意見・情緒・態度・行動に影響を与えることを目的として医療・教育・災害援助その他の日常生活支援活動を意図的に展開すること」なのである。

ヴェトナム戦争でよく知られた「グリーン・ベレー」こと陸軍特殊部隊は、海兵隊と並んでこの民生作戦をしばしば担当した。グリーン・ベレーは『ランボー』シリーズやその他のハリウッド映画によって過度に暴力的なヒーローとして描かれ、あたかもテロリストまがいのことすら辞さない「たった一人の軍隊《ワンマン・アーミー》」のようにみなされがちだが、実態はもっと地道なもので、支援する現地勢力に対する軍事指導のほかに、語学を修めて人類学的な見地から諜報・宣伝活動をおこなう心理戦争、および「心と信頼の獲得」(Winning the Hearts and Minds)を合言葉として現地の民衆の間にアメリカに対する好意と信頼を構築しようとする民生作戦を繰り広げた。グリーン・ベレーは少数山岳民族のモン族をきわめて攻撃的な特殊戦争の担い手として養成したことからその悪名を確立したが、それ以外はしばしば海兵隊と同様に、中立的な村落を解放戦線ゲリラから保護・防衛することを目的としたいわゆる平定作戦(Pacification)を担当したのである。

ヘリボーン――ヘリコプターによる空挺作戦

一方、特殊部隊や海兵隊に限らずヴェトナムに介入したアメリカ軍兵力は、数十キロから数百キロ程度の移動のほとんどをヘリコプターによっておこなった。これはゲリラ戦状況下で前線が固定的に存在せず、自軍の制圧地域を「面」として明示することができないため、トラックなどによる地上での兵員輸送が困難なことから来ている。そもそもヘリコプターは速度が遅く、航続距離も短く、有効搭載量が少なく、振動や騒音が大きく、したがって乗り心地が悪くて疲れやすいうえに機構的には複雑で故障発生率も高く、操縦は難しく、運用経費も高いという欠点だらけの代物である。それにもかかわらずヴェトナムでこれが多用されたのは、垂直に離着陸できて空中に静止したまま人員や物を上げ下げする能力を持つことと、超低空を超低速で移動できる能力を持つこと、このふたつのためだった。

特にこの能力を高く評価したのが陸軍と海兵隊で、ほとんどいかなる場所にも離着陸できるだけでなく、どんな地形であれ通過することのできる三次元の機動力を有することは、地上軍にとっては限りない魅力だった。ちなみにヘリコプターがある程度まとまった機数で実戦配備された最初は朝鮮戦争で、このときはもっぱら負傷者の後方移送（いわゆるＭＥＤＩＶＡＣ）が主任務だったものの、死傷者の数を激減させることに貢献して評価を一躍高めたという。実際、ヘリコプターの登場によって地上軍の移動速度は一〇倍にも高まっただけでなく、機関砲やロケット砲などを搭載することでヘリコプターは輸送主体の戦闘支援装備から戦闘用装備にすら変身した。このためヘリコプターはそれまでの地上戦で圧倒的・絶対的な存在とされていた戦車に匹敵し、しばしばそれを上回る兵器にすらなったのである。

それを実証したのが一九六五年一一月、南ヴェトナム中央高地のアイ・ドラン渓谷一帯で展開された大規模な戦闘で、これはヴェトナム戦争では珍しい正規軍同士の正面対決となったものだが、このときアメリカ側の第一大隊第七騎兵隊（機甲部隊）を指揮したハロルド・

ムーア中佐が、地下要塞を拠点に神出鬼没の遊撃を得意とする人民軍を相手とする軍用ヘリコプターの運用法をさまざまに考案し、これが以後の米陸軍のヘリボーン（ヘリコプターによる空挺作戦）の基本技術となった。特にこのとき大量に投入されたのが一九六三年から実戦配備され始めた「ヒューイ」ことベルUH－1「イロキー」ヘリコプターで、当初は輸送用として構想されたこの汎用機を戦闘火器兵装を追加した武装ヘリコプターに改装して使いこなしたことで、以後の戦場のありようが一変したのである。

視覚による戦争の追体験

しかし文化的・社会的な観点から見ると、実はこれ以前、すでにヘリコプターはB－52と並んでヴェトナム戦争をめぐるもうひとつのイコンというべき立場を獲得していた。UH－1「ヒューイ」はその独特の機影からヴェトナム戦争の象徴的存在と見なされ、ありとあらゆる記録映像に繰り返し登場するばかりでなく、映画『地獄の黙示録』などによってほとんど悪魔的なイメージすら確立した。しかしヘリコプターはヴェトナム戦争の初期において、むしろ民生作戦と結びつくような明朗でしかも斬新《ざんしん》な印象を持つ機動力として受け止められ、描かれたのである。

その典型的な例証が『ナショナル・ジオグラフィック』一九六二年一一月号に掲載された「南ヴェトナムのヘリコプター戦争」と題する長尺のカヴァー・ストーリーだろう。ディッキー・シャペルという女性フォト・ジャーナリストが撮影・執筆したこの記事はまだケネディ政権時代、ヴェトナムにおけるアメリカ軍の活動が軍事顧問団の支援に限定されていたころのもので、シャペルはメコン・デルタ地帯の海兵隊に随行して半年間にわたる取材をおこなったという。まず最初の見開きでは東南アジアの青灰色の水田地帯を眼下に見下ろしながら飛ぶH－21ヘリコプターの姿が左半分を占め、右半分にはオーストラリア空挺部隊でもらったというレインジャー・ハットをかぶったサングラ

「南ヴェトナムのヘリコプター戦争」『ナショナル・ジオグラフィック』に掲載されたディッキー・シャペルの代表作。冒頭で軍用ヘリの雄姿を捉え、緊迫した機内の模様がつづき、折り込みのページを開くと映画『地獄の黙示録』の有名なシーンにそっくりのスペクタクルが目に飛びこんでくる。裏面は機上から見下ろす焼き討ちされた村落風景。*National Geographic,* November, 1962.より

ス姿のシャペル自身の写真と記事冒頭のタイトルページが来る。よく知られるように『ナショナル・ジオグラフィック』は自然界で起こる森羅万象を丁寧な写真取材で記録し、そのたたずまいを読者に視覚的に追体験させることを持ち味としている。その姿勢はここでも共通しており、まずは若鮎を思わせるほっそりしたヘリコプター上からの深みのある鳥瞰映像《バーズアイ・ヴュー》を提示することによって、「戦争」という言葉とは裏腹の一種の爽快感を抱かせるのである。

さらにつづく見開きでは、読者の視線の流れを受け止めるようにヘリコプター内部でひしめきあう南ヴェトナム政府軍兵士たちの緊張した面持ちが右に示され、左手にはヴェトナムの地図とアメリカの間接軍事支援を明示する写真が添えられる。そして次の見開きへ進んだとき、読者は思わず驚きの声を挙げることになるだろう。そこでは折り込みページのかたちで畳まれた誌面を引き出してできる左右三ページ大のパノラマ画面が地平線までつづく一面の地表とその上を飛ぶヘリコプター編隊の機影を堂々たる構えで横いっぱいに映し出し、映画さながら、まるで耳許《みみもと》にローターの唸《うな》りがせり上がってくるような雄渾《ゆうこん》さで迫ってくる。

ここに登場しているのはシコルスキーH-34「チョクトー」ヘリコプター――海兵隊での名称はUH-34「シーホース」――だから、『地獄の黙示録』に登場したヒューイの編隊とは違う。が、そんな細部はあくまで些末なものに過ぎない。というのも、さらにこのパノラマ画面の裏へ進むと、今度は上空から捉えられた村落らしい場所からところどころ煙の上がっているさまが写され、そのすぐ左に、あたかもそれを見下ろしているかのような機内のクルーたちの写真が添えられているからだ。読者はここで一瞬、理解のための間合いを必要とするだろう。そして了解したとき、再び、より大きな驚きを得るだろう。つまりこれは解放戦線のゲリラ兵が罪もない村落を焼き討ちにしているところへアメリカ海兵隊のヘリコプター機甲部隊が勇躍駆けつけるという物語——言葉にすれば陳腐な大衆説話——を視覚的なリズムによって描き出した、巧妙な編集術の典型的事例となっているのである。

戦争写真家ディッキー・シャペル

この記事を撮影・執筆したディッキー・シャペルことジョージェッタ・ルイーズ・マイヤーは一九一八年、ウィスコンシンに生まれ、一六歳でMITの航空デザイン科に進学した。しかし理屈よりも空を飛びたい気持ちを抑えかねて中退し、故郷の町の飛行場で働きながらアメリア・イアハートに憧れる青春時代を送ったという。その後、ニューヨークへ出てTWA航空の契約写真家トニー・シャペルと出会って結婚、写真は彼に手ほどきされたものだった。ちなみにこのトニー・シャペルはもともとカペリというイタリア系だが、「フランスふう」という理由で「シャペル」(Chapelle) に名を変えたのだという。のちにディッキーは彼と離婚してしまうが、その後も姓は元に戻さず、シャペルを使いつづけている。

こうしてトニーの手ほどきでプロの報道写真家の道を歩み始めた彼女は、TWA航空の仕事をかねて第二次大戦の戦地を回るようになり、やがて海兵隊との縁を得て本格的な戦争写真家として仕事をするようになった。その豪胆ぶりは猛者ぞろいの海兵のなかでもちょっとした評判をとるほどで、空挺部隊の取材となると四〇歳でパラシュート降下を希望し、アメリカ軍では訓練が受けられないと見るやオーストラリア陸軍まで出向いてパラシュート降下経験を五回も重ねるなど、直情型の気質でもあったという。またそれだけに彼女の写真記事は豪放な大胆さを持ち味としながら前線の兵士たちに自己同化してしまうようなところがあり、結局はそれが彼女をして極端に愛国主義的な体制派ジャーナリストと見なされる一因をつくることになった。現にこの記事や、翌年再び『ナショナル・ジオグラフィック』に掲載された「ヴェトナムの水上戦争」にうかがわれるのは、ケネディ政権が打ち出した特殊戦争という「ニュールック」の新しいヒロイズムに対する熱烈な共感であり、彼女と親しい陸軍や海兵隊の上層部が必ずしもケネディを支持しなかったことの影響などは片鱗も感じさせないのである。

しかしそれゆえにこそディッキー・シャペルは、まだケネディ存命中の一九六二年という時点で、ヴェトナム戦争をめぐる最もポピュラーなイメージの陰画《ネガ》をはからずも予言的にかいまみせたのだともいえるかもしれない。実際、この「ヘリコプター戦争」は写真で軍用ヘリの雄姿を強調する一方、記事の本体は「共産ゲリラ」の暗躍するヴェトナム内戦の状況をたどり、困惑する民衆のありようを描きながら、平定作戦を通して彼らに奉仕し、彼らを庇《ひ》護《ご》するアメリカの軍事顧問たちの寡黙なヒーローとしての姿を印象に刻みつつ終わってゆく。それは明らかにアメリカがヴェトナムで自らにかくあれかしと望んだ姿であり、いわば未完に終わった自画像とでもいうべきものだろう。ヴェトナムの航空戦におけるヘリコプターは、こうして戦争の新しい次元を切り開くシンボルとしての役割をも当初から期待されていたのである。

ちなみにシャペルはといえば、この記事から三年後、いよいよ始まった正規地上軍による地上戦取材のために海兵隊の偵察隊に従軍中、地雷に巻きこまれて若い隊員たちと命を落とした。それはヴェトナムにおける最も早い報道人の死のひとつであり、アメリカの女性ジャーナリストとしては最初の殉職に当たるものだった。とはいえその後のヴェトナムにおけるアメリカの迷妄と敗北を見ることがなかったのは、愛国者としての彼女にはむしろ幸いだったかもしれない——というのは、あまりに酷な言い方に過ぎるだろうか。

「敗北」の理由づけ

「忘れたふり」と挫折感

しばしばいわれるように一九七〇年代半ばから後のアメリカ社会は「ヴェトナムの亡霊《ファントム》」にとり憑《つ》かれてきた。その少し前、長かったヴェトナム戦争がようやく終わろうとするころのアメリカは、まるで「集団的な健忘症」にかかったようだといわれたものだった。端的にいえば忘れたふり、ということである。忘れるわけがないのに誰もそれについて語りたがらず、新聞やTVもおざなりな興味しか示さない、まるで記憶喪失のような状態……。

やがて「ヴェトナム戦争症候群《シンドローム》」などと呼ばれることになる国民的な強迫観念《オブセッション》の先触れとなったこの状態は、一九七三年春に始まって七五年の春までのおよそ二年間という、ごくわずかな期間にだけ見られたものだ。しかしこの二年間に見られた「健忘症《アムネジア》」は、その後、現在に至るまでの社会の裏返された縮図のようなものだったかもしれない。

一九七三年春は、アメリカの正規地上軍（陸軍と海兵隊）がインドシナ半島全域からようやく撤退を完了し、スモールタウンの庶民たちにとって、自分の息子や夫や友人たちが地球の裏側の見知らぬ戦場で死ぬことを怖れなくともよくなった時期である。他方、一九七五年春は米軍撤退後もつづいたインドシナの内戦が終わりをとげ、南ヴェトナムの首都サイゴン（現ホーチミン市）に北ヴェトナム人民軍の戦車が入城して、ついに南北統一が成就した季節である。

それはしかしアメリカ側から見ると、陥落の直前まで残った米大使館の面々がほうほうの体で市内を脱出し、ようやくカムラン湾上の空母までたどりつくと、乗ってきたヘリコプターを海中に廃棄するほかない――空母は脱出してきた人々で積載重量を超えていた――という哀れでみじめな状態でもあった。おまけにこの光景が繰り返し世界中のTVで放映され、それまでの二年間、「忘れたふり」を決めこんでいたアメリカ人たちの心の傷口に塩をすりこんだ。

インドシナにおけるアメリカの戦争努力はすべて水泡に帰し、威信は地に墜《お》ち、国力は傾き、人々の心は挫折感に萎縮《いしゆく》した。現在に至るまでのその後のアメリカ社会の歩みはここに始まり、無残な記憶との苦闘に明け暮れ、なんらかの危機に遭遇するたびに「ヴェトナムの失敗」を想起しては世論を揺るがされ、その行動を左右されてきたのである。

悲運の大統領カーター

急いで断っておかなければならないが、これは何も「ヴェトナムの悪夢」にさいなまれたアメリカが単に外交的にも萎縮し、無力化して他国への干渉を一切やめてしまったという意味ではない。個々人の場合と同様、社会にとっても悪夢や心的外傷《トラウマ》はその心を歪ませ、思考を左右し、態度に影響を与える。つまり外向的にふるまおうと内省的に引きこもろうと、その行動は何らかのかたちで過去の悪夢や外傷の記憶に制約され、痛みから逃れるためなら何にでも飛びつくような不安定な心的メカニズムを内に秘めているのである。

おそらく、こうした社会の心理に悩まされた点では、ヴェトナム戦争後に誕生した最初の大統領であるジミー・カーターほど悲運の存在もほかになかったといえるかもしれない。

カーターは海軍士官学校を卒業後、潜水艦隊勤務を経て初期の原子力潜水艦計画にも参加した元職業軍人だが、国民が評価したのは公民権運動にも尽力した敬虔《けいけん》なバプテスト派クリスチャンとしての面のほうで、軍事主義《ミリタリズム》よりもずっと手間のかかる平和主義《パシフィズム》を合衆国の国政の歴史に根づかせるという途方もなく遠大な事業に着手した初めての大統領だった。「国家安全保障《ナショナル・セキュリティ》」という言葉はミリタリストが使えば単なる軍拡主義の言い

ジミー・カーター　ヴェトナム戦争後の政治不信のなかで第39代大統領となる

換えに過ぎないが、パシフィストが使えば左右両派を納得させるという不可能に近い目標への挑戦を意味する。結局、平和を構築するのは戦争を始めるよりはるかに難しいことなのだ。そしてカーターはこの事業に意欲的に取り組みながらも選挙の年に起こったイラン革命とアメリカ大使館の占拠事件のために、あえなく再選の芽をつまれてしまった。その意味でカーターは「ヴェトナム以後」だからこそ登場した悲運の大統領であり、彼がし残した事業は合衆国の外交史における——ひょっとしたら永遠に、かもしれない一面をはらむ——未完のプロジェクトだったということになるだろう。

軍の総括は「政治的錯誤」

とはいえヴェトナム戦争当時、前線の部隊指揮官の立場にあった若手将校たちが上層部に入り始めるころには、軍はヴェトナム以後の日々を、存外捨てたものでもないというレヴェルで受け止めるようになっていた。軍はカーター政権の軍縮路線で大幅な予算削減と士気の低下に悩まされたが、その間にヴェトナム戦争についての総括と自己評価をほぼ終えていたからである。

それによるとヴェトナム戦争の失敗は軍事的な敗北ではなく、政治的な錯誤によるものだった。しかもそれには三種類の要素がからんでいた。第一は歴代政権の政治判断の誤りである。たとえばケネディ政権は、第二次大戦型の非効率で大げさな物量作戦から機能的・効率的な戦力運用への転換を正しく志向したが、その具体的な実施に当たって国防長官ロバート・マクナマラが徹底した成果の明示は誤って意味を受けとられ、軍の現場に悪しき官僚主義を生み出した。悪名高い「ボディ・カウント」の制度などはその最たるものだろう。これは攻撃の成果を把握しにくいゲリラ戦を評価するために編み出されたもので、民間人と見分けのつかないゲリラ兵の死体を現場で正しく数えて報告するシステムだったが、結果は若い小隊長や中隊長たちが目分量で報告する曖昧《あいまい》な戦果を大隊長が適当に水増しし、連隊長や師団長はその数字を疑いもしないという悪しき風習を生み出したに過ぎなかった。現場の士気は低下し、未来をになうべき若い士官たちの間には事なかれ主義が蔓延《まんえん》するという危険な腐敗が生じた。

第二はメディアの存在である。アメリカのジャーナリズムはニューディールと第二次大戦の経験を通して国策と公共文化の一翼をになう崇高な役割にめざめると同時に、マッカーシーイズムに追従したことへの自己反省によって政治の厳しい監視役をつとめるという義務をも自覚した。もっともジャーナリズムは巷間《こうかん》思われているほどヴェトナム戦争で批判的な監視役をつとめたわけではなく、政治情勢についての分析ならまだしも、軍事的状況に関してはほとんど軍の公式説明を受け売りする以上のことをできなかった面も大きい。さらに問題は、地域紛争への限定的軍事介入から始まったはずのヴェトナム戦争が曖昧な性格のまま拡大してゆくなかで、軍部が報道陣にどう対処したらいいかわからず、無限定にメディアの参入を許したことにもあった。実際、ヴェトナム報道の現場ではアメリカに本社を置く定期刊行物の身許証明さえあればほとんど無条件でプレスパスが発行された。そのため中西部の農業機械雑誌の特派員と称する人物が「戦争見物」にやってきた例もあったことを『ディスパッチズ』のマイケル・ハーは記録している。こうして混乱と若い記者たちの功名心、さらに見た目の印象の先走りがちなTV報道の影響力の拡大などが合わさって、軍にとっては不本意な報道が急増していったのである。

テト攻勢報道が決した世論

特にその傾向のきわまったのが有名な一九六八年一月のテト攻勢のときだったのは、おそらく間違いないところだろう。ヴェトナムの旧正月の休みを故意に狙っておこなわれたこの奇襲作戦は、非力なゲリラ組織が南ヴェトナム政府軍の隙《すき》を衝いたという点で当然予想のついたものだった。が、アメリカ大使館警護の海兵隊が不意を衝かれてゲリラ側の侵入を許し、一時建物を占拠されてしまう。そしてこの政治的な影響が軍事的な打撃をはるかに上回ったのである。

実際のところ、純軍事的な観点から見ると、テト攻勢は攻撃を仕掛けた解放戦線側の敗北に終わった作戦だった。解放戦線は選《よ》りすぐった精鋭をとりそろえた攻撃部隊で米大使館や放送局、さらにサイゴンやフエ、ダナンをはじめとする南ヴェトナム全土の米軍基地と政府軍基地を一斉攻撃したが、しょせんゲリラ組織に過ぎない勢力で米軍の拠点を制圧しつづけるのには無理がある。したがって解放戦線は一斉攻撃につづいて、一般民衆のなかから革命勢力に呼応する強力な反政府運動が起こることを期待したのだが、結果的にそれは起こらなかっただけでなく、攻撃そのものも古都フエを除く全土で大半は二四時間、長引いたところでも足かけ三日以内にはほぼ鎮圧されてしまった。

奇襲はあくまで先制第一撃に過ぎず、戦略目的が達成されなければ軍事的には失敗にほかならない。しかしこうした見方はジャーナリストに共有されたものではなかったし、いわんやアメリカ大使館が占拠されたことに驚愕《きょうがく》したアメリカの世論のあずかり知るところではなかった。こうしてアメリカのメディアと世論は戦争批判に向けて最後の舵《かじ》を切ることになり、テト攻勢は「軍事的には勝利したが、政治的には敗北した」戦いとして評価され、その責任の半分が政治家と官僚にまたがる政策担当者《ポリシーメーカー》、そして残る半分が「軍事的常識もわきまえぬまま危機感だけを煽った」マスメディアに帰せられた。最終的にはこれがヴェトナム戦争全体に対する最終的な評価となって、一九七〇年代末から八〇年代初頭にかけて築かれたアメリカ社会と軍部における歴史認識をかたちづくったのである。

若手将校たちの内部批判

以上に対して第三の要因は少しばかり質が異なっていた。ヴェトナム戦争でアメリカは軍事的に敗北したわけではなかったが、軍の上層部はしばしば無能な官僚との不毛な権力闘争に走り、無意味な作戦や命令を頻発して部下たちの士気をそこね、アメリカ軍の歴史に消えない汚点を残した——という内部からの批判が戦後湧き上がったのである。

もともとケネディがインドシナへの軍事介入を決意した当時、統合参謀本部に出席する空

ベトナム戦争関連地図

軍参謀長はカーティス・ルメイだった。あの戦略爆撃の申し子である。彼は一九六一年、ケネディ政権の誕生と前後して空軍参謀長に就任した。この当時、陸海軍では士官学校を出ていない人間が参謀長まで上り詰めることは考えられないが、伝統のない空軍ならあり得る話だった。

おまけにルメイは粗野で無愛想なところも空軍らしかった。彼はキューバ危機でソヴィエトとの一触即発の危機を何とか乗り切ろうと苦心するケネディ政権に対して即時攻撃を主張してやまず、空軍の調達計画のなかでも爆撃機を優先して攻撃機を後回しにするなど勝手気ままにふるまった。国防長官は「神童《ウィズ・キッズ》」の異名をとったロバート・マクナマラで、彼の策定した複雑な戦略計画ゆえにヴェトナム戦争はしばしば「マクナマラの戦争」と呼ばれたほどだが、実は彼は第二次大戦中はルメイの作戦参謀部で統計学の専門家として情報分析を担当する若い士官だったから、なおのこと話は厄介だった。のちにマクナマラがためらいがちに回想したところによると、日本空襲の写真を細密に分析したマクナマラが、低高度爆撃でのほうが戦果が上がっている可能性もあると指摘した報告書を読んで、ルメイは最終的に東京大空襲を常識はずれの低高度からの大量焼夷弾作戦に切り換えたのである。

ルメイは一九六五年に退役したが、次にマクナマラを悩ませたのが在ヴェトナム米軍事援助司令部の司令官に昇格したウィリアム・ウェストモーランド大将だった。彼はケネディより三歳年長に当たる一九一四年に生まれ、士官学校をぬきんでた成績で卒業し、第二次大戦では対独戦の砲兵隊将校を皮切りに朝鮮戦争を経て、一九五〇年代半ばには米軍で最も若い少将となった。ヴェトナムでは一九六四年に現地のアメリカ援助軍司令官となり、正規地上軍の投入後は「マクナマラの戦争」を「ウェストモーランドの戦争」に変えるために強引な増派要求を大統領ジョンソンに幾度となく突きつけた。最終的にはテト攻勢で対ヴェトナム政策の過ちを悟ったジョンソンが自らの引退と引き換えにウェストモーランドの更迭を命じることになるが、それでも驚くことに陸軍は彼を参謀長に選出して一九七二年に退役するまでその地位にとどめたのである。しかしながらその陰で軍の士気は無残なほど低下し、陸・海・空・海兵四軍はほとんどばらばらなままの権益集団と化してしまう。そのため七〇年代後半になると、現場の部隊を率いた佐官級の若手将校団から前述のような批判が噴出したのである。

ヴェトナム戦争中をおおむね三〇代で過ごした彼らは、軍人の薄給がきわだった一九五〇年代にそれでもなお軍人をめざした世代であり、独自の使命感に燃える若手として大統領ケネディの就任演説を受け止め、軍の機構と戦略の近代化を最も純粋に体験した世代だった。それゆえにこそ彼らはヴェトナムでの上層部を許すことができず、曖昧な指示で軍を醜悪な事態に引きこんだ政治家を許すことができず、さらに軍縮の追い討ちをかけた大統領カーターについてはなおさら認めることができなかった。それゆえ彼らはカーター時代を雌伏《しふく》の時期と捉え、大幅な軍の機構改革のアイディアを練りながら再起の機会をうかがっていたのである。そして一九八一年、ようやく彼らに好機が訪れる。レーガン政権の誕生である。

第九章　幻影の戦場

陶酔のレーガン時代

ヴェトナムと冷戦終結の世代

二〇世紀後半のアメリカ史をめぐる象徴的な符合のひとつは、「アメリカの凋落《ちょうらく》」の始まりと見なされるヴェトナム戦争と「アメリカの再生と勝利」を画したとされる冷戦の終結が、ともに第二次大戦の世代によって手がけられたということだろう。

たとえばヴェトナムへの本格的な軍事介入を率いた大統領ケネディは一九一七年生まれで大戦中は海軍少尉、九つ年長の副大統領リンドン・ジョンソンは南太平洋で負傷した海軍少佐だった。他方、冷戦の終わりに立ち会った大統領ロナルド・レーガンは一九一一年生まれ、副大統領のジョージ・H・W・ブッシュは一九二四年生まれで大戦中ようやく成人に達したに過ぎなかったが、一八歳で海軍航空学校に入り、海軍で最年少の戦闘機乗りとして撃墜されて一命をとりとめるなど劇的な経験をしている。

もちろん、大統領在任中しばしば揶揄《やゆ》されたように、大戦のころすでにハリウッドの人気俳優だったレーガンは軍隊に入ることなく、単にスクリーンのなかで軍人の役を演じたに過

ロナルド・レーガン　第40代大統領。ケネディより6歳年長だが、軍隊経験はなかった。左はナンシー夫人

キャスパー・ワインバーガー　レーガン政権の国防長官

ぎない。しかしここで問題なのは彼らの個人的な軍歴ではなく、彼らの属する世代の特徴にある。特にヨーロッパで大戦が始まったとき二〇歳そこそこから一〇代の少年だったケネディとブッシュはヒトラーの抬頭を抑え切れなかった西欧各国の元首たちの妥協による「ミュンヘンの教訓」を深く心に刻みつけた世代であり、大戦を通して築き上げられた国際的な使命感を胸に政治の世界に飛びこんだ若いエリートたちだった。彼らがいずれも内政より外交を得意とする政治家だったことは単なる偶然ではない。デイヴィッド・ハルバースタムの言い方を借りるなら、「外交問題がいつも彼らの心を占めていた」のである。

「ワインバーガー・ドクトリン」の影響力

そうして前章で触れた軍の再建問題に深く関わったのも、まさに第二次大戦の世代だった。レーガン政権の国防長官に就任したキャスパー・ワインバーガーである。

一九一七年にサンフランシスコの法律家の息子に生まれ、ハーヴァードを卒業後、イギリスの詩人シーグフリード・サスーンの戦争詩に心打たれて真珠湾直前にわざわざ一兵卒を志願したワインバーガーは、まもなく士官に任ぜられて太平洋戦線でマッカーサー司令部の参謀本部入りした経歴の持ち主で、大統領自身に軍歴のないタカ派政権の国防長官にはうってつけの存在だった。彼が一九八四年に発表した通称「ワインバーガー・ドクトリン」はヴェトナム戦争以来の失意をかこっていた多くの軍人たちに感銘を与え、特に戦時中に上層部に堕落を見出して失望し切っていた若手たちに強い影響を与えることになった。それは以下の六項目からなっていた。

(1)自国および同盟国の死活にかかわる国益がない限り、戦争してはならない。
(2)勝利が確実な場合においてのみ戦争をおこなわねばならない。
(3)明確に定義された政治的・軍事的目標のためにのみ、その目標を完遂するに適した規模をもって戦争をおこなう。
(4)戦争目標と派兵部隊の規模および形態の関係はたえず検証され、必要があればただちに修正されなければならない。
(5)国民の世論および議会の支持を得られるという「合理的保証」がない限り戦争をおこなってはならない。

(6)軍事行動は最後の手段としてのみ考慮されねばならない。

一読してわかる通り、シヴィリアン・コントロールの原則を軍の立場から解釈するとこうなるという好例といってよい。軍事目標と政治目標を一致させ、何のための戦争なのかを内外ともに明示し、なおかつ勝てる戦争しかやらない――。これこそヴェトナムで舐《な》めた苦杯を教訓として生かした発想であり、ヴェトナムの現場で管理職の立場にあった若い将校たちの不安と不満の記憶から生まれた原則にほかならない。そしてこのとき国家安全保障問題担当の大統領補佐官としてワインバーガーの手腕に目をみはったのが、のちに湾岸戦争を統合参謀本部議長として率いることになるコリン・パウエルであった。現に彼は次のブッシュ政権で統合参謀本部議長に就任するとすぐにワインバーガー・ドクトリンを具体的に軍に根づかせる努力を開始し、やがてそれは「パウエル・ドクトリン」と呼ばれるものとなって結実することになるのである。

スター・ウォーズ計画を策定

こうして軍の再建を手がけたレーガンとワインバーガーは、さらに軍備に関する四つの施策に着手した。第一は戦略爆撃機、特にＦ－１１７およびＢ－２ステルス爆撃機とステルス巡航ミサイルの開発。第二は大陸間弾道ミサイルおよび潜水艦搭載型の巡航ミサイルの開発。第三は中距離弾道ミサイルおよび地上発射型の巡航ミサイルのヨーロッパ（ＮＡＴＯ諸国）への配備。そして第四がＳＤＩこと「戦略防衛構想」（Strategic Defense Initiative）――あるいは通称「スター・ウォーズ計画」――の策定である。

このうち前の三者は一九六〇年代から米ソが競いながら保持してきた「核の三本柱《トライアッド》」と呼ばれるものに関わっている。それに対して最後のＳＤＩ計画は論理的にも大きく異なる性質にあった。そこでまずは前者から見ておこう。

戦略防衛構想　宇宙空間で目標の核弾頭を迎撃し破壊する想像図。スター・ウォーズ計画とよばれた

もともと米ソの核戦略は三種類の設置形態による弾道ミサイル方式――地上に設置された大陸間弾道ミサイル（ＩＣＢＭ）、戦略爆撃機に搭載された空中発射式弾道ミサイル（ＡＬＢＭ）、弾道ミサイル原潜に搭載された潜水艦発射弾道ミサイル（ＳＬＢＭ）――を基本としており、これが「核の三本柱」と呼ばれてきた。その根底にあるのが「相互確証破壊」（Mutual Assured Destruction）、すなわちどちらかが先制第一撃をおこなえば、必ず相手は報復のために反撃し、その報復に再反撃がおこなわれ、さらに再々反撃が……という果てしない報復の連鎖が惹起《じゃっき》されるため、いったん先制攻撃が起これば双方滅亡してしまうことが確約されたも同然であり、したがって逆に先制攻撃を抑止する力となる、とする考え方である。こうした発想は事の是非や善悪を越え

た現実認識――つまり必要悪を許容する立場――を反映した国際政治の「リアリズム」と呼ばれ、冷戦時代の基本認識となってきた。

これに対して、もしも相手のすべての弾道ミサイルを確実に撃墜する方法があれば、この論理上の「恐怖の相互依存」関係から離脱できるのではないか。ＳＤＩ計画を構想したレーガン政権の発想の要点はそこにあった。しかもレーガンはそれを「一般市民を核の脅威から保護する」という一見文句のつけようのない道徳的な立場から強調した。すなわち彼によればいまや世界はソヴィエトの保有する核兵器の威嚇のもとにさらされているが、もしもこれを完璧に迎撃し、破壊することのできるシステムを完成させれば、人類は核兵器の恐怖から解放され、真の平和と自由を手にすることができる。それゆえ「核兵器を無力化し、時代遅れなものにする」ために「弾道ミサイル防衛」（ＢＭＤ＝Ballistic Missile Defense）が必須のものだ、というのである。

これは明らかに「リアリズム」から「アイデアリズム」（理想主義）への転換であり、イデオロギーを前面に掲げるレーガンらしい発想でもあった。いいかえればレーガンは、妥協を通して現実的な折り合いを模索するこれまでの冷戦のありようをすべて廃棄し、あくまでイデオロジカルな原理原則に照らして問題を一気かつ全面的に解決しようとしたのである。

弾道ミサイル防衛は有益か

しかしこの考え方は、反対派から見れば、その妥協を知らないイデオロギー性ゆえに危険きわまりないものだった。というのも、もし仮に自国が相手の弾道ミサイルをすべて撃墜できることになれば先制核攻撃をためらう理由もなくなると同時に、ソヴィエトを危険なゲームに誘いこむことになるからである。しかも一九八三年三月にレーガンは国民向けのＴＶ演説をおこなってＳＤＩ計画の最初のイメージを明らかにしたが、実は彼は事前にこの構想を同盟国のどこにも明らかにしていなかっただけでなく、身近にいるごく少数のスタッフ以外誰とも協議せず、長い演説のおしまいになっていきなり付け加えたことが明らかになった。いいかえればレーガンはアメリカ大統領という最も重要な職位にあるにもかかわらず、ほとんど個人的な判断でソヴィエトを相手にいきなり賭け金を吊り上げて危険な賭けを挑むかのような真似をしたのである。

したがって当然、この構想は激しい議論と批判を呼ぶことになった。ひとつにはＢＭＤが技術的に可能なのかどうか、また可能だとしてもそれは有益か否かという戦略上の観点からの批判。もうひとつは、そもそもレーガンは本当に正しく現実を認識しているのかという、政治的であると同時に文化的・心理的な観点からの批判である。

実はアメリカの安全保障の歴史上でミサイル防衛問題が激しい論争を呼んだのはこのときが初めてではない。もともと弾道《バリスティック》ミサイルとそれを防御する弾道弾迎撃《アンチ・バリスティック》ミサイルという組み合わせは米ソ両国で冷戦時代以来の核戦略の基本要素だったが、一九七〇年代になってすぐ、一基のミサイルに複数の誘導弾頭を搭載したＭＩＲＶ（多弾頭個別目標誘導装置）ミサイルが実戦配備されたことで攻撃と防御の戦力バランスが大きく崩れ、六〇年代を通して営々と築き上げられてきた戦略兵器制限交渉（ＳＡＬＴ）の成果が台無しになったという危機感が生まれた。

この結果、政治家、官僚、軍人、学者を巻きこんで大論争が始まった。その内容は複雑多岐にわたるが、最大の要点はミサイル防衛システムが相手（ソヴィエト）の先制攻撃を誘うか否か、という点にあった。すなわちシステム支持派の考えによれば、ソヴィエトは発達したＭＩＲＶを先制攻撃に使用し、アメリカのＩＣＢＭを大半破壊するだろう。その際、アメリカは残った核兵器——戦略爆撃機の核爆弾と潜水艦のＳＬＢＭミサイル——で反撃に出ることになるが、それはまたソヴィエトの再反撃を誘うことになって一般市民が危機にさらされるため、市民を守るべきアメリカ大統領としては大幅な妥協か、最悪の場合は降伏しなければならなくなる。したがってソヴィエトのＭＩＲＶを防衛するためのＢＭＤを充実させなければならない、とされる。

これに対して反対派の主張によれば、ＢＭＤシステムは疑わしい核攻撃に対しても瞬時に反撃する過敏な性質を持っており、そのため——「防衛」という言葉の印象とは裏腹に——もともと挑撥《ちょうはつ》的で攻撃的な一面があるという。仮に先制攻撃によってＩＣＢＭが破壊されたとしても、アメリカが保有する戦略核弾頭の八割が潜水艦のＳＬＢＭか戦略爆撃機によるものであるという現状を考えるなら、必要以上に相手を挑撥するようなＢＭＤシステムはかえって国際的な安全保障体制にとっては有害なものでしかないからである。

見比べてみれば明らかな通り、このふたつの考え方は論理的に対立したものというより、相手をどう評価し、どこまで信用するかという価値観と他者認識に関わる心情的なものをはらんでおり、したがって議論に決着がつきにくくなるという性質にある。現に一九七〇年代初頭に交わされた激論は結論が出ないまま、攻撃兵器の削減問題に集中したSALT–Ⅱ交渉の動きのなかでなしくずし的に下火になり、一九八〇年代になるまで一般に注目されることはなかった。そこに火をつけたのがレーガン政権のSDI構想だったのである。

元俳優大統領が体現する願望

SDI計画は、まるで神のお告げにでもあったかのような大統領のひらめきによる突然の発表であったことが知られるにつれて、ロナルド・レーガンという人物ならびに彼が体現するアメリカ大衆文化の本質に関わる象徴的な問題を惹き起こした。わかりやすくいうと、レーガンという元ハリウッド俳優の政治家は本当に現実を現実として認識しているのか、ひょっとしたら現実と幻想を混同しているのではないか——という疑いを呼び覚ましたのである。

実際問題としていえば、こうした疑念にハリウッド映画界に対する知識人たちの揶揄的な見方がいくぶんか反映していたことは間違いない。レーガンが出演した映画の大半は勧善懲悪の単純明快な物語であり、彼自身も国際的な大スターには手の届かなかった凡百の青春スターのひとり——ただしその限りではなかなかの人気者だったが——に過ぎなかったからである。

ジェイムズ・ステュアート
米の俳優。第二次大戦中は空軍のエースパイロット

たとえば彼よりも三歳年長に当たるジェイムズ・ステュアートは第二次大戦が始まったときすでに『スミス都へ行く』などの主演作で世界的に知られたスターだったが、率先して陸軍航空隊に入隊し、映画スターの戦死を怖れる軍上層部の制止を振り切って爆撃隊を志願。自分を戦争宣伝に利用しようとする軍の意向には逆らい通してB-24爆撃航空団の指揮官として終戦までに二〇回の爆撃行をおこない、最後は一兵卒から大佐にまで昇進した本物のヒーローだった。しかしレーガンのほうはカリフォルニアを離れることすらほとんどなく、あくまで映画のなかでイメージとしてのヒーローを演じたに過ぎない。

しかし裏返していえば、だからこそレーガンという人物はアメリカ大衆の願望や無意識の希求をより率直かつ象徴的に反映し、体現した存在なのだと見なすこともできる。つまり、もしもレーガンが現実と幻想を混同しているのだとしたら、その彼を大統領に選んだアメリカ社会自体が心理学でいうところの一種の退行状態を起こしているのではないか、いわば現実からの逃避願望のなかに入りこんでいるのではないか、という問題の立て方が可能になるのである。

「平和のために」宇宙を制する

これはなるほどあり得ない話ではなかった。たとえばSDI計画の社会的な起源のひとつは、アイゼンハウアーからケネディに引き継がれた冷戦時代の宇宙開発計画である。アメリカにおける宇宙開発は第二次大戦末期に実用化の始まったドイツのロケット技術を移植したところに始まり、それが一方ではロケット推進式ミサイル、他方ではロケット航空機に分かれて進んだところでソヴィエトとの宇宙開発競争が始まった。それまで核兵器開発では一歩も二歩も先んじてきたアメリカが宇宙に関してはつねにソヴィエトに先んじられ、一九五七年にソヴィエトが人類初の宇宙衛星を打ち上げた「スプートニク・ショック」以来、アメリカの宇宙開発意欲はほとんど強迫的といってもいいような様相を呈した。

ノンフィクション作家トム・ウルフの『ザ・ライトスタッフ』によれば、それは科学技術の最先端に突如として占星術時代の扉が開き、人々の思考が善と悪が最後の大決戦をおこなう黙示録的な色彩に染められたかのようなありさまだったという。その結果、空軍が営々と実験開発を重ねてきた有人宇宙船計画——パイロットの操縦するロケット推進式航空機が宇宙空間と地球の間を繰り返し離着陸する計画——はいきなり廃棄され、単純なミサイル技術を転用し、核弾頭の代わりに猿を乗せたカプセルを装着して成層圏外に打ち上げる計画が国家予算をつぎこんで始まることになった。しかも技術的観点から見ればおよそ陳腐なこの計画は、大統領ケネディいうところの「新《ニュー》しいフロンティア」のレトリックを得たことによって独自の政治的な意味作用を含むことになってゆく。すなわちケネディによれば「いまや世

月面に翻る星条旗　1969年、アポロ11号が月面に着陸。ソヴィエトとの宇宙開発競争に大きくリードした

界の目は宇宙に注がれ……我々はこの空間を敵意ある征服の旗によってではなく、平和と自由の幟《バナー》で制することを誓う。我々はこの宇宙空間を大量破壊の武器によって埋め尽くすのではなく、知識と理解の装置で充たすことを誓うのである」（中野圭二・加藤弘和訳）。

　宇宙を制するアメリカの計画は破壊の武器ではなく、平和と自由のための「装置《インストゥルメンツ》」の配備なのだ——これは明らかに前述したレーガン演説の原型となるヴィジョンにほかならない。いいかえれば宇宙空間に「平和のための」防衛兵器を配備するというSDI計画のレトリックは、軍用ミサイル技術を民生用に急遽《きゅうきょ》転換して策定された「平和のための」宇宙開発計画を源泉とする文化的なイメージを冷戦最末期に再現するものだったのである。

レーガン映画『空の殺戮』

と同時にSDI計画に見られたもうひとつの特徴は、「平和のための武力」というこのレトリックが、真珠湾攻撃によって傷つけられ、脅かされたアメリカの「安全保障の神話」の記憶に対する思いを反映していたということだろう。

レーガンが二期連続の任期を終えたあと、アメリカではすぐさま多数のレーガン論やレーガン時代の政治文化論が登場したが、その多くが指摘したのもこの問題——すなわち一九八〇年代の合衆国と世界に向かって掲げられた彼の世界観や政治認識が、第二次大戦期のハリウッド映画や大衆文化における二項対立＝善悪二元論的なレトリックを色濃く反映させていた、ということだった。そうした政治文化論のひとつで発表当時大いに話題になったもののひとつに、一九八八年に上梓されたカリフォルニア大学バークレー校の政治学者マイケル・ローギンの『〈映画〉としてのロナルド・レーガン』(*Ronald Reagan, the Movie*)がある。そのなかでローギンが注目すべきレーガン映画として紹介しているのが『空の殺戮』(*Murder in the Air*)である。

一九四〇年にＭＧＭが制作した『空の殺戮』は、ファシストのスパイ組織と合衆国の捜査員の対決を描いたサスペンス映画である。物語は、全米各地で橋や鉄道を破壊するサボタージュ行為が頻発し、上院非米活動委員会がジョー・ガーヴィという人物に目をつけたところから始まる。彼は「忠実な帰化アメリカ人会議」なる団体の代表で、外国なまりがあり、アメリカが中立を守って大戦に参加しないことを主張している。しかも委員会から団体の正当性について疑問を突きつけられたガーヴィは、嫌疑を「資本主義者の嘘」として反撥する。実は彼はまぎれもなく外国勢力のスパイ組織の一員であり、アメリカの参戦を阻止するばかりでなく、アメリカで秘《ひそ》かに開発された「慣性投射装置《イナーシャ・プロジェクター》」なる秘密兵器の技術を盗み出そうと画策していたのである。

この「慣性投射装置」は究極の防衛兵器ともいうべき魔法の機械で、原理は定かでないがあらゆる機械の電気系統に干渉して瞬時に動きを止めてしまうという、「アメリカを無敵にし、それゆえ過去のいかなる発明よりも偉大な平和のための力」となる兵器である。結局、悪事の露見したガーヴィー味はこの慣性投射装置の設計図を盗んで飛行機で逃亡するのだが、追跡してきた捜査官が慣性投射装置を飛行機に向けて発射したとたん、一閃《いっせん》の光でエンジンの止まった機体はあえなく空中で息絶え、墜落して秘密は無事守られる。そしてこの正義の秘密捜査官ブラス・バンクロフトを演じたのが、ほかならぬ当時二九歳の俳優ロナルド・レーガンだったのである。

ローギンはこの映画が「ただの凡作《マイナーピース》」だとしながらも、逆にそれが当時のハリウッドの映画「政治的傾向」をB級映画ならではの陳腐さで代表していると指摘する。すなわちこの映画は最初、単なる金目当ての犯罪一味の悪事の物語のように始まりながら、やにわに国際的な陰謀とそれを阻止するアメリカの努力という政治的テーマへと変化する。またこの映画では悪玉のジョー・ガーヴィが国家社会主義者＝ファシストの走狗《そうく》として設定されているが、それはそのまま戦後の反共サスペンス映画における悪の権化としてのコミュニストに変貌し得る。いいかえれば第二次大戦における参戦論の宣伝映画でもあるこのB級作品は、大戦の時代と冷戦の時代の文化と心理が地続きで一直線につながっていることを図らずも示唆しているのである。

危険なファンタジー

そうしてローギンはレーガンの唐突な政策表明を指して、レーガンはあたかも若き日の自分が出演した映画の空想兵器を本気にしてしまったかのようだ、彼は映画と現実を混同し、アメリカと世界を善玉と悪玉の対決する危険なファンタジーのなかに引きずりこもうとしているも同然だ、と批判した。

この批判には、なるほどと思わせる状況が多々あった。たとえばレーガンは大統領が授ける名誉勲章の式典に出席し、第二次大戦で活躍したB-17爆撃機のパイロットの英雄的な物語をひとくさり語って聴衆を大いに感動させたが、実はそれは実在した人物の話ではなく昔の映画のストーリーだった。また数ヵ月後にはイスラエルとの首相の公式会談の席で、自分は第二次大戦中に陸軍通信隊に所属して記録映画の撮影のためにナチスのユダヤ人強制収容所を訪れたことがあり、それゆえにユダヤ人問題には個人的にも深く心を痛めているのだと語ったが、実はこれも映画のなかの話でしかなかった。しかもレーガンの場合、調べればすぐにわかるこの手の嘘を故意についているのではなく、どうやら本人も本気でそう思いこんでいるふしがあるらしいことが再々報じられていたのである。

そしてそれゆえにレーガン政権によるSDI計画に関する激論は、宗教学者や人類学者、修辞学者といった面々までを巻き込むことになった。たとえば宗教社会学者のエドワード・リネンソールはSDI計画を「戦略的《ストラテジック》」防衛《ディフェンス》というより「象徴的《シンボリック》」防衛というべきものだと呼び、スウェーデンの政治学者レベッカ・ビョークもまたSDIは「象徴的封じ込め」

(symbolic containment) と定義すべきものだと観察した。

現代の目からふりかえってみれば、レーガンがソヴィエト相手に仕掛けたBMD配備構想(SDI計画)による冷戦終結のためのきわどい駆け引きは、なまじ冷戦がソヴィエト側の自滅によって終わっただけに、かえって危険な影響を残しているといえる。実際、その発想はジョージ・W・ブッシュ政権にまで引き継がれ、かえって厄介なかたちで人々の思考を縛り、影響を与え、今後の歴史を危うく左右しかねないものとなっているのである。

大統領としてのレーガンは、きわめて印象的だが内容は曖昧という演説の多い指導者だった。どんなときにもにこやかな笑みをたやさず、ちょっと小首をかしげるようなしぐさで「さて……《ウエル》」と切り出す。ケネディのように知識人を惹きつける知的な洒脱《しやだつ》と洗練はなかったが、広い肩幅と押し出しのよさがアメリカふうの平俗さを醸し出し、首脳外交でも位負けしない不思議な余裕を感じさせた。レーガンの一九八〇年代は、しばしば「多幸症《ユーフオリア》の時代」と呼ばれた。「ユーフォリア」(euphoria)とは、「多幸症」と訳される理由のない幻の陶酔感のことで、客観的には幸福でないはずの状態でなぜか幸福感にひたってしまう状態を指す。現に一九八〇年代は巨額の財政赤字と貿易赤字によるいわゆる「双子の赤字」に苦しみ、高い失業率と犯罪状況に悩みながらもなぜか大統領への支持率は落ちることがなかった。なにしろこの政権は、政策に対する支持率が低くとも、大統領個人に対する支持率は高いままという不思議な状態を演じたのである。

現に政策に対してはきわめて手厳しいアメリカのジャーナリズムも、大統領個人に対しては奇妙なほど好意的——というよりむしろほほえましいものを眺めるように——接した。その意味でこの時代のアメリカは、まさに〈夢見る病《ユーフォリア》〉のなかにあったということができるだろう。そしてこの根拠なき幸福感は、やがて再び予想外のかたちで歴史の表舞台に登場することになる。すなわち、あの二〇〇一年九月一一日以後の危機的状況のなかにおいて、である。

「砂漠の嵐」の後に

能吏パウエルの論理

そのときは歴史上の画期と思われたことが、後からふりかえると単なる通過点のひとつに過ぎなかったということがよくある。一九九一年の湾岸戦争も、あるいは後世そう評価されることになるかもしれない。

その前年の夏、クウェートに対するイラクの侵攻から始まったペルシア湾岸危機はレーガンから政権を引き継いだ大統領ジョージ・H・W・ブッシュのもとで国際道義にもとづく懲罰の対象として周到に定義され、国際連合がイラクに侵略行為を即刻中止するよう警

コリン・パウエル　1991年5月、大統領ジョージ・H・W・ブッシュ（左）により、2期目の統合参謀本部議長に任命

告し、もし従わない場合はいわゆる多国籍軍が警察行動として、イラクを攻撃する——という論理を明らかにしたうえで宣戦布告行為がおこなわれた。その背景にあったのが、前述のワインバーガー・ドクトリンを敷衍《ふえん》して策定されたブッシュ政権時代の統合参謀本部議長コリン・パウエルによる通称「パウエル・ドクトリン」である。

パウエル・ドクトリンの要諦はワインバーガーによる大原則を軍の立場から具体化したもので、たとえば「無制限の関与を避けるための出口戦略はあるか」などを問いかけた点に能吏パウエルらしい細かな配慮が見られるものだったが、これらもすべてヴェトナム戦争の二の舞を演ずまいとする決意の表れだった。パウエルは一九六六年に軍事顧問として、また六八年にはアメリカル師団の副参謀長として二度のヴェトナム勤務を経験しているだけで最前線の戦闘部隊を直接指揮したわけではなかったが——そのため彼はしばしば生粋《きっすい》の軍人というには参謀色が強過ぎるとも批判されてきた——、少なくとも彼の発想は当時のヴェトナムを経験したほとんどの中堅将校の思いを集大成し、あるいは代弁したものだったといえるだろう。

ためらうことなく大量の武力を

こうして始まった湾岸戦争は、イラク一国に対する国際的な懲罰というにしては驚くほど大がかりな武力を動員したものとなった。この戦争は合計九ヵ国からなる多国籍軍部隊をペルシア湾岸に配備する「砂漠の楯《デザート・シールド》」作戦と、実際に攻撃をおこなう「砂漠の嵐《デザート・ストーム》」作戦で構成され、前者の完了時点で動員された多国籍軍兵力は地上軍六〇万人、戦車二万三〇〇〇輛、海軍艦艇一五〇隻、ヘリコプター一五〇〇機、固定翼機が二四〇〇機にのぼった。さらに一九九一年一月に「砂漠の嵐」作戦が始まって三日目には米空軍のB‐52戦略爆撃機と米海兵隊、仏、英、クウェート、サウジアラビアの戦闘爆撃機が合計一七〇〇回《ソーティ》におよぶ爆撃出動をおこなったが、これは同じ日にイラク軍機がおこなった約五〇ソーティの出撃と比べると三四倍に当たるものだった。

湾岸戦争の前夜　イラクのクウェート侵攻に対し、サウジアラビアに派兵された米軍部隊。1990年９月

　実際のところ、この大がかりな兵力動員も前述のパウエル・ドクトリンによるものだった。すなわちこの原則によると、勝利の明確な見通しが立つまではけっして戦闘に入ってはならないが、いざ戦闘開始となった場合はためらうことなく瞬時に大量の武力を投入し、可能な限り短い時間で確実に勝利を手にしなければならないのである。もしもこれを何らかの理由——たとえば戦費の節約や武力行使を外交交渉の手段とするなど——で躊躇《ちゅうちょ》する必要があるのなら、そのときはそもそも戦争自体をしてはならない。戦費をけちるのは論外としても、武力を小出しにすることは結局戦争の長期化を招き、ヴェトナムで起こったのと同じ泥沼化を覚悟しなければならなくなるからである。つまると

ころパウエル・ドクトリンは、正規戦以外の戦争をやらないことを明言することによって、軍人の立場から逆に文民に対してシヴィリアン・コントロールの確立を訴えるものだったのである。

「ニンテンドー・ウォー」の誤解

しかしながら真の意味で湾岸戦争をめぐる最も重要な点は、これがまったく見たことのない、きわめて新しい未来の戦争をかいまみせる機会として受け止められたことであった。たとえば湾岸戦争ではこれまでの戦争の通念や常識を書き換えるような新しい概念用語がいくつも登場した。「ピンポイント爆撃」というのはその典型的なひとつで、軍隊のなかだけに限っていえばすでに一九六〇年代、ヴェトナムの戦場で空軍や海軍機がブルパップ・ミサイルやウォールアイ爆弾など初期のレーザー誘導爆弾を導入した時点から使われていたようだが、TVや新聞報道で人々がこれを耳にしたのは、湾岸戦争が初めてのことだった。それはかつて第二次大戦で「戦略爆撃」という耳慣れない言葉が登場し、近代化された斬新な戦争の輝かしいイメージをふりまいたとき以上の驚きと、期待と、それゆえの誤解を人々の間にもたらした。なにしろ「針の先《ピンポイント》でつつく」という言葉の正確無比な印象とは裏腹に、湾岸戦争当時のミサイル類の精度は平均して一〇メートルから二五メートルにもおよぶ誤差の範囲内で目標に命中するという程度に過ぎなかったからである。

もちろん軍事技術上の見地では、この命中精度が第二次大戦や朝鮮戦争、あるいは一九八三年のグレナダ侵攻作戦のときと比べても長足の進歩というべきものであったろうことは理解できなくもない。けれどもこの用語は戦争の帰趨を知る権利を有するアメリカならびにその他の国民にとって、あまりにも危険な誤認を招く余地の多いものであったといわなければならない。というのも厳密さを強調したかのようなこの言葉の印象を通して、人々は一種の爆撃万能主義とでもいうべきものに傾斜してゆくことになったからである。

　実際、こうした印象は言葉だけでなく映像によっても強化された。たとえば湾岸戦争では各メディアが要請する前線取材をほとんど許可しなかった代わりに、毎夕サウジアラビアにある多国籍軍総司令部のプレスルームで長時間の記者会見がおこなわれたが、そこでは「巨《べ》熊《ア》」のニックネームを持つ巨漢の司令官ノーマン・シュウォルツコフ大将が毎回みずから司会と解説役をつとめ、「ピンポイント爆撃」の戦果の映像をしばしば報道陣に披露した。それは色も音もないざらざらと荒れた低精細度のディスプレイの上を一瞬閃光が走るというだけのもので、軍人らしく一見無骨ながらもなかなか巧みなシュウォルツコフの説明がなければTVの故障かと思うようなものだった。が、それは当時世界中で人気を博していた任天堂のTVゲームの映像を連想させるものだったこともあって、「ニンテンドー・ウォー」という異名まで生み出すことになったのである。

ノーマン・シュウォルツコフ
湾岸戦争で毎夕、記者会見を開いた

仕組まれた情報作戦

見逃せないのは、こうした状態がすべて単なる偶然ではなく、周到に仕組まれた意図のもとで繰り広げられた言論統制の結果だったことである。この統制を「スピン・コントロール」という。「スピン」とは急回転のこと、転じて「偏った情報や印象」のことを指す。つまりスピン・コントロールとはさまざまな情報を取捨選択し、何を印象に残すために何を伏せ、何を強調するかという「情報の編集」を周到におこなったうえで、記者会見の長さや方法、また前線取材のやり方と許可の与え方などを念入りに吟味する情報操作のことなのである。

これが昔ながらの検閲と異なるのは、できあがった記事や番組を当局がいちいちチェックするわけではなく、そもそもメディアが情報を入手するときの手段や内容を操作するところにある。また湾岸戦争ではヴェトナム戦争時代に若手だった世代のジャーナリストたちがしばしばＴＶの大物キャスターや新聞のコラムニストとして現場に君臨していたから、彼らを相手に伝統的な検閲など実行できるわけがなかった。したがって湾岸戦争ではホワイトハウスと軍の首脳部および前線司令部が緊密に連携し、お互いの提供する情報の内容に食い違いが生じぬよう細心の注意を払う「戦略的情報作戦」が展開されたのである。

史上最高の「スピン・コントローラー」

「スピン・コントロール」にはまた、何かの拍子に相手の印象や認識が急降下《スピン》するように急に悪化することを防ぐ、という意味合いも含まれていた。この背景には戦争に関する世論の認識とは時間がたてばたつほど必ず悪化するものだ――という冷徹な見方がある。戦争に対する世間の見方は、戦闘でいえば第一撃にあたる最初の報道の内容によってほとんどすべてが決まる。またそこで好印象が確立されたとしても時間がたてば必ず「情報の劣化」が起こり、あら探しがなされて印象は悪くなり、ひいては支持率が低下する。

大統領ジョージ・H・W・ブッシュは、この点ではほとんど完璧なアメリカ四軍の最高司令官の役割を果たした。もともと東部の名家出身の彼は伝統的なエリート育ちならではの自己抑制と冷静沈着なそぶりが仇《あだ》となって、親しみのわかない存在だと絶えず見なされてきた。まだ大統領候補時代に彼がレーガンと共和党の候補指名を争ったとき、レーガンの常識はずれの経済政策を指して支離滅裂な「まじない経済学《ヴードゥー・エコノミクス》」だと批判してメディアを沸かせたのはブッシュだったが、このときも引用されたのは「ヴードゥー・エコノミクス」という言葉ばかりで、当のブッシュ自身は頭のよさが印象づけられるどころか、逆に嫌味なイメージが強まる始末だった。

そのうえ彼はＣＩＡ長官時代になかなかの辣腕ぶりを示したことが知られていたこともあって、骨の髄まで冷酷な策謀家というイメージがしみついていた。それに対するならレーガンはしょせんお里の知れた芸能人であり、どれほど極端なタカ派を演じたとしても結末はわかっているという奇妙な安心感を抱かせるところがあった。結局ブッシュはレーガンとの指

久しぶりの戦勝気分　湾岸戦争の帰還兵はティッカーテープ・パレードで歓迎された

名争いを降りて副大統領となるのだが、一九八一年、就任してわずかしかたたないレーガンが暗殺未遂事件で凶弾にみまわれたとき、実は世界が驚愕し、最も恐怖したのが「あの」冷酷なブッシュが大統領になるかもしれないという事態だったことは忘れがたい。実際のところ、レーガンの支持率はこの事件まで大したことはなく、弾丸摘出の外科手術を受けて公務に復帰してから急にうなぎのぼりに上昇してゆくことになるのだが、その背景の秘かなひとつには「ブッシュ大統領」誕生の恐怖が回避されたという安堵感も含まれていたのである。

そういうわけで湾岸戦争当時の大統領ブッシュは、その直前まであくまで「レーガン後継者」でしかなかったのだが、その冷たい印象が戦争指導者としてはむしろ信頼感を生むもととなった。現に彼はTV演説や記者会見の難しい局面を沈着に乗り切り、すべて大統領はわかっているという安定した印象を与えたおかげで、レーガンでさえ達成することのなかった八〇パーセントを超える大統領支持率までたたき出して、「史上最高のスピン・コントローラー」とまで称されるほどだった。それはブッシュの生涯においておそらく最高の瞬間であり、これからわずか一年半後の大統領選挙でアーカンソーの田舎から出てきたほとんど無名の若い対立候補に敗れることなど、およそ予想だにできない状態だったといえるだろう。

　湾岸戦争はこうして戦闘を統御するパウエル・ドクトリンと情報を統御するスピン・コントロールというふたつの戦略を両輪としながら、多国籍軍の圧勝を残して終わった。社会は第二次大戦以来何十年も忘れていた戦勝気分に沸き立ち、ヴェトナム戦争ではかなえられなかった伝説の「ティッカーテープ・パレード」――ウォール街を通るときに株価情報を記した使用済みのテレックス・テープを紙ふぶき代わりに使うことからついた祝賀パレードの通称――が開かれ、出征兵士たちはこぞって英雄として歓迎された。湾岸戦争が劣化ウラン弾問題などの禍根を多々残していたことが明らかになるのは、それから一年以上も後になってのことである。

　かくて冷戦の終わりは「ソヴィエトの自滅」ではなく「アメリカの勝利」となり、一九七八年のイラン革命からアメリカを悩ませてきた対イスラーム社会の難題も解決したかに見えた。そしてアメリカ国民はあたかも寸分たがわず軍事目標のみを破壊し得る時代がやってきたかのような危険な幻想を抱いたまま、新しい世紀の変わりめを本格的に迎えることになったのである。

「平和な時代」の戦争

ブッシュはなぜ落選したか

湾岸戦争終結から一年半後、予想外の事態が起こった。戦争を勝利に導いた現職大統領ブッシュが、全米的には無名といってもよい南部アーカンソー州知事のビル・クリントンに敗れたのである。ブッシュにはよほど魅力がなかったのか、そう誰もが考えたのも無理はない。とはいえ戦争指導者が平時の指導者として適任だとは限らない。事実、第二次大戦中に塗炭の苦しみを強いられたイギリスを強力に指導した首相ウィンストン・チャーチルでさえ、戦争の終わりが見えたとたんに総選挙に敗れ、政権をしりぞいた例がある。チャーチルになぞらえられるなら、落胆するブッシュもいくぶんかは慰められたかもしれない。

ブッシュの落選は、米国民がもはや外交に興味を失ったことを示しているといわれた。冷戦が終結し、外交は最優先課題ではなく、内政、とりわけ景気の動向が有権者の最大関心事となった。ブッシュは上院議員の経験を持つ政治家であり、つまりはワシントンの「インサイダー」であり、何よりも外交を得意とした指導者だった。とするなら彼はその時点で有権者の掲げる条件にはことごとく合致しなかったということでもあった。

この問題は、湾岸戦争前のブッシュに対する世論調査の結果を見るといっそうはっきりする。たとえばシカゴ外交評議会（Chicago Council on Foreign Relations）は国際問題に関するアメリカで最大の非営利シンクタンクとして知られた機関で、ここがギャラップ社と協力しておこなう対外問題についての世論調査は権威あるものとして広く認められている。特に興味深いのはこの調査が、一般国民からの無作為抽出者と各界のリーダー層からの無作為抽出者を分けて、同じ質問を実施していることである。これによって同じアメリカ人でも「一般人」と「指導者層」――あるいは「民衆」と「エリート」――とで違いがあることが具体的にわかるわけである。

一九九〇年、ブッシュ政権二年目におこなわれたシカゴ外交評議会の調査によると、ブッシュ外交に対して「優」(excellent) または「良」(good) と評価した一般人は合計でも四五パーセント、逆に「可」(fair) または「不可」(poor) としたのは合計で五〇パーセントにのぼった。つまり「一般人」ではブッシュ外交に批判的な声が過半数を制したということだが、逆に同じ質問を「指導者層」にぶつけてみると「優」または「良」が六一パーセント、「可」または「不可」が三九パーセントということになった。明らかに逆転しているだけでなく、その開きも大きいことが一目瞭然にわかる。いいかえればブッシュは得意としてきたはずの外交分野でさえ、一般の民衆からは支持を得られてはいなかったのである。

レーガンとクリントンの共通点

一方、ブッシュに代わって政権の座に就いたクリントンは、移り気で自己中心的な有権者によく見合った大統領だった。ワシントンの事情通が解説するところによれば、彼自身がま

ビル・クリントン　第二次大戦後生まれで初の大統領

さにそうした有権者像に合致する人物でもあった。彼は第二次大戦後に生まれた初めてのアメリカ大統領であり、ジャズからロックまで黒人芸能に起源を持つアメリカのポピュラーカルチャーに深くなじんだ世代であり、ヴェトナム戦争中にはヒッピーまがい・反戦運動家まがいの言動も見られた若者だった。まがいの部分が彼をこの世代の典型にしていることまで含めて、彼は骨の髄まで「戦後世代」そのものだったのである。

しかし、それにもかかわらず彼はレーガンと多くの共通点を持っていた。たとえば就任当時、支持基盤が特定の層に偏り過ぎていたことも似ていたし、その弱点を個人的なキャラクターによって補った点も似ていた。特に似ていたのはその話術の持つカリスマ性である。にこやかな笑顔をたたえたレーガンがＴＶの向こうから呼びかけると、彼を心底軽蔑しているはずの戦闘的なフェミニストでさえ、一瞬、故郷の父に温かく抱擁された子どものような気分になった。それに対してクリントンは、あごを引き、やや上目づかいで有権者の話を聞きながら、その目の動かし方ひとつで相手を魅了してしまうといわれた。彼と一度でも昼食の席をともにすれば、ウォール街の最も保守的な財界人でさえ、彼と会った自慢話で悦に入るともいわれた。

クリントン時代が終わってまもなく、その時代のどたばた騒ぎを『オンリー・イエスタデイ』さながらに活写した『平和な時代の戦争』(邦訳『静かなる戦争』)のデイヴィッド・ハルバースタムは、二〇世紀最後の三〇年間のなかで最も才能あるアメリカの政治家をふたり挙げるとすれば、ひとりはクリントン、もうひとりがレーガンだという。彼によればレーガンには「魔法のような才能」があった——「国民が彼の限界や失敗を許し、よいところだけを見てしまう。つまり、自分の思い通りに国民の目を操るという才能である」。

他方、クリントンについてハルバースタムは、単純にレーガンに似ているとは考えていない。レーガンが自分の思い通りに、つまり相手をその気にさせる巧者なのだとすれば、クリントンはむしろ自分が相手の気持ちになるという巧者なのだという——「小さな貧しい州の出身で、政治的な力などほとんどない。しかも出馬したのは、分裂し混沌《こんとん》状態に陥っていた民主党からだった。だが、政治に対する直感は研ぎ澄まされていた。国民の心を読み、その気持ちと望みを感じとることにかけて、クリントンの右に出る者はいない」。

こう指摘したうえで、ハルバースタムはずばり、いかにも彼らしい口調で言い放つ——「レーガンはレーガンらしくしていればそれで十分だった。温かく、朗《ほが》らかで自信に満ちた姿を見せれば、国民はついてきた。だが、支持基盤が弱いクリントンは、自分の方が国民に合わせるしか手がなかったのである」(小倉慶郎ほか訳)。

戦後最悪の「旧ユーゴ紛争」

そのクリントンが政権についた一九九三年の初め、国際社会で最も厄介な懸案事項となっていたのが旧ユーゴスラヴィア問題だった。周知のとおり、旧ユーゴ＝バルカン半島問題は冷戦の終わりどころか二〇世紀という枠すら越えてオスマン帝国とオーストリアの対立にまでさかのぼる複雑な歴史的経緯の産物であり、第二次大戦後の四〇年間余りはカリスマ的独裁者チトーのもとで「七つの国境、六つの共和国、五つの民族、四つの言語、三つの宗教、二つの文字、一つの国家」という途方もない多様性を内包する国家といわれたのがユーゴスラヴィアだった。

「五つの民族」とはスロヴェニア人、クロアチア人、セルビア人、ボスニアック人、マケドニア人、「三つの宗教」は東方正教、カトリック、イスラーム教、「二つの文字」はラテン文字とキリル文字である。とはいえこれらの差異は宗教と歴史的経緯によるもので、実際の血統や言語の面ではあまり差がなく、言語も生活上では方言程度の違いだという。にもかかわらず、「民族」と「宗教」が合言葉となって深刻な対立と殺し合いを招くのがポスト冷戦時代なのである。

現にこの旧ユーゴ問題は、まずクロアチア紛争に端を発し、一九九二年にはそこにボスニア・ヘルツェゴヴィナ紛争が加わっていっそう剣呑《けんのん》になった情勢だった。ボスニアは人口およそ四三〇万人のうち、三三パーセントを占めるセルビア人、一七パーセントのクロアチア人、四四パーセントのボスニアック人（ムスリム）が三つどもえになった国である。紛争はセルビア人対クロアチア人・ボスニアック人というふたつの陣営の覇権争いとなり、一九九五年にとりあえず終結するまでに死者二〇万人、難民二〇〇万人を産み落とした。それは第二次大戦後のヨーロッパでも最悪の紛争だったといわれる。

クリントン政権と「外交のスピード」

クリントン政権は、当初からこの問題に首を突っこむのを嫌がった。ただでさえ不得手な外交問題で、しかも徴兵逃れの疑惑のつきまとうクリントンは就任当初から軍との関係がよくなかった。統合参謀本部議長は依然としてコリン・パウエルだったが、外交官としても卓越したセンスを有するパウエルは、早くからクリントン政権に失望していたといわれる。ただし、それをパウエルがけっして表立って示さないことで、かろうじて対立は水面下に抑えられていた。

当初、クリントン政権にも現実的な選択肢がないわけではなかった。カーター政権時代の国務長官でこのころ国連特使となっていたサイラス・ヴァンスと、イギリスの元外相でEC（のちのEU）代表のデイヴィッド・オーウェンによる「ヴァンス＝オーウェン和平案」である。これはボスニアを一〇の自治州に分け、セルビア、クロアチア、ボスニアック（ムスリム）がそれぞれ三州ずつを得る連邦国家としたうえで、首都サラエヴォを三者が混在する特別州とするものだった。最善ではなくとも次善の策といわれた。しかしこのころ西側のメディアではセルビア人による「民族浄化」が大問題となっており、セルビア人が武力で獲得した領土を認めるこの和平案では、発足間もないクリントン政権が就任早々妥協したと見なされる危険性があった。政権が嫌ったのはそれだった。この案はカーターやブッシュが受け容れそうな案、つまり過去のしがらみと前例にしばられた「インサイダー」たちの発想だというのがクリントン政権の判断だった。ならば冷戦の終わりを受けた「新しい世代」を代表する自分たちが受け容れることはできない。

ハルバースタムはこうした対応が、実はクリントン政権が外交の世界の「スピード」に追いつけなかった」ことにも起因していたとしている。クリントンには卓抜な政治センスがあったが、いかんせんアーカンソーという小さな州内での経験しかなかった。州内ではすべての問題を自分で把握していたから、誰にも助言を仰ぐ必要はなかった。自分と、自分以上にセンスがあるともいわれる夫人のヒラリーに問いかければよかった。ところが大統領職ではすべてが予想外にペースの速い世界で、特に外交の分野では初対面の相手ばかりが待ち受けていた。政策課題の大半にもなじみがなく、展開がきわめて早いために即断を迫られることばかりだった。したがってこれが結局、クリントンの外交スタイルを曖昧なものにする大きな要因になったのである。

「ローカルな気づかい」への転換

もっとも考えてみると、外交という分野は伝統的に、国政の経験の浅い若い大統領に向いた世界である。史上最年少の大統領ケネディが外交通であったことが何よりそれをよく示している。内政の世界は多くがこれまでのなりゆきに関わるものであり、つまりはしがらみだらけであるがゆえに年輩者のほうに向いている。ケネディと対照的だった副大統領ジョンソンがその代表格といってよいだろう。彼は民主党の上院院内総務を長くつとめたが、それ自体、彼がしがらみを手繰ることに長けた政治家だったことを示していた。公民権法を制定するという難しい政治課題はケネディの時代に公約されたが、実際にそれをなしとげた大統領はジョンソンだった。ケネディのままなら、あるいはそれは無理だったかもしれないといわれるのもこのためだ。しかし外交の分野は、しがらみよりも原理原則と論理が効力を発揮する。したたかな交渉術は必要だが、いずれにせよメンバーはお互いが顔なじみではない。したがって実績のない若い政治家でも、センスさえあれば外交では手腕を発揮できる。高らかな理想主義を標榜することは、外交の分野なら単なるたてまえ以上の政治スタイルとなり得るのである。

けれども、後から考えてみると、これは冷戦期ならではの話だったのかもしれない。冷戦期には二大イデオロギーが国際関係の大前提として君臨することによって、どろどろした現実政治のなかにも一種数学的な厳密さを持った論理の体系を構築することができた。ケネディ政権による「大量報復戦略」から「柔軟反応戦略」への劇的な転換はその表れだろう。もっとも実際にはNATO諸国もケネディ没後にならないとこの転換を真剣に受け止めなかったのだが、少なくともこのときの制度改革が国防省と軍のありようを大きく刷新し、短命に終わったケネディ政権が後世に残した「遺産」のひとつとなったことは間違いない。

しかし冷戦体制が崩壊し、諸国民の目が外交よりも内政、軍事よりも経済に向けられるようになると、若く野心的な政治家にもこうしたニーズを吸い上げて配慮できる才能が求められることになる。グローバルな志からローカルな気づかいへの転換、といいかえてもいい。ビル・クリントンはまさにこうした時代の風を受けた、初の「戦後世代」の大統領だったのである。

「人道主義的介入論者」ホルブルック

とはいえ見方を変えれば、相手によってめまぐるしく対応を変える臨機応変さも、実は外交には必要なセンスでもある。つまりクリントンの個性を「外交」や「内政」といった分野に本質化して説明するハルバースタム流の説明は、あくまで結果から原因を遡求した解釈──ただしその限りにおいては無類に面白い──にほかならないということである。それをよく表しているのがクリントン外交で旧ユーゴ問題に重要な役割を果したリチャード・ホルブルックの例だろう。

一九四一年生まれのホルブルックはケネディ政権時代にブラウン大学を卒業するとすぐ職業外交官になり、一九六二年から四年間をサイゴン（当時）のアメリカ大使館で国際協力担当の若手大使館員として過ごした。その後、本国へ戻るとすぐホワイトハウスで大統領ジョンソンに仕えるヴェトナム問題担当外交チームの一員となった。さらに翌一九六七年からは国務次官のもとでパリ和平会談のアメリカ代表団の一員となっている。この経歴からはすぐにケネディ流の理想主義と使命感に燃えて外交官をめざした若者が、和平交渉のぎりぎりのせめぎ合いのなかで軍事的手段を道具に使うすべを身につけてゆく姿が目に浮かぶようだ。

ホルブルックに関するさまざまな記事や資料を読むと、彼が生まれながらの交渉役《ネゴシエーター》とでもいうべき直観型の外交官であると同時に、戦争の現場に長くたずさわってきたおかげで伝統的な民主党員には珍しいタカ派であることがよくわかる。といっても軍拡論者であるわけではない。他方でケネディが創設した平和部隊の理事長をつとめた経歴が示唆するように、彼の場合は「人道主義的介入論者」と呼ばれる立場をとる、行動する外交官なのである。

クリントン政権が発足すると一年間、ドイツ駐在アメリカ大使をつとめたホルブルックは、翌一九九四年から本省に戻って欧州問題担当の国務次官補となった。そのころバルカン半島ではセルビアに対して優勢になりつつあったクロアチアが、他方ではボスニアのムスリムを強く牽制して策謀する複雑な情勢が極まっていた。クロアチアはアメリカの広告代理店に依頼して国際ニュースでセルビアの「民族浄化」問題がとりあげられるよう、巧みなメディア工作をおこなった実績がある。さらに退役軍人を通じてアメリカ陸軍に働きかけ、ＮＡＴＯに加盟する目的でクロアチア軍の練度を上げるための米軍事顧問団の誘致に成功した。しかし実はアメリカでは冷戦終結直後からの経緯でＣＩＡと国防省上層部がセルビア側と深い関係を保っており、ホルブルックとクロアチア駐在大使のピーター・ガルブレイス——経済学者ジョン・Ｋ・ガルブレイスの長男——はクロアチア側のために

リチャード・ホルブルック
ヴェトナムや旧ユーゴで外交官として活躍

アメリカ政府部内で熾烈な駆け引きにたずさわった。こうして一九九〇年代のアメリカでは、曖昧な外交方針を掲げたままの大統領のもとで国務省と軍の官僚たちがそれぞれ激しい主導権争いを繰り広げていたのである。

NATO史上最大の空爆作戦

一九九五年、ホルブルックはボスニア和平交渉のアメリカ代表特使に就任した。それまでの最高位が国務次官補にとどまっていたホルブルックにしてみれば、外交官として晴れの舞台を踏める絶好のポストだった。そして彼はヴェトナム和平交渉時代を髣髴《ほうふつ》とさせる手腕を発揮する。ひとことでいうと、和平に有利な条件を引き出すために爆撃に訴えることである。

これはボスニアをセルビア人地域とクロアチア人およびムスリム地域のふたつに分割するという、国務長官ウォーレン・クリストファー以下のアメリカ外交団が描いた出口戦略を実現するためにクロアチア側を支援するものだった。八月の下旬にはセルビア軍がサラエヴォの市場を砲撃し、買い物をしていた中年の女性たちを含む多数の市民が死亡するという事件が起こり、国際ニュースに激しい怒りの声があふれた。これを機に何ヵ月もかけて爆撃を準備してきたNATOがついに大規模な空爆を実施。「入念な武力」（Deliberate Force）作戦と名づけられたこの空爆はイタリア国内の航空基地一八ヵ所を主な拠点に戦闘爆撃機二二〇機、支援戦闘機七〇機を投入したほか、およそ八〇〇回におよぶ防空制圧出撃のためにNA

TO各国の保有する最新鋭機が惜しげもなく投入された。空爆任務の四五パーセントは米空・海・海兵三軍が担当したほか、一五パーセントをフランス空軍、九パーセントをイギリス空軍、イタリア、トルコ、オランダ、ドイツ、スペイン各軍がそれぞれ四から七パーセントに当たる任務を担当した。まさにNATO史上最大の空爆作戦であり、西側の最新航空軍事力を一気に披露したような大規模行動だった。その指揮をとったのが米海軍提督でNATO南ヨーロッパ方面軍総司令官のレイトン・スミスである。

実はスミスは、ちょうどホルブルックと同じころにヴェトナムの戦場を経験していた。中西部の貧しい農家に生まれ育ったスミスは、安い改造車でホットロッドに興じるぐらいしか娯楽のない境遇から抜け出るために海軍士官学校をめざし、戦闘機乗りの適性を発見して救われた人物だった。ちなみに、すでに述べたようにヴェトナムでは空軍も海軍もなすところのない航空戦を戦っており、形ばかりの戦略爆撃、戦術爆撃を演じるためにさまざまな作戦をひねり出していた。たとえばヴェトナム航空戦きっての英雄譚といわれるものに、空軍にはポール・ドーマー橋、海軍にはタン・ホア橋の爆撃物語がある。いずれもフランス植民地時代に建設された堅牢きわまりない鉄骨橋で、特にタン・ホア橋は土木大国フランスを代表するギュスターヴ・エッフェルの設計で知られていた。そしてレイトン・スミスは当時開発されたばかりのウォールアイ誘導弾を使って、この難攻不落のタン・ホア橋をついに破壊したエースとして勇名をはせたのである。

そんなスミスは、しかし、ヴェトナムでの航空戦のありかたに心底失望した若手航空士官のひとりでもあった。そのため順調に昇進してNATOの南欧方面軍を指揮する立場になったころには、彼は同世代のコリン・パウエルが手がけた軍の改革に心から賛同し、パウエル・ドクトリンを奉じるひとりになっていた。パウエル・ドクトリンには航空戦にまつわる鉄則がある。すなわち、地上戦と連携しない空爆は無意味である、というものだ。近接航空支援と呼ばれる地上軍の直接支援はもとより、戦術爆撃から大型爆撃機による戦略爆撃に至るまで、航空兵力の投入は必ずや大軍勢からなる地上軍との連携がなければならない。結果として空爆だけで敵兵力を破壊できたとすれば、それに越したことはない。しかし空爆だけをおこなって情勢をうかがい、変わらぬようであれば再び空爆してまたうかがい、それでもだめならようやく地上軍の投入をしぶしぶ検討する——これほど愚の骨頂はない。パウエル・ドクトリンによれば、軍事力の行使は単なる外交の手段ではない。フォン・クラウゼヴィッツの定理を正しく解釈すればわかるように、軍事力の行使は外交交渉と同等の政治的行為なのである。

ちょっとしたスキャンダル

一九九五年八月三〇日、NATO軍はまず手始めにセルビア軍に向けてトマホーク巡航ミサイルを発射し、ついでイタリア各地と米空母セオドア・ローズヴェルトから発進した計六〇機の戦闘爆撃機が空爆を開始した。後でわかったことだが、どうやらトマホーク・ミサイルの発射はレイトン・スミスの独断によるもので、ホワイトハウスの許可なくおこなわれたものらしかった。スミスはこの件を公式には否定しているが、少なくとも空爆をおこなうなら先制第一撃を最も効果的なものにしなければならない、というのは航空司令なら誰でも考えそうなことだった。

ところが翌々日の九月一日になって突如、空爆中止命令が出された。軍事行動というものはいったん中止すると再開が容易ではない。特に爆撃作戦は航空機の離着陸、攻撃機と支援機のコンビネーション、帰投する部隊の支援と整備等、航空管制を円滑におこなうだけでも大仕事である。しかしホルブルックを中心とする和平交渉団はセルビア軍司令官ムラジッチから自発的な撤退と妥協を引き出すために空爆中止を命じ、それがかなわないと見ると空爆の再開を指示したのである。このときスミスがとった行動は、いまでもバルカン半島紛争史におけるちょっとしたスキャンダルのひとつとされている。スミスはホルブルックの指示を無視し、空爆の再開は自分たちの仕事ではないと言い放ったのである。

命令系統からすれば、もちろんホルブルックは和平交渉団の団長に過ぎないから軍への命令権はない。したがってスミスも指揮権を持つ上官の命に背いたわけではない。ホルブルックができるのはあくまでNATO軍に対する空爆要請であり、それを軍事的な見地から拒むこともあり得ない話ではなかった。このときホルブルックの側で軍の連絡将校をつとめたのが陸軍中将のウェズリー・クラークだった。のちに一九九七年からNATO欧州連合軍最高司令官としてコソヴォ紛争解決のために「連合兵力」(Allied Force) 作戦と名づけられた大規模空爆を指揮した軍人である。彼はこのときの一連の経緯を通してホルブルックと民主党上層部の信頼をかちえる一方、軍のなかではあまりに政治的に動き過ぎるとして孤立した存在になってゆく。その後、退役してからのことだが、大統領ジョージ・W・ブッシュが再選を問うた二〇〇四年の大統領選挙にクラークは立候補し、つかのま話題の人となるのである。しかし一九九五年の時点では彼はまだ数ある将官のなかのひとりというに過ぎず、いわばホルブルックのかばん持ちとして軍人魂の権化のようなスミスと渡り合い、けんもほろろに叱責される立場に過ぎなかった。

結局、この問題はクリントンを経て軍の最上層部に伝わり、九月五日になって空爆が再開された。いったん再開されると空爆は激しさを増し、一四日にムラジッチが停戦に合意するまでほとんど連続しておこなわれた。九月二〇日、スミスとフランス軍から来た国連保護軍司令官ベルナルド・ジャンビエール中将はサラエヴォ入りし、停戦の条件が守られていることを確認した。その後、一一月にセルビア、クロアチア、ボスニアの政治指導者が「デイトン和平条約」に署名し、ボスニア・ヘルツェゴヴィナ紛争はようやく収束した。スミスはその直前、定年を待たずに軍を退役した。ちなみにこの和平条約の締結されたデイトンこそ、あのライト兄弟の故郷オハイオ州デイトンにほかならない。

七八日間を要した勝利

バルカン半島ではこの後もコソヴォで空爆がおこなわれ、セルビアの首都ベオグラードに第二次大戦以来の激しい空爆が加えられた。それを率いたのが先述したクラークで、このとき彼はすでに大将に昇進していた。

アメリカの航空軍事関係者の多くは、一九九〇年代の旧ユーゴ空爆作戦を、いくつかの点を除いてはいまも高く評価していない。評価されるのはこれが無誘導兵器よりも精密誘導兵器をより多く投入した初めての作戦であったこと、悪天候のなかでもB－2ステルス爆撃機が大きな成果を上げたこと、さらに無人操縦の偵察機が実戦レヴェルで初めて使われて今後の可能性に大きく貢献したことなど、純粋に軍事技術上の点ばかりである。

「連合兵力」作戦が実施される前、軍事介入を決めた国連の掲げた政治目標は旧ユーゴの各共和国間の紛争をすみやかに解決することだった。しかし、と多くの関係者はいう、国連とNATOが軍事力の行使を空爆に限ると決めたとき、結果はもう見えていた。世界のGNPの五五パーセントを占めるNATO諸国が一パーセントにも満たない旧ユーゴを相手にすればいつかは勝利を手にできる。けれども停戦に至るまで要した時間は七八日間。他方、一九九一年の湾岸戦争は三七日間の空爆と一〇〇時間の地上戦で、作戦開始から終結まですべてが収まったのである、と。

第一〇章　憂鬱な真実

トラウマの映像

「フォトジェニック」な9・11

二〇〇一年九月一一日——。歴史的な運命の日として長く語り継がれることになるだろうこの日の事件は、アメリカを含む世界中の多くの人々にとって、なによりも映像のなかの出来事として経験され、記憶された。それはTVスクリーン上でひっきりなしに再現されたヴィデオの録画像を、翌日の新聞の一面トップを占めた写真映像を、そして事件の最中から早くも流され始めたインターネット上のさまざまな電子画像を「見る」という経験とその記憶だったのである。

「同時多発テロ」という日本語での便利な呼び名が示すように、この事件は、本当は首都ワシントンの国防省を狙ったものや、ペンシルヴェニアの町はずれに墜落した未遂のものなどが複合していた。が、日本でもどこでも結局人々が脳裏に強く焼きつけたのは、ニューヨークの世界貿易センターへの体当たりと崩落の映像であった。それはおそらく、この事件が次のような憂鬱《ゆううつ》な真実を含んでいることを図らずも示唆していたのだといえるだろう。すなわち、あの9・11事件は――言葉の最も即物的な意味において――「絵になる《フォトジエニック》」出来事だったのである。

きわめつけの悪意

ここで改めてふりかえっておかねばならないのは、そもそもウォール街きっての高層ビルにハイジャックした旅客機を突入させるという思いつき自体が、「悪意のフォトジェニー」とでもいうべきものを露骨に狙って仕組まれたということだろう。

事件の直後に出た論評の多くが「まるで映画を見ているよう」という意味の感想を漏らしたことは周知のとおりだが、だからといってこの事件は「虚構が現実を凌駕《りょうが》した」といった流行《はや》りのヴァーチャル・リアリティ論などで片づくものではなかった。というのもあの事件の真に怖るべきところは、敵対する勢力（この場合はアメリカ合衆国）に物理的・心理的な損傷を加えるだけでは飽き足らず、事後の報道を含め、すべての目撃者に強烈な呪詛《じゅそ》をなすりつけようとする憎悪をまざまざと感じさせるところにあったからだ。現に目撃した人々のほとんど大半は、程度の差こそあれ、自分がいままさに映像を通して強烈な悪意の標的にされているのだという感覚や感触を抱いたはずである。いいかえればそれは、物的なもの以上に深く心的な傷《トラウマ》を刻みつけることを意図して見る者たちの心を打撲した、きわめつけの悪意の映像だったのである。

そしてまぎれもなくこの衝撃のけたはずれな強さのゆえに、事件直後のアメリカの報道はかつてない混乱で覆い尽くされた。たとえば火曜日朝の第一報から二四時間以内に報じられた死傷者の数などは、ほとんどすべてあてにならなかった。写真も山のように撮影されたが、大半はキャプションもつけられないパニックの光景か、さもなくば残酷過ぎて使えない場面ばかりだった。三大TVネットワークは報道以外のすべての番組とコマーシャルをキャンセルし、各局そろって生中継の緊急速報態勢に突入したが、猛烈な白煙と混乱と流言蜚語《ひご》の飛び交うなかでほとんどなす術もなくなり、ABCニューズのキャスター、ピーター・ジェニングズも「さてなにを伝えればいいのやら」と思わずため息をつくほかなかった。おまけに大統領は――後述するように――その日の夕刻まで行方がわからなくなっていた。

この結果、報道された映像群を前になにが起こったか。ひとつはそれから目をそむけ、傷ついた心を忘れさせてくれるような英雄的な「絵」を求める動きだった。その代表としてよく知られたのが、崩落後のツインタワー・ビルの瓦礫《がれき》のなかで三人の消防士たちが星条旗を掲げようとしているところを撮影した写真だろう。この消防士たちは現場に長さ五、六メートルほどの旗竿《はたざお》が焼け転がっているのを見つけ、ちょっとした思いつきで署から持ってきた星条旗を瓦礫に突き立てたに過ぎない。それはいかにも町場の庶民らしい思いつきで、彼ら自身、ことさら忠誠心や愛国心を宣伝しようとしたわけではなかった。しかし凄惨《せいさん》な廃墟のなかで途方に暮れていたメディアはここぞとばかりに彼らを「英雄」と称え、彼らの行為を撮った写真は第二次大戦末期の硫黄島《いおう》で撮影された有名な歴史的イメージをいまに再現する、国民的な誇りと尊厳の絵姿だとまで感極まったように繰り返したのである。

「ニューヨークは笑顔に包まれた」

他方、しかしメディアのなかにあふれ出したのは「英雄的」な映像ばかりではなかった。むしろ驚かされたのは、それを見ること自体がトラウマとなるような残虐な映像が、文字どおりメディアのすみずみにまで横溢《おういつ》していたということである。

たとえば事件の翌々日の夕刊紙『デイリー・ニューズ』は、ちぎれた人間の手首が現場の路上に落ちている写真を掲載した。各局のＴＶニュースは体当たりを食らったビルの爆発と崩落の瞬間を数え切れないほど繰り返すかたわら、ビルの窓から飛び出して壁面づたいに落ちてゆく人影の映像を何度も放映していた。そして事件から三日後にニューズスタンドに並

9・11の「英雄」　トーマス・フランクリンが撮影した３人の消防士の写真は、第二次大戦時の硫黄島（下）の再現と称えられ、郵便切手の絵柄にも採用された（上）

んだ『タイム』の緊急増刊号も、同じく落下する人影のクローズアップ写真とともに、無造作に覆いをかけられただけで現場から運び出される遺体の写真を掲載した。

ここで注意すべきなのは、トラウマティックな映像というものが必ずしも残虐映像ばかりに限られるわけではないということだろう。それはおおむね次の二種類に分けられる。ひとつは残虐映像よりも、いわば審美性の高い映像である。

たとえば有名な報道写真集団「マグナム」きっての戦争写真家として知られるスーザン・マイセラスは、まるでレンブラントのように劇的な光と色彩を通して、集合した消防士たちの群像を捉えた。また、世界で最も名高い戦争写真家とされるジェイムズ・ナクトウェイは、現場からほんの数ブロックのサウスストリート・シーポート近くにある自宅から機材をわしづかみにして飛び出し、ツインタワーの玄関部分の残骸風景を撮影して「まるで廃墟化した大聖堂のよう」だと評価された。さらにその昔、ジョン・レノンとオノ・ヨーコのヌードを撮ったことで知られるアラン・タンネンボームは、トライベッカにある自宅のアパートの窓から妻と一緒に最初の爆発を目撃し、崩落直後の真っ黒な粉塵に追われてくる人々の恐怖の表情を捉えに走った。

他方、これに対してもう一種類のトラウマ映像に当たるのが、尋ね人を目的として街角に貼り出された無数の行方不明者たちの肖像写真である。報道写真界には「あの事件の直後、ニューヨークは笑顔に包まれた」という皮肉な言葉がある。行方不明になった家族や愛する人を捜し、たとえ病院や死体安置所でも見つけられるようにするためには、身分証明写真のような決まりきった映像より、終わったばかりの夏に撮った家族アルバムの写真のような日常的な映像のほうがいい。しかしそのためニューヨーク中の街角には、子どもや恋人の肩を抱いてにっこり笑う若い消防士やその他の人々のポートレート・スナップが大量に溢《あふ》れ出したのである。

それらの写真はあくまで私的なものであり、美的に洗練された部分はないに等しい。しかしそれらを眺め、隣りの写真の笑顔に目を転じるうち、見る者は次第にその彼ないし彼女がもう死んでいるかもしれず、この写真を貼り出した家族はもう愛する人と出会えないかもしれない——という悲しみに深く共感し、彼らの受けた心の深い傷までを共有するようになる。いいかえればゆったりと幸福な笑顔を見せる尋ね人の写真は、そのあまりの幸福さゆえに、かえって見る者の内面にトラウマを誘い出す情景となるのである。

生まれ変わった愛国者

しかしながらこうしてトラウマに溢れた社会は、他方で不思議な爽快感とでもいうべきものを感じていた。たとえば写真家のタンネンボームはインタヴューで、この事件がニューヨークを変えたといわれていることについての感想を問われて、実をいうと九〇年代のニューヨークには辟易《へきえき》していたんだと告白しながら、次のように答えている。

このところのニューヨークの空気にはどうも違和感があった。価値観、物質主義、自己顕示、ほらあのリジー・グラブマンのハンプトン事件（大衆紙を騒がせた醜聞事件）に見られるような精神構造だね、あんなふうにニューヨークがなってしまっていた。それがこれで全部変わったわけだ。ニューヨークのスカイラインが変わっただけじゃない。あの現場にいた何千人の人が変わっただけじゃない。大きな目覚まし《ウエイクアップ・コール》がアメリカ全体に鳴ったんじゃないかと思うんだ。みんなの頭がこれで一八〇度切り替わった。なにが大事なのか、みんながわかり始めたんだね。あの日以来、みんな本当にフレンドリーで、お互いをいたわりあっている。もちろん消防署と警察と救急隊・救助隊には言葉もないよ。彼らこそ本物のヒーロー、まったくなんと言えばいいか、ニューヨーカーが団結するなんて思いもしなかった。ニューヨークがもう一度アメリカの一部になったのは、本当にいい気分だよ。

こう語るタンネンボームがジョン・レノンの友人で、ジミ・ヘンドリクスやジャニス・ジョプリンとも付き合いがあり、報道写真界きってのカウンターカルチャーの証言者と見なされてきた人物であることは示唆的だろう。

同様に、無名の作家やアーティストたちが発行するインターネット上のウェブマガジンでも、「生まれ変わった愛国者」（a renewed patriot）を名乗る六〇年代世代の女性画家が次のようなエッセイを寄せている。それによると彼女はケント州立大事件のあった一九六八年当時、ヴェトナム反戦の座り込みに参加して勾留された経験を持つベイビーブーマーで、

「かつて『愛国心』という言葉や考え方は、私にとって堕落した結果としか結びついてこなかった」という。だが今回の出来事によって、と彼女はつづける。

私はいま本物の愛国心を実感している。私の国がなにをなし得るか、どうあるべきか、そして実際にはどうなのかを直視する実感である。世界大戦を体験した私の両親の世代は愛国心を理解していたものの、私にはっきり説明してはくれなかった。ひょっとしたらわかっているものだと思っていたのかもしれないし、説明しようがなかったのかもしれない。あるいは、これが一番ありそうなことだが、単に私が聞く耳を持たなかったのかもしれない。

こう往時を振り返る彼女は、ヴェトナム戦争時代にアメリカ国家は過ちを犯したが、その後はこれを踏まえて「公正と寛容の礎《いしずえ》を築き」、他国のイデオロギーを尊重してきたという。そしてアメリカの民主主義は「暴君と独裁者に苦しめられてきた人々にとって救いのともしび」となってきた自由の女神に体現されているのだという。

この愛国心の実感を、私は十分に言葉にはできない。けれど、少し立ち止まって祖国について考えてみよう。私たちの山々、私たちの湖、私たちの木々と平野。私たちの歴史、私たちの街、そして私たちのたくさんの文化のことを。「美しきアメリカ《アメリカ・ザ・ビューティフル》」という言葉を味わってみよう。これまでに出逢ったさまざまな同胞のことを思ってみよう。違う場所に住む同じ仲間たちのことを。そして九月十一日の朝、四機の飛行機の座席につき、私たちと同じように家族に会いに、仕事をしに、出かけようとしていた人たちのことを。

私たちは再び真の英雄を得た。スポーツ選手でもなく歌手や俳優でもない、本物の英雄である。彼らは空で、地上で、他の人々を救うために自分の命を投げ出した。赤と白と青のリボンを、彼らを称え、偲び、また自分自身の非力を認めるために私は身につける。この攻撃によって私たちは、経済その他の面でしばらくはよろめくかもしれない。けれど私たちはいま国家として強くなっているのだ。私たちはひとつの国として団結したのである。

私たちの政府が「アメリカ」なのではない。私たちが、アメリカなのだ。

ユーフォリアの街

犯罪の発生率が低下?

こうして凄惨な画像の氾濫から英雄化された愛国のイコンを経て、トラウマティックな哀惜が新たな昂揚感や使命感へと変化してゆくさまを見直してみると、あのテロ事件のあと、多くのニューヨーク市民やアメリカ人たちが一種のユーフォリア状態にあったことがわかる。すでに触れたようにユーフォリアは根拠のない幻の陶酔感や幸福感のことだが、この場合でいうとトラウマによる激しい落ち込みが当たり前の状態で逆に奇妙なほど活気づいた様子でいるさまから、どうやら彼らがユーフォリアのなかにあったことがうかがわれるのである。ユーフォリアとはいわば痛みを忘れ、生き延びるために仮構される心の比喩なのだ。

とはいえ、精神医学の分野でいうユーフォリアはもともと認知症のような器質性の病因による症状のことととされているし、あの事件後のニューヨークに見られた一種の集団的な昂奮状態にしても、陶酔症というのとは似て非なる葛藤や自省の存在を見るべきかもしれない。

たとえば事件から三ヵ月余が過ぎた時点でのアメリカのTV報道のひとつに、あの出来事を境にニューヨーク市内では犯罪の発生率が若干ながら低下したというものがあった。それによると、事件からしばらくすると全米のあちこちでは事件犠牲者の遺族を騙《かた》る保険金詐欺がちらほら出始めたにもかかわらず、ことニューヨークに限っては「あの出来事が人々の心の最善の部分を引き出したために」その種の犯罪が皆無だというのである。

しかしこのことが、ほかならぬユーフォリアという比喩を成り立たせる。なぜならこれはおよそ不自然な話であって、ニューヨークらしくないといえばこれほどらしくないこともないからだ。それはむしろ突如として幸福な地域共同体に変貌したかのようなニューヨークのイメージに本物らしさを付与し、ひいては米国社会全体にアメリカ精神を再構築する契機を提供するための道徳的な逸話とでもいった趣きをたたえているのである。

九〇年代への失望

事実、こうした一連の状況を危機に瀕《ひん》した社会に特有の矯風《きょうふう》化・粛正化の徴候として見ると、単なる反動や心理的補償作用というにはいびつな性質が、それも不ぞろいなかたちで混在しているのがわかるだろう。現に先に引いた「生まれ変わった愛国者」らの発言には、かつて親たちのいうことに「聞く耳を持たなかった」世代ならではの罪悪感と同時に、日ごろ苦々しく感じていた世間の風潮が一掃されたことへの意趣返しにも似た気持ちが見え隠れするのである。

たとえば『ニューズウィーク』の政治コラムニストとして知られるハワード・ファインマンが事件直後に書いたいくつかのコラムなどは、この種のよじれた感情を社会化し、いわば公的な認識に仕立てたうえで世論を誘導してゆくときの典型的な例ということができるかもしれない。彼は事件からおよそ二週間後、ウェブマガジン向けに「何故われわれはニューヨークにかくも深い痛みを覚えるのか」と題するコラムを発表した。その冒頭、ペンシルヴェニア生まれの自分がいかにニューヨークのことを目の敵にしていたかを軽妙めかした筆致で語りながら、彼はあの事件によって「われわれよそ者は暗黒の火曜日の前に自覚していたのよりはるかに深い思いを自分がニューヨークに対して持っていた」ことに気づいた、という。

あの大惨事による衝撃の余りの深さのゆえに、この思いが表に押し出されてきたのである。われわれはニューヨークを妬《ねた》んでいる。ニューヨークに圧倒されている。しかし依然としてニューヨークはわれわれ（アメリカ人）が何者なのか、そして——最も大事なことに——なにを夢見てきたのか、その歴史的営為《ピラミッド》の頂点なのである。それは結局、ニューヨークが誰かに屈することなどけっしてあり得ないとわれわれが考えている、ということなのだ。

そして、これこそがニューヨークの街に勃然《ぼつぜん》と湧き上がったさまざまなヒーローたちの物語に全米があれほど感銘を受ける理由であり、ルドルフ・ジュリアーニ市長がわが国の最も重要な指導者のひとりとして——ブッシュ大統領とその戦争内閣に肩を並べるほどに——脚光を浴びたいわれなのである。

ニューヨークはかつて移民として大西洋を渡ってきたわれわれの祖たちを迎えた場であり、その思いをいまに伝える夢の楼閣だ。——ファインマンがいうのは、つまりそういうことである。その意味でこの文章は、例の「生まれ変わった愛国者」の言わんとすることによく似ている。

それればかりではない。つづく一節で彼は政治ジャーナリストらしく退任間近のジュリアーニの政治的将来や民主党との駆け引きを話題にするのだが、そのあと珍しく、ふいに激した口調で「だが、しょせん政治など一部に過ぎない」という。

ワシントンは政治家で溢れている。凡庸でも選挙で選ばれさえすればいいのだ。実際のところ、そのほうが幸いなほどだろう。しかしワシントンでなくニューヨークこそが、われわれの実力本位の民主主義《メリトクラティック・デモクラシー》の本物の首都なのだ。そこは最高《ベスト》のための最良《ベスト》の場なのである。

ここに吐露されているのは、素直なニューヨーク讃美であるというよりむしろ、現実のアメリカ政治に対するうんざりするような嫌悪感である。あるいは、事情通ならではの皮肉にしてもいささか度の過ぎた屈託、と言ってもいい。なぜならここでファインマンが披瀝《ひれき》しているのは、結局、これほどの危機に見舞われなければ真の英雄と呼ぶに値する政治家のひとりすら出てこないという深い嘆息にも等しいものだからだ。

実際、一九九〇年代のアメリカでは、政治に対する失望と嫌悪が極まったかのようだった。ロドニー・キング事件とLA蜂起は警察への敵意と人種間の憎悪を掻き立て、クラレンス・トーマス事件は法的威信の失墜と男女間の相互不信を招き、O・J・シンプソン裁判はハリウッド型大衆文化への嫌気と人種対立と覗《のぞ》き見趣味を助長した。ビル・クリントンの支持率は相次ぐスキャンダルを抱え込んだわりには高率を維持したが、これは基本的に異例の長期にわたる経済好況によるものであり、要するに政治への信頼ではなく無関心の表れだった。そもそも初めての戦後生まれの大統領として華々しく登場したクリントンが一九九四年の議会中間選挙での惨敗を機に露骨な自己保身路線に転換し、当初の理想主義的なヴィジョンを打ち棄てたとき、政治に対する人々の失望は決定づけられたのだ。そして二〇〇〇年の大統領選挙はこの醜悪な一九九〇年代を清算する絶好の機会と目されたにもかかわらず、結局はアルバート・ゴアとジョージ・W・ブッシュの泥仕合に終始し、ますますの混乱と威信低下を予感させる寒々しい結果しかもたらさなかったのである。そうしてファインマンのコラムは、こうした経緯に対する怒りと鬱憤を図らずも噴き出させるかたちとなったのだった。

ネオコンのブッシュ批判

重要なのは、ファインマンがネオリベラリズムの論客として言論活動を展開するコラムニストだという事実である。「リベラル」と呼ばれながらその実保守の極みに位置するこの立

LA蜂起　1992年、黒人男性ロドニー・キングへの白人警官の暴行を契機に、ロスで暴動が発生した

クラレンス・トーマス　1991年、セクハラ疑惑が問題視されたが、上院は連邦最高裁の判事として承認した

O・J・シンプソンに無罪　1994年、フットボールのスターに前妻殺しの容疑。「世紀の裁判」と注目された

場は『ワシントン・ポスト』のコラムニスト、チャールズ・クラウトハマーやABCニューズのコメンテーター、ジョージ・ウィルなど新保守主義の面々を擁し、いまや凋落《ちょうらく》した左翼に代わって精力的な大統領批判を繰り広げてきた。そのことは事件直後の大統領ジョージ・W・ブッシュに向けられたファインマンの批判にも表れを見ることができる。

それは九月一一日当日、フロリダの遊説先で事件の第一報を受けたブッシュが、シークレットサーヴィスの進言で半日以上も首都を不在にしたまま各地を逃げまわったことに向けられたもので、主要メディアは多かれ少なかれこれを問題にしたが、なかでもファインマンの舌鋒は鋭かった。「ジョージ・ウォーカー・ブッシュは」と、彼はわざわざミドルネーム入りでこう書いたのである――「英雄になりたいと思ったことなどなかった。ただ大統領になりたかっただけなのだ。しかし、いまや大統領として成功を収めるためには、英雄にならねばならないのである」。

このあからさまな当てこすりの陰に、もともと就任まもないブッシュが大統領としての実績もないのに政務の大半を国務長官らにゆだねていたことへの憤懣《ふんまん》があったのはいうまでもない。現にブッシュは就任からわずか半年余で四週間にわたる長期間の夏休みをとったが、それは不人気なりにせめて優秀な実務家をめざした父ジョージ・ブッシュに倣《なら》うよりも、鷹揚《おうよう》なしぐさでアメリカ帝国に君臨したレーガンの流儀をきどることを意味していた。けれども群を抜いて雄弁だったレーガンに対して、とファインマンの怒りはつづく、ブッシュは話すことにはからきし自信がない――「レトリックは大平原《プレーリー》のように平板で、クリント・イーストウッドの独白のようにぶっきらぼうだ。……大統領執務室のデスクにあっても実際より大きく見えず、選挙民であり視聴者でもある人々が心を揺さぶられるような弁舌の響きもないまま、讃美歌（のような決まり文句）を唱えるだけでしかない」。

ところがこれからわずか数日後、ファインマンの評価はまったく一変することになる。いわく――「テロ発生四日目の九月一四日になると、ブッシュは事態を完全に掌握し、断固たる姿勢を示した。遅咲きだったリーダーの資質が、決定的に重要な場面で開花した。……国民の期待に勇気づけられて、ブッシュはテロに立ち向かう正義の騎士に変身したのだ」。

ファインマンが評価したのは、ようやく精力的に動き回り始めたブッシュが一転して各方面に細かく言葉をかけ、議会指導部や軍幹部、同盟国の首脳らとの折衝から犠牲者の遺族、事故現場の消防士らへの見舞いとねぎらい、そしてTVやラジオを通じての国民への演説と、要するに英語でいう「声を見つけた」（find his voice）ことにあった。どこの国でも多かれ少なかれそうだが、とりわけアメリカは政治指導者に卓抜な弁舌の人であることを求める。すなわち、適切な機会に適切な言葉を駆使して国民にしっかりした安堵と勇気と使命感を与えることのできる廉潔にして偉大な雄弁家《オレーター》でなければならないとされるのである。

「パールハーバー」の神話

おそらく今日の目からみたとき、最も皮肉でしかも教訓的なのは、それまで弁舌においても論理的にも優れていると見なされたことのない大統領が、ほんの短期間のうちにメディアによって英雄視され、「声を見つけた」——というより「与えられた」という感じだが——ことだろう。またそこに日本の存在が少なからず関わっていた、ということである。現にブッシュをして彼自身の実力以上に威光ある存在とした要因のひとつは、事件直後にどっと溢れ出し、多くの日本人を困惑させた「第二のパールハーバー」という比喩だったのである。

実際、周知のとおりこの言葉ほど、危機存亡のかかった微妙な状況の展開に決定的な影響を及ぼしたものもなかった。たとえばコロンビア大学の日本研究者として名高いキャロル・グラックによれば、事件直後には「上院議員やジャーナリストから、女優、将軍、一〇代の若者、ヘンリー・キッシンジャーまで」がそろってこれを口にしたという。直後の現場付近でもすでにTVの街頭インタヴューに答えてパールハーバーを挙げる市民が続出し、ある日本の新聞記者の場合は、夜半に現場へ向かっていたところを星条旗をかついだ数人組に「日本人か」と呼び止められ、恫喝《どうかつ》とも鬱憤晴らしともつかない言葉を浴びせられた。『ニューヨーク・タイムズ』の論評欄では政治評論家トマス・L・フリードマンが「わが国はこれが第三次世界大戦のパールハーバーだということを本当に理解しているのだろうか」と問いかけ、『タイム』の臨時増刊号は巻頭にツインタワーの惨事の写真にかぶせて「屈辱の日」(Day of Infamy) という巨大な活字を横たえた。もちろん真珠湾攻撃のあとで勇躍参戦を表明する上下両院議会でのフランクリン・D・ローズヴェルトの、あまりにも有名な言葉である。

事実、ブッシュ自身も上下両院の合同議会での演説で間接的に真珠湾の故事に言及し、さらに彼の家族がこれを広めるキャンペーンの一員となって奔走した。たとえば息子の就任当初からなにくれとなく指南役をつとめていると噂された父のジョージ・H・W・ブッシュは、事件の翌々日に開かれたボストンでの講演会で「パールハーバーが第二次大戦への参戦にしりごみするわが国をめざめさせたように、この奇襲もアメリカは一人でやっていけるという近ごろの発想（いわゆる新孤立主義《ユニラテラリズム》）を払拭《ふっしょく》するだろう」と語り、また大統領夫人のローラも事件から一週間後に人気のトーク番組『オプラ・ウィンフリー・ショー』に出演し、「私の母やその世代の女性たちもパールハーバー奇襲という同じような時代を生きたのです」と忍従を説いて喝采を浴びた。ちなみに前任のヒラリー・クリントンに比して見るからに古風な彼女は、以後、大衆紙から司令長官《コマンダー・イン・チーフ》をもじった「癒しの長官」(Comforter-In-Chief)なる肩書きをたてまつられることになる。些細なことのようだが、これが第二次大戦という典型的な総力戦時代の「銃後の守り」(home front war) のイメージの再現となり、テロリズムも直接本土攻撃もまるで経験したことのないナイーヴな米国民に、わかりやすい自己認識と使命感を供与する一助となったことは明らかだろう。

注意しておかねばならないのは、この比喩が必ずしも単独で固定した意味作用を発揮するのではなく、隣接する他の比喩や連想と響き合うことで単なる報復論を超えたアメリカの神話——それもアメリカ人にのみ了解可能な政治的神話——を浮かび上がらせたところにある。真珠湾を引き合いに出された日本の社会が大いに困惑したのも、まさにこのためにほかならない。つまりこの神話が立ち上がったとき、テロへの報復にはしかるべき大義が具《そな》わり、合衆国が最高至純な国家であるがゆえにそうあらねばならない正義の行為となったのである。

言葉にならない死のにおい

詩人オーデンの「九月一日」

だが、こうした大衆的な動きに対して知識人たちは何をしていたのだろうか。特に大学教授職をつとめるような人々はあの伝説的なヴェトナム反戦運動時代を生き抜いてきたことをしばしば誇らしげに語ってきたものだが、彼らは果たしてどうしていたのだろうか。実は庶民的・大衆的なレヴェルで真珠湾の史実が政治的なレトリックになったのとはべつに、彼らの間では同じ第二次大戦でも日本軍の奇襲攻撃ではなく、9・11事件をナチス・ドイツのポーランド侵攻になぞらえる見立てが流行っていたのである。

それは事件の翌日から大学関係者などの間でW・H・オーデンの「一九三九年九月一日」という詩のコピーやeメールが回覧されることから始まった。「五二丁目の安酒場の／ひとつに私は坐る／混乱と不安／なけなしの希望が消える／いやしく不実なこの一〇年を経て」に始まるこの作品のなかで、詩人は当時中立を保っていたアメリカのニューヨークに林立する摩天楼を見上げ、及び腰で事態を見守る列強諸国の言い草にためいきをつきながら次のようにいう。

怒りと不安の渦が／この地球の昼のくに／夜のくにを循環し／ぼくらの暮らしにとりつく
／言葉にできない死のにおい／が／九月の夜にたちこめる

この短い一節だけでも「九月一日」と「九月一一日」の暗合に驚かされるが、事件直後の文芸ウェブマガジン『スレート』に載ったエリック・マクヘンリーの記事によれば、次の一節こそ「世界貿易センターの映像を最初に見たときから私の脳裏に鳴り響き」「詩が書かれた当時よりもむしろ先週の事件にこそぴったり」なものだったという。

この中立国の空／群れそびえる摩天楼が／おもうさま集団人間の力を誇示する／この空
に、／列強諸国のことばが／先を競って弁明を注ぎこむ／けれど誰がいつまで／幻惑夢《ユーフォリア》の
なかに生きていられよう／鏡のなかからねめつける／帝国主義の顔と、／国際的なあやま
ち。

マクヘンリーによれば、事件の翌日にこの詩を離れて暮らす両親や兄弟にeメールで送ったところ、翌々日には友人から同じ詩がやはりメールで届き、日曜には全米公共ラジオで朗読され、月曜には「プレップスクールの教師をしている妻が教職員用のコピー機のところにこの詩が置いてあるのを見た」という――「驚くべき偶然の一致という以上に、『一九三九

年九月一日』は読み返すたびに新しいなにかをもたらしてくれるのだ。先週の水曜（事件の翌日）には私の言いたいことを実に感情豊かに語ってくれていた。凝縮した言葉で（「邪悪にさらされた者は／必ず仕返しする」）、また真摯《しんし》率直に（「国家なんてものはない／けれど誰もひとりでは生きられない……／愛し合うか、さもなくば死か」）。ところが木曜になると印象が変わった。修辞的表現の点では実に安定したこれらの詩句が、よく見るとオーデンの矛盾した気持ちやアンビヴァレンスにゆらゆらと揺れているのだ。……批評家のジョン・フラーが言ったように、この詩は『レトリックの力を疑わせるように仕向けられたレトリックの勢ぞろい』なのである」。

実際、この作品をめぐっては詩人自身がその後もためらいを見せ、のちの版では「愛し合うか、さもなくば死か」の一行を削るなどして物議をかもしたことが知られている。そうした逸話もまた、マクヘンリーのような文学読者にとっては微妙な心の襞《ひだ》にかなうものであったことだろう。

しかし、真珠湾の比喩がその後日ましに拡大・普及していったのに比して、オーデンの詩を比喩として状況に関わってゆこうとする知識層の姿勢は日ならずして弱まっていった。というのも矛盾した感情を訴えるばかりで反戦とも主戦ともつかぬまま曖昧に態度を留保する詩人の曖昧さは、まさにその曖昧さのゆえに、社会的な勢力を結集させるような力にはなり得なかったからである。意地悪くいえば、それはつまるところ圧倒的な愛国感情の盛り上がりのなかで賛否どちらにもコミットしたくない知識人の及び腰を鏡に映したようなものだった、ということになるだろうか。だからこそ広汎な大衆を巻き込んで野火のように一気に広まった真珠湾の比喩の前で、それは顔色を失うほかなかったのだ。『アトランティック』のジェイムズ・ファロウズがいったように、もしも「パールハーバーのイメージが突如――しかも演説や諷刺《ふうし》漫画やニュース特集などあらゆる場で――熱烈に語られるようになったこと自体、真珠湾そのものにではなく現今のアメリカの心理《サイキ》のほうになにかがあることを示している」のだとすれば、オーデンの詩句はそうした深部へ届く以前の感情の綾とりに終始してしまったのである。

ヴェトナム反戦世代の「主戦論」

そしてこれ以後、いわゆる「アメリカの新しい戦争」が進展を見せるにつれ、第二次大戦を議論の引き合いに出す傾向が定着するとともに厭戦的・反戦的な主張が萎縮し、声高な主戦論が支配的になっていった。とりわけそのことは、事件からおよそ一ヵ月後、米英軍によるアフガニスタンへの爆撃が開始されて以降の戦争政策に関するメディアの応酬に顕著に表れている。

たとえば空爆開始からまもなく、『ネイション』の平和・軍縮問題記者のジョナサン・シェルは、「戦争状態」を唱えながらも明確に戦争宣言をおこなわないまま戦闘行動をなしくずしに強化しようとするブッシュ政権の態度を「贋物の戦争」(the phony war) と呼んで批判したが、これはまさにオーデンがあの詩のなかで嘆いたポーランド侵攻直後の国際情勢

――英仏列強がヒトラーの出方を見守るばかりで結局ナチスの蹂躙《じゅうりん》を許した状態――への批判の言葉を借用したものだった。また空爆開始から二ヵ月後の一二月七日は真珠湾攻撃から六〇周年の記念式典の日だったが、このときはMSNBCのマイケル・モーランがパールハーバーの比喩を「誤ったメタファー」と呼び、いつまでもこの種の言葉づかいに乗せられて敵の姿さえ定かでない新しい戦争にますます踏み込んでゆくことの愚を戒めた。しかし大勢として目を引いたのはこうした自重論の類いではなく、旧来の非戦論・反戦論者による主戦論・肯戦論への転向だったのである。

その典型が長年クェーカー教徒で戦争特派員という独自の立場を貫いてきたことで知られる全米公共ラジオ（National Public Radio）のスコット・サイモンの場合だろう。彼が『ウォールストリート・ジャーナル』に寄せた「平和主義者もこの戦争は支持しなければならない」と題するエッセイによると、一九六〇年代後半、当時の反戦青年のひとりとしてクエーカー教徒に改宗したサイモンは、マハトマ・ガンディーやマーティン・ルーサー・キングの非暴力思想に影響され、戦争の愚かしさを伝えるために戦争報道に携わり、その間一度として矛盾を感じたことはなかったという。ところが一九九〇年代になってサラエヴォやスレブレニカ（ボスニア）やコソヴォの取材をしたことによって、と彼はつづける――「私は非暴力無抵抗思想の論理的欠陥（いやむしろ致命的欠陥というべきか）に直面したのだ」。もっともその「欠陥」の中身はといえば要するに自衛のための暴力を容認しない非暴力思想にはしょせん限界があるというだけのことで、どうも平和主義を自称する日和見《ひよりみ》主義者でしかなかった観を否めないのだが、見逃せないのはここでも例によって第二次大戦の比喩が顔を覗かせ、かつ論理の歪曲《わいきょく》に手を貸していることだった。いわく――「第二次大戦当時、兵役年齢にあったクェーカー教徒のおよそ半分が徴兵に応じたが、それは平和主義が世界に与えるべき叡智を信じつつも、それだけではアドルフ・ヒトラーとその仲間たちによる抹殺計画の数々を打破することができないからだったのである」。

すでに触れたように、いわゆる六〇年代の世代からはタンネンボームや「生まれ変わった愛国者」など現状への不満を通してテロ事件以後の熱烈な愛国化状況を歓迎する向きが少なからず登場してきたのだが、サイモンの場合も結局はこれとほぼ軌を一にする論理――というよりむしろ情緒――を通して、いともあっけなく主戦論への宗旨替えに及んでしまったのである。

修辞が論理を規定する

そしてこの種のロジックは、さらにチャールズ・クラウトハマーに至って決定的となる。彼は一九八〇年代に新保守主義の若手として頭角を現し、九〇年代には最も精力的な論客のひとりとなったコラムニストだが、このテロ事件に関しては勃発当初から全面的な報復戦争の開始を唱えて譲らず、それも事件の最終的な黒幕はイラクのサダム・フセインだとして、アフガン、イラク、シリア、イランの四ヵ国を相手どった世界規模の総力戦――すなわち第三次世界大戦――を主張する矯激《きょうげき》な言論キャンペーンを展開したのである。『タイム』に寄せたエッセイのなかで、彼は戦争を「選択の余地のある戦争」(wars of choice) と「余地のない戦争」(wars of necessity) に分けながら慎重論者をあてこすって次のようにいう。

選択の余地のある戦争と、そんな余地のない戦争というのがある。余地のある戦争――すなわちヴェトナム、コソヴォ、湾岸戦争でさえそのひとつだが――とは、政策なりイデオロギーなり地政学的理由なり、あるいは純粋に人道的な理由なり、ともかくしかるべき理由によっておこなわれる戦争である。そこで受け身に出れば長期的なコストは高くつく。しかし少なくとも戦争には行かずにすむ。

これに対して選択の余地なき戦争とは、母国の大地が危険にさらされ、生きるか死ぬかの瀬戸際を争う戦争である。テロリズム戦争はそういう戦争なのだ。つまり第二次大戦である。戦後五〇年は長い中休みだったが、いずれにせよこうなったのだ。しかしいまやそうした戦争を堪え忍ぶ気風はすっかり枯れ果て、選択の余地なきこの戦争に堪えるために動員される論理までが、余地のある戦争のための論理でなければならなくなっている。すなわち道徳的におかしなところはないかと過剰に怯《おび》え、アメリカ人がいかに精緻に物事を区別し、いかに寛容かつ繊細であるかを躍起になって証明しようと強迫観念に駆られている、それが目下のありようなのである。

のっけから毒々しい物言いだが、これこそ世に言う「修辞が論理を規定する」例の悪しき典型というべきだろう。趣旨そのものは、やられたらやり返せ、やり返すならなりふり構うな——という酔っ払いの野次のごとき論理に過ぎないが、それだけに俗耳に入りやすく、短兵急な報復感情を刺戟する。たとえば彼はイスラムのいわゆる断食月（ラマダン）に配慮して米英軍の攻撃を手控えるべきだという議論が起こったことに触れ、一九七三年のいわゆる「過ぎ越しの祭《ヨム・キッパー》」戦争はエジプト側が意図的にユダヤ教の祭祀のさなかを狙ってイスラエルに攻撃を仕掛けたのが発端であり、アラブ側もラマダンの最中だった、という。またアル・カイダやタリバン勢力とアフガンの一般民衆をいかにして区別するかの議論については「ナチスはすべてのドイツ人を代表していたわけではない」と切り返す。さらに炭疽《たんそ》菌攻撃は「今日可能になった大量殺人のヒント」を与えたとして、もしも四機の旅客機を乗っ取った一九名がひとりずつ小型の核兵器を身につけていたら……というシナリオを描き出す。「そう、もちろんこれらは、あるかもしれないという程度の話だ。しかし一体全体、同時にハイジャックされた四機の飛行機がいきなりカミカゼ型ミサイルに変貌するなどという話のどこが、ありそうなことだったろうか？」

そして彼は記事の終段に至って、アメリカとアフガンのあいだにはあまりに無視しがたい武力の圧倒的な差があるという、いわゆる「非対称の戦争」批判に触れてゆく。といってもその論法は正攻法ではなく、核兵器や生物化学兵器を「大量破壊兵器」と呼ぶ国連の用語を「気の抜けた婉曲語法だ」と一蹴するところから始まる。

ああいうものこそ虐殺《ジェノサイド》兵器というのである。そしてオサマ・ビン・ラディンはそれを異教徒に対して使う用意があると公言してはばからないのだ。敵は総力戦を宣言した。ところが我が方ときたら、これは限定戦争だなどと逃げを打つ始末である。こんなところで非対称をきどるなどというのは、まったくもって自殺行為もいいところではないか。……我々は果たして大丈夫だろうか。誰がアメリカ人虐殺の脅しをかけようと、ただちに同じ次元でやり返すだけの用意があるのだろうか。もしも敵の仕掛けてきた総力戦に我が方が堪え抜く用意がないのなら、我々は早晩、かつて見たことも想像したことすらもない未曾有の大惨事に見舞われる危険を自ら抱え込むことになるのである。

トラウマから戦争へ

物事を白か黒かに二分し、概念の意味をすり替え、自らの主張を着実に固めるよりも相手方の主張——と勝手に推断するもの——を単純化して次々に羅列し、片端から嘲笑的にあげつらってゆく。およそ論戦のなかでも最も非生産的なやり口のひとつだが、確かに煽動的な破壊力には事欠かない。という以上に、この論法は明らかに冷戦時代の思考法、それもほとんど一九五〇年代を髣髴とさせるほど時代錯誤な認識論をそっくりそのまま再現することによって、いわば社会をヴェトナム戦争を知らないころのアメリカへと引き戻そうとしたのである。

こうして9・11事件直後から半年間ほどのアメリカは、予断を許さぬ切迫した社会感情のもとで好戦論を煽り立てられ、自らの視野をせばめ、恐怖に裏打ちされた怒りに駆られ、その勢いのままイラクに「予防戦争」(Pre-emptive War)を仕掛けるという無謀な挙に出ることになってしまった。しかも戦闘自体はアメリカとその呼びかけに呼応したイギリスの英米合同軍の圧勝という結果に終わったものの、戦後統治については楽観的というより明らかにずさんな甘い見通ししか持っておらず、結局9・11事件から四回目の夏を迎えるころには、アメリカの庶民層にまでブッシュ政権に対する明らかな落胆が広まることになった。

イラク戦争　2003年４月、米軍はバグダッドを制圧。フセイン像を引き倒すさまはテレビで何度も流れた

それはしかし、単にブッシュの失政を意味しているだけなのだろうか。つまり彼はうまく行っていたはずの情勢下のどこかで政策の過ちを犯したに過ぎないということなのだろうか。おそらくそうではない。というのもすでに見たように、ブッシュはわずかな期間のうちに期待されざる大統領から英雄的指導者へと促成栽培された存在であり、したがってその政治的な失敗は単に個人に帰せられるというより、むしろ彼を促成したメディアと、それを阻止できなかった知識層にも帰せられるべき性質のものだからだ。

二〇世紀から二一世紀への変わりめのアメリカは、いわばトラウマの共同体を内包した社会である。そしてトラウマは共感という行為を通して伝播《でんぱ》するものである。しかもその結果、現代の社会は奇妙なほど脆《もろ》くなり、頑《かたく》なでありながら傷つきやすく、疑い深いのに動かされやすいという矛盾した性質をかこっている。かつては無知ゆえに政治に搾取されるのがお決まりだったとするなら、なまじ知り過ぎたがゆえに利用されやすく、心理的に総動員されやすくなったのが現代だと言い換えてもいいかもしれない。

現代のトラウマはまさに見ることの病であり、感じることの傷であり、澱《おり》のように沈んだ秘かな不快感とともに生きる苦痛のことである。そして現代の政治は、トラウマの持つこうした性質を意図的に利用することによって、あまりにも散漫に多様化した社会をひとつにまとめ、団結させて、再軍備化と戦争の途へと人々を誘《いざな》ってゆくのである。

エピローグ

古い一枚の写真

記憶は人生とともにあるものだから、折々のゆくたてでその姿を変える。つらい体験を郷愁の色に染め、都合の悪いことに忘却のうすぎぬを着せかけ、記憶はたえず過去を――というより過去のイメージを――つくり変える。たとえば青年期に経験した戦場の記憶が、壮年のころと老年とでまったく違ったものになるとしてもなんら不思議はないのである。

本書で幾度か参照したアメリカの文芸批評家ポール・ファッセルは大学在学中に一九歳でヨーロッパ戦線へ出征した体験の持ち主だが、戦後三〇年を過ぎたあたりから、自らの第二次大戦体験をふまえたエッセイをいくつも発表するようになった。主なきっかけは一九七五年に独創的な第一次大戦論――彼自身はむろん直接体験がない――を完成させて高い評価を得たことである。また同時に、彼自身、五〇歳を越えて往時をふりかえった感慨もあったことだろう。

そんな時期に書かれた彼の知られざる名エッセイのひとつに「黒と白の戦争」（一九七九）と題するものがある。大戦開始から四〇年を経て、自分が体験したあの戦争の姿を本当に思い出させてくれるのは、文学でも映画でもなく古びたモノクロームで残る写真だということを発見して、ふと心を遠くさまよわせる、という内容の印象的な小品である。

現実を拒む心

そのなかで彼は、パールハーバー攻撃の写真のひとつ、真珠湾内にあるフォード島の海軍航空基地から沖合いの駆逐艦「ショウ」の爆発にともなう巨大な炎と黒煙を撮った有名な一葉に触れている。この写真を見る者は誰もが、空の半分以上を覆う煙と炎の壮烈さに目を奪われるだろう。このとき「ショウ」は修理のために浮きドックに係留されているところを三発被弾し、弾薬庫に火が入って爆発炎上、大破した。

しかしファッセルはこの写真を前に、爆発ではなくその周囲に点在する人影に目をとめる。たとえば左手前に立つ水兵は、地面に座った同僚とともに爆発の模様を呆然《ぼうぜん》と見やっている。よく見ると彼は白いアンダーシャツのままで、日曜の朝、おそらく非番で外出許可を得てこれから町へ出ようとしていたのに違いない。左の尻ポケットには革の札入れがねじこまれ、彼が左利きらしいことを示している。そんな日常の細部が、背景の惨劇とこれほど露骨な不一致を見せたままでいるのは、写真という形式以外では——記録映画においてさえ——あり得ないことなのである。

さらにその少し右奥に見える横向きの男は、白いショーツで上半身裸のまま、首にはタオルを引っかけている。彼は悠然とした足どりで、あたかも爆発などないかのように大股に前へ歩いている。その態度は、しかし単なる偶然ではなく、不意打ちを食らって茫然自失のま

真珠湾の一撃　唐突な現実にさらされた兵士たちの心理的空白までが撮影されている

ま周囲との関わりを絶ってしまっている表れだとファッセルはいう。いいかえればこの有名な写真が本当に歴史に遺《のこ》しているのは、アメリカ合衆国に英雄的な奮起を促したとして神話化されている真珠湾攻撃が現場の兵士にとってはまさに青天の霹靂《へきれき》にほかならず、映画や物語が描くような恐怖と怒りの体験ではなく、唐突で信じがたい現実を拒む一種の心理的空白ないし真空状態以外の何物でもなかったということなのだ——と彼はいうのである。

トラウマの悪魔祓い

ファッセルのエッセイが興味深いのは、爆撃を受ける側に立って初めて感得される戦争の暴力性を、数十年後の読者にまで直観的に理解させるところにある。この文章はアメリカ社会がヴェトナム戦争に敗れた屈辱的な思いを引きずるなかで書かれたが、批評家が見出しているのは明らかに9・11とそれ以後にも通じる歴史的な体験の実相であり、未曾有《みぞう》の危機に瀕した人間が心理的な退行状態のなかで判断を停止し、自己防衛しようとする姿にほかならない。

それは空白ないし真空という、いわば意味を拒む状態である。もちろんこの拒否は無意識で一時的なものに過ぎず、空白にはすぐさま意味が書きこまれる。真珠湾攻撃を受けたローズヴェルトが対日宣戦演説で一二月七日を「屈辱の日」(Infamous Day) と呼んだのはまさにこれだったし、9・11では大統領より先にメディアと社会が「第二のパールハーバー」という比喩を濫用《らんよう》したことで、テロリズムが戦争化するというきわめて新しい時代の幕開けに古い過去のイメージが二重写しで投げかけられた。

ローズヴェルトの宣戦演説は「文明の敵」への挑戦と合衆国の国益を同一視する神話的思考を確立し、経済的関心ではなく道義的根拠から世界秩序の維持をめざす歴史的にも珍しい「デモクラシーの帝国」の確立を促したが、9・11では移り気な大衆社会が古い国民神話を蘇生《そせい》させ、忌まわしいトラウマの悪魔祓いに活用するという、まるで周回遅れの脱近代《ポストモダン》のような笑えない茶番が演じられたのである。

佐多稲子の爆撃体験

けれどもファッセルはそうした意味づけがされる前の一瞬の間隙を写真に見出し、惨劇の記録として有名なこの映像を、いわば「凍結された空白」の像として再発見させるような「目」を読者に与える。そしてそれによって、歴史に向かうさらに新しい視点を模索するよう促す。

たとえばアメリカ合衆国は国土が戦場になった経験をほとんど持たない例外的な大国のひとつであり、それゆえ9・11ではいっそう過剰な防衛反応を示したのだといわれる。確かにその通りだが、ファッセルのエッセイが今日図らずも想起させるのは、そのアメリカの領土を直接空から攻撃した日本もまた、思えばアメリカによる空襲と原爆投下を除いて一度も国土を他国との戦場にしたことのない国だということなのである。いいかえれば日米は「空」という場を通して一方的に攻撃し――され――た経験を、太平洋の東端と西端とで分かち合う唯一の間柄なのだ。

そしておそらくこのことは、航空戦という二〇世紀ならではの戦争が体現する奇妙な経験の位相とも微妙に関わっていることだろう。

たとえば佐多稲子《さたいねこ》といえば日本のプロレタリア文学史を語るうえで欠かすことのできない重要な文学者だが、同時に、戦時中に戦争宣伝の従軍作家活動にも手を染めたことでのちに強い批判を浴びたひとりでもある。その彼女に「作戦地区の空」と題する随筆がある。一九四二年（昭和一七）七月、陸軍報道部の誘いを受けて中国戦線視察から帰国した直後に雑誌『日の出』に発表された、四〇〇字詰めで十二、三枚ばかりの紀行文である。

描かれているのは、日中戦争以来の因縁の地となる漢口から南京へ戻り、そこから浙江省《せっこうしょう》を攻略する航空隊と地上部隊の観戦偵察機に乗り組んだときのこと。機は本隊からやや遅れて東陽の上空に達し、彼女と友人の作家真杉静枝《ますぎしずえ》ほか数名に炎上する市街地を見下ろさせる。

空から見る火災は、音もないし、周囲の動きも見えないので、そこだけ炎々と燃えているのが、あまり静かで、不思議な気がしてくる。／東陽はちょっとした市街で、今火災をおこしているのは丁度中央のあたりである。敵の重要な軍事施設もあるという東陽の爆撃は、今朝十時頃から始まっているということであるが、まだ友軍は入城していないらしい。／この火災は友軍の爆撃によるものか、また逃げてゆく敵の焦土戦術による火災であるのか。敵は、兵力を失うことをおそれて、この頃では兵力の保存ということを目標にしているので、どんどん退却してゆくのだ、と聞いた。／飛行機は東陽の街の上を翼を傾けながら、ぐるりと廻る。めらめらと動いている火炎があんまり鮮やかな色なので、油などではないか、と私たちは話し合う。

佐多稲子はいったん筆をとると流水のように言葉の湧き出る物書きで、いわば言葉が言葉を呼ぶタイプの作家だが、ここでも一読して、さらさらと流れる言葉が視覚的な体験をまるで一筆書きのように再現してゆくのがわかる。ちなみに「油などではないか」という推測通り、東陽爆撃に使われたのは市街地を焼くことが目的の焼夷弾であった。が、上空から燃える市街を見下ろす彼女の目はちろちろと燃えさかる炎の身じろぎにだけ向けられ、その下で何が起こっているか、誰がそこにいるのかについてはとんと注意がおよんでいない。彼女はそのままつづける。

やがて、今まで右手に見えていた太陽が左手に廻ったので、帰途についたのだと思う。しばらくすると、目の下に一本の道が見え、その道の下に……と黒いものがつづいている。おや、と思ってじっと目をこらすと、ああ、やっぱり動いている。あわてて指差すと、友軍ですという紙片の答え。ああ兵隊さんが歩いてゆくと思った瞬間、私はまたぐっとこみあげて泣きそうになった。兵隊さんが歩いてゆく。夕陽を浴びて敵地の道を、我が日本の兵隊さんが進軍してゆく。／それは、たくさんたくさん兵隊さんに逢ってきて、山の上の御苦労を見てきた私たちには、歩いてゆく兵隊さんのひとりひとりの胸に思いがつながるようで、意気地なくも泣いてしまうのであった。

東陽の街の炎上をいたって平静に記述した彼女は、蟻《あり》の群れのような人影を日本軍と認めたとたん、「ぐっとこみあげ」た感激を強調する。市街地を見るときの描写が客観的であったのに対して、日本兵を見たときの記述がいとも情緒的なものに一変していることに注意しよう。彼女が爆撃の様相に無感覚だったというのではない。それどころか、ここにはまぎれもない作家的配慮と記述の操作がある。

たとえば声を交わすことさえ困難な騒音にみちた軍用機の上にいながら「音もないし、周囲の動きも見えない」体験の特異性に彼女は十分自覚的だし、「そこだけ炎々と燃えているのが、あまり静かで、不思議な」視覚と体感の差異も鋭敏に感じとっている。にもかかわらず、それを情景の客観記述という以上に発展させないこの文章は、要するに見せたいものだけを読者に見せるという文学的な修辞の原則に忠実なのである。そして彼女の見せたいものとは、結局、彼女がそのとき見たいと思ったもの、見せたくないものとは彼女自身が見たくもなかったものなのだ。

おそらくそのことを間接的に証してくれるのが、戦後もかなりたった一九五六年（昭和三一）の「記憶と願いと」というエッセイだろう。「母親は再び火焔《かえん》の中で合掌をしてはならない」という副題のついたこの随筆は、戦争末期、疎開を拒んで東京にいつづけながらアメリカの空襲を受けた体験をふりかえる回想記になっている。そこに描かれる空襲の場面は二種類ある。ひとつは一五歳の中学生で十条にある陸軍の造兵廠《ぞうへいしょう》に勤労動員されていた長男の無事を祈って、頭上を行き過ぎたB－29が焼夷弾を落とすのを見守っているところ。もうひとつが自宅のある高田馬場周辺が爆撃され、焼夷弾による火災のなかで娘の手を引いて逃げるところである。

そこでは息子の無事を祈って頭上を過ぎるB－29を見送りながら物干し台の上でひたすら手を合わせるほかなかった母の無力が語られ、また自分はともかく、まだ一三歳でしかない娘の未来だけは守らなければと必死に庇《かば》って逃げた体験が記される。しかしそのいずれにおいても、かつて彼女が見下ろした異国の市街の燃える光景は思い出されることもなく、ほのめかされることもついぞない。結局、佐多稲子という並外れた筆力に恵まれたひとりの作家のなかにおいてさえ、爆撃する側に立った記憶とされる側に立たされた体験はあくまで一致することなく、対称的《シンメトリカル》と呼べる関係をとり結ぶ可能性も見出されないままだったのである。

誰が「戦争の記憶」を想起するか

いささかの飛躍を承知であえていうなら、文学者佐多稲子の戦時・戦後体験のなかに見出されるこの不一致と非対称性は、おそらく彼女個人の域にとどまるものではない。それはたぶん戦争と文学ないし言語表現の間の特殊性という以上に、航空戦――とりわけ爆撃――という暴力の形式にありがちな「空」と「地」の非対称性と不可分なものだろうし、戦争の記憶を語るというときにありがちな忘却と隠蔽《いんぺい》、沈黙と看過といった問題とも深く関わっているに違いない。

と同時にそれは、戦争の記憶を誰が、いつ、どのように受け継ぐのかという今日的な問題とも関わっているだろう。

たとえば一九九五年、ワシントンにあるスミソニアン協会の航空宇宙博物館では、少壮の歴史学者たちによって歴史の読み直しを提案する意欲的な「エノラ・ゲイ」展が企画されながら、空軍退役軍人協会の政治圧力によって論争というのも愚かしい騒動が繰り広げられ、結局、企画案自体が廃されただけでなく、立案の中心となった館長が辞職に追いこまれるという事件が起こった。この出来事については経過をくわしく報告した論集その他がいくつも出版されているからここでは詳述しないけれど、実は圧力をかける側の中心となった空軍協会機関誌『エアフォース』編集長のジョン・コレルは、ヒロシマ・ナガサキの年にはわずか六歳の少年だった。

同様に、一九九五年に立案されて二〇〇四年に除幕されたワシントンの第二次大戦記念碑の建設も、第二次大戦で負傷した経験を持つ元上院議員ボブ・ドールを委員長に仰ぎながらも、事実上はヴェトナム帰還兵で大手輸送企業フェデックスの創業社長フレデリック・スミスが推進役となった政治運動によって成就したものだった。いいかえればこうしたかたちで表現される「戦争の記憶」は、しばしば直接的な戦争体験の記憶を持たない世代によるものなのである。

実際、第七章で触れた空のヒーロー物語——日本本土初空襲のドゥーリトルと真珠湾攻撃隊の淵田美津雄の英雄再会譚——が示すように、いまだ戦闘行為の当事者世代が壮年の域にあるとき、戦争の体験は勝者であれ敗者であれ輝かしくも懐かしいものとしてしばしばふりかえられる。そして彼らがいよいよ歴史の舞台から退場するころになると、その体験は「戦争の記憶」として聖化され、悲劇化され、さらにはトラウマ化されて描き伝えられることになるのである。

すでに述べたように日本とアメリカは、「真珠湾」で始まり「ヒロシマ・ナガサキ」で終わった戦争の体験を反対側から共有する特異な関係にある。その歴史的な事実は今後もけっして消えることはない。しかしそれをどのように想起するかは、のちにつづく各世代が何のために過去と未来の橋渡しをしようと考えるかによって大きく変化する。要するにそれぞれの世代が何を自らの責務と願望とするかによって、「歴史」に意味を吹きこむ「記憶」は変わるということである。

そればかりではない。いま、こうして二〇世紀の経験を改めてふりかえってみると、私たちの多くが人生の大半を過ごしてきたはずの二〇世紀という時代が、果たして何を遺産として後代に遺すことができるのか――その資格があるのか――を思って、深いためいきが洩れてしまう。そしていまやこの社会の大多数を占める「戦争を知らずに育った世代」にとって、思い出されることの多くが、意味というにしてもあまりに乱雑な、つまりファッセルらの世代のような「黒と白の写真」というよりむしろ、判読不明のなぐり書きであふれた雑記帳のようなものになっていることに呆然となってしまう。

しかし、それゆえにこそ私たちは何かを思い出し、想起し、あるいは初めて知った過去と自らの間のつながりに思いをいたすことから始めるほかない。なぜなら人はつまるところ、記憶すること、想起することによってこそ「人」であり得るからだ。いいかえれば、目の前にないもののことを思う力こそが、私たちを人としてあらしめているものなのだ。

二〇世紀はアメリカの世紀だった、といわれる。また二〇世紀は戦争の世紀だった、ともいわれる。したがって二〇世紀は結局、アメリカの戦争の世紀だった、ということにもなる。しかし果たして本当にそうだったのだろうか。本当にそうなるほかない世紀だったのだろうか。いいかえればそれ以外の歴史的な選択の可能性は、なぜ実現され得なかったのだろうか。

純然と政治制度のうえだけから見れば「帝国」ではないはずのアメリカ合衆国とその歴史を、それでも「帝国」と呼んで検証しようとする試みがこれまで——アメリカ社会のなかからも——絶えなかったことは、いわばこうした問いの答えを模索するための、各世代の努力の一端だったといってよいだろう。そして当のアメリカ社会と並んでその答えを出すべき務めをになう社会がほかにあるとするなら、それは太平洋の対極にあって唯一無二、歴史的な体験をシンメトリカルなかたちで共有する日本以外にはないことにもなるだろう。それは結局、アジアを爆撃したこととアメリカに爆撃されたことの歴史的な経験と因果律を、想像的に感得しながら自らに問い直すことでもあるからだ。

「空の帝国 アメリカの20世紀」をふりかえることの意味は、こうしていま、次の世紀に生きる私たちの前にようやく姿を現した。それにどう応じるかは、むろん、私たちとこれからの各世代に委ねられた仕事にほかならない。

あとがき

偶然というにしてはいささか出来過ぎた話なのだが、本書の依頼を最初に受けたのは、たまたま再版が出てまもないアメリカ空軍史の大冊をざっと読み終えたばかりのころだった。べつにアメリカ合衆国の「空の支配」について折よく準備中だった、などというのではない。それどころか話は反対で、もう少し限られた、しかし忘れがたく心に引っかかった小さな疑問が長年気になっていたからである。

それは一九九五年、ちょうどワシントンにあるスミソニアン協会の航空宇宙博物館が、画期的な展示となるはずだった原爆投下に関する展覧会（「エノラ・ゲイ展」）を中止せざるを得ない羽目に追いこまれた年のことである。当時、私はニュージャージー州のラトガーズ大学に籍を置いて、週の半分を史学部での都市論の小さな共同研究に、残る半分を隣町のプリンストン大学での美術写真研究に費やしながら、なるべく他を見ないようにつとめていた。それまでヴェトナム戦争論などという主題に関わってすっかり戦争のことに嫌気がさしていた私は、本来の専門である写真の美術史と文化史に戻って、いわばそこに引きこもっていたかったのである。

それでもラトガーズの史学部はなかなか活発なところで、教授陣には外交・経済・社会・

技術文化などあらゆる分野で戦争に関しても一家言ある面々がそろっていたし、同じキャンパスの歴史分析センターには外交史家の西崎文子さんが滞在していて、それこそエノラ・ゲイ展の中止に反対する誠実な歴史家のひとりとして説得力ある議論を展開していた。そしてこのとき知己を得た多くの人々とのやりとりを契機として直接間接に考えたことが始まりとなって、「空軍のメンタリティ」とでもいったらいいか、空という場から戦争に関わることで物理的にも感覚的にも一種の特権的意識を抱きがちな軍人たちの感受性や価値観の歴史的形成に対する興味と、もうひとつ、原爆展キャンセル事件以降に公式の空軍史がどのように書き直されることになるのか、そんなことへの秘かな関心がめばえたのである。

とはいえ、もともと畑違いの主題へと深入りしがちな人間ならではの悪癖で、疑問を解く作業はいっこうに手がつかない状態が何年もつづいたあげく、たまたまつい最近になって重い腰を上げかけたところへ本書の依頼を受けたのだった。

もっとも、その後もろもろの事情から難渋をきわめた執筆過程のせいで、本書はいささかならず配慮と均衡を欠いた本になってしまった。たとえば「空の帝国」などという言葉が一見こともなげに使われているあたりは政治学や歴史学の専門家たちに叱られそうだし、軍事と同等またはそれ以上に長期的な影響力を持つ国際的な航空行政に関する歴史にも十分触れることができなかった。特に一九七〇年代末に始まった航空規制緩和問題はそれだけで大変な数の専門書が出ているほどだし、航空産業の発達史も本当ならもっと描きこむべきだったろう。また文学については、戦争文学という観点からも、いわゆる自然文学の面からも採り上げることのできる事例がたくさんあったし、空を描く映画の話をごっそり落とさざるを得なかったのも心残りだ。さらに宇宙開発やコンピュータ技術と空軍の関係は近年の技術思想史の注目のテーマなのに、これも割愛するしかなかった。

むろんこれらは、いうまでもなくすべて、非才なる著者の繰り言でしかない。むしろ本書が上記のような多様な分野での成果や今後の可能性に若い読者の目を少しでも開かせることに貢献したとすれば、それこそ著者としては最高の栄誉にほかならない。そして逆に本書が分別と知識と経験のある年長の読者諸兄姉の期待に応え得ないものであったなら、ご容赦を願いつつ、これを呼び水に今後さまざまな人々の手で織りなされるだろう仕事への期待をもって、せめてもの慰めとしていただくほかない。結局のところ本書はいわば歴史の素描であり、ちょうどトンビが高い空から下界を鳥瞰するようなつもりで「空」と「アメリカ」をめぐる広大な地勢の上をひとつ飛びしながら書きとめた二〇世紀の心象図なのである。

なお、巻末の文献一覧は単なる書籍リストではなく、航空史や航空文化に関する書誌案内を兼ねる形式とした。スペースの関係で十分とはいえないが、学術書のように注をつけることのできない情報不足を補い、必要なら本書の内容を検証できるようにしておきたかった。多少なりと役に立てば幸いだ。

二〇〇六年秋

生井英考

補章　キティホークを遠く離れて

ドローンが群れる二一世紀の空

テレビCMの「ユーモア」

二〇〇六年に本書の初版を上梓してから現在にいたるまでの、空の文化をめぐる変容を象徴するような一本のTVコマーシャルがある。二〇一五年にドイツの自動車メーカー、アウディがアメリカで放映したCMである。

アメリカの大企業によくあるたぐいの、どこかの小都市のはずれに建つガラス張りの大きなオフィスビル。ロビーに集まった社員は一様に不安な表情を浮かべている。責任者とおぼしい風采の初老の男がみなに落ち着くように呼びかけているが、実は当の本人にいちばん落ち着きがないのは明らかだ。窓越しに眺めやった視線の先には、空一面をびっしりと覆う奇妙な物体の群れ。よく見るといわゆる四枚翼《クアッド》コプター型のドローンであることがわかる。その一群がまるでなにかをつけ狙うかのように空いっぱいに広がって、回転翼《ローター》の低く不気味な羽音をうならせながら、宙に静止している。

「静かに、できるだけそっと動くんだ。――いいね？」

もうひとりの精悍そうな中年男がみなを落ち着かせて屋外に出るが、緊張にこらえ切れない誰かがやにわに駆け出し、あたりはたちまちパニックに陥る。猛然と飛び回るドローンの群れ、うなりを上げる羽音、悲鳴、転倒、割れるガラス、逃げまどう人々。そのなかで例の男がすばやく車に乗りこんでエンジンを始動、即座に立ち上がったナヴィゲーター画面に、「グーグル・サーチ、ボデガ・ビーチハウスへ」

そう命じて走り出す。

猛追するドローンの一団。隣に駐まっていたＢＭＷ７５０は走り出すことさえできなかったのに、彼の操るアウディＡ６はインパネのスクリーンに映るバックモニター・カメラの映像で追いすがるドローンをあざやかに振り切り、ハイウェイをさっそうと駆け去ってゆく。

画面が暗転し、劇的な音楽とともに黒地に白抜きの字幕――

「先進のテクノロジーは怖れを知らない」「パワフルで直感的なニュー・アウディＡ６」

以上、全体で一分間余りのこのＣＭがユーモア広告であることは、むろんいうまでもないだろう。言葉だけでは伝わりにくいが、絵柄をひとめ見れば大筋がアルフレッド・ヒッチコックの映画『鳥』（一九六三）のパロディであることもたいていの大人ならすぐにわかる。ダメ押しは男のめざす「ボデガ・ビーチ」という地名で、北カリフォルニアの海辺に位置するこの寒村で、あの映画のよく知られた襲撃の場面は撮影されたのである。そんな裏話をめぐるわけ知り顔のスノビスムをふくめて、サンフランシスコの広告代理店が制作したこのＣ

Mは、いわゆる「アッパーミドル」をきどる消費者層に訴求したい欧州高級車メーカーの顧客を慣れた手つきで満足させたに違いないだろう。

だが、ひとりの視聴者としてこれを見たとき、どこか形容しがたく笑えないものが残るのを果たしてどういえばよいだろうか。

このCMが、比較広告というには苦笑もののライバルBMW車の登場のさせ方といい、GMCのピックアップ・トラックとは明らかに違う購買層に的をしぼったターゲット広告として人目を惹くことは明らかだし、事実、多くの広告業界誌もそろって概ね高い評価を下したものだ。コマーシャル映像というものが視聴者の心に商品の新規性や先進性を印象的に刻みつけ――てできれば他人に話したい気持ちにさせ――るものだとするなら、「笑えない」のも必ずしも悪いことではないかもしれない。しかしそうであるなら、これの一体どこが「笑えない」のだろうか。

たとえば米広告業界誌で発行・閲覧数第二位の『アドウィーク』誌のレヴューは（まだ三月だというのに）「今年いちばんの記憶に残るだろうレベルの出来ばえ」と評しながら、パロディのもとになったヒッチコックの古典的物語映画が「冷戦時代のパラノイアを巧みに利用した」のに対して、今回のCMは「テクノロジーが秘める潜在的な危険性や脅威や誤解への現代人の不安」を巧妙に衝いていると指摘した。要は面白おかしいばかりでないのが現代の広告だ、という解釈である。機械文明をめぐる風刺的なセンスへの評価といいかえてもいい。だが、果たしてそういうことなのだろうか。

「笑えない何か」と二一世紀の予感

ひとつ確かなのは、このCMが社会状況そのものへの風刺というよりむしろ、二一世紀の最初の二〇年間に起こった変化とそれが予感させる未来に対する人々の複雑な感情のほうを戯画化していることだろう。たとえば空一面を覆うドローンの群れは、このCMの放映に先立って話題になったアマゾン・ドットコムの宅配ドローン計画をパロディにした——つまり先進テクノロジーがなんらかの不気味な意図のもとで暴走したといった——設定らしいのだが、見た目の印象はまるで公安警察の機動隊かクーデタで蹶起した反乱軍が監視用ドローンを飛ばして街頭の群集を制圧するさまのようだし、それにひきかえ襲撃を突破したアウディA6がドローンの一団に追尾されるくだりはといえば、絵柄自体は『スター・ウォーズ』シリーズ第一作のどこかの場面にそっくりなのに、想起させるのはむしろ現実の自動運転技術のほうだったりする。

そこにあるのは現実と空想と記憶と虚構の断片を混在させながら、現代に生きる私たちの暮らしをうっすらと覆う不快感を利用する商品広告ならではのレトリックだ。それも、少しばかり時代遅れで紋切り型な手つきが、かえって笑いを誘うように仕組まれた婉曲話法である。それは裏返していえば、このCMの制作者や広告主が商品の「先進性」を心から未来的だと信じているわけではない、ということでもある。もちろん新車で一〇万ドルを超えるプレミアム・セダンの宣伝だから大いに贅を凝らしてつくられてはいるのだが、笑いの根底には「広告のお約束」を視聴者がわきまえていることを前提とした共犯者のほくそ笑みが歴然と横たわっている。そのような韜晦《とうかい》のしぐさをかいまみせることで、このＣＭは全体として風刺のように見える——いわば風刺もどきなのである。

しかしながら、こうした月並みなあざとさだけがこのＣＭを「笑えない」ものにしているわけではない。なぜならここには、制作者の意図を越えた「何か」がふくまれているからだ。この「何か」は広告映像そのもの——すなわち映像の表面——には表されてはいない。それはむしろＣＭを見た視聴者が連想するところにほんの一瞬立ち現れるものであり、いわば季節限定のキャンペーン商品のように、同時代と呼べる時期を過ぎればいつのまにか立ち消えてわからなくなってしまうようなものである。

商品広告は凝視や鑑賞の対象ではない。広告は流し見と不注意に奉仕し、出勤前の朝の食卓や場末のバーカウンターで見るともなしにＴＶ画面を見やる気まぐれで注意散漫な視聴者の視線を誘うものである。しかし、だからこそＣＭはそれぞれの時代や社会の「何か」をつかまえて彼らの注意を一瞬でも引き止めようと腐心するのであり、おそらくはその「何か」が——この場合——二一世紀の最初のおよそ四半世紀における最も特徴的な変化を集約し、象徴し、あるいは示唆しているのだろう。

以下、この「何か」をめぐるいくらかの考察を以て本書の補章としたいと思う。

無人化する空の戦争

軍用無人機とオスのミツバチ

ドローンという航空物体がいまや現代の「空」をめぐる最も特徴的な存在であることにはおそらく誰しも異論がないだろう。が、ドローンについて私たちは必ずしも共通した認識や知識を持っているわけではない。ごく大ざっぱにいっても、そこには二種類の異なったイメージがある。ひとつは軍用の無人機、もうひとつがいまや玩具の域を越えて社会全体に普及した民生用のいわゆるドローンである。

軍用はもともとＵＡＶ（Unmanned Aerial Vehicle 無人航空機）やＲＰＡ（Remotely Piloted Aircraft 遠隔操縦航空機）が正式の呼び名とされる。ＵＡＶが自動操縦のものまでふくめて搭乗員のいない航空機全般を指す総称であるのに対して、後者のＲＰＡは「遠隔操作する操縦士」を擁する航空機を意味し、採用機種の大半が航空燃料を使用する小型のレシプロ・エンジンで推力を得ており、民生用ドローンの多くが蓄電池（バッテリー）で動くのとは大きく異なっている。バッテリーの最大の弱点は低温が苦手なことで、特に零下になるとほとんど保たず、高度五〇〇〇メートル以上をクリアすべき軍用機には不向きだ。むろん軍隊でも必要ならバッテリーを使うマルチコプター型のドローンを使用するが、あくまで限定的・補助的なものに過ぎない。

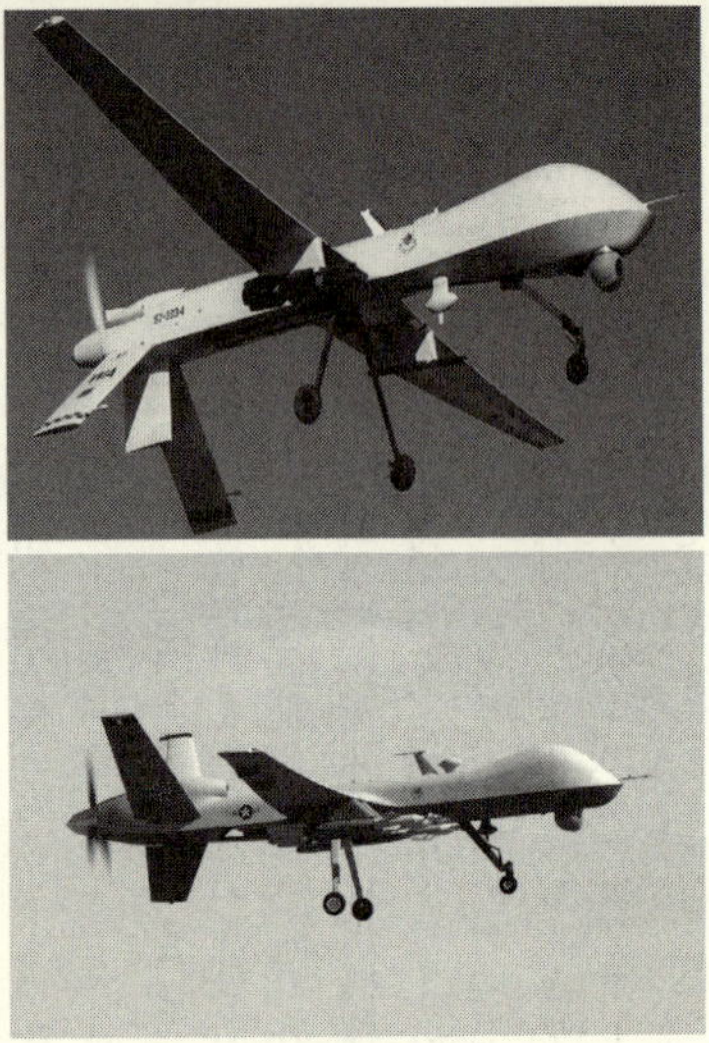
軍用の無人航空機　上はプレデターMQ－1。下はリーパーMQ－9

これに対して前線での偵察や近年では攻撃用にも供される米空軍のRPAの場合、個別の機種には「プレデター」（捕食者）や「リーパー」（刈り取り機）など禍々《まがまが》しい響きの通称がつけられてきた。「リーパー」は現代のトラクター型の刈り取り機ではなく、死神が振りかざして人の首を刈る大鎌のほうを意味しているらしく、MQ－9リーパーを遠隔操作する部隊の徽章には、大鎌をたずさえた死神の絵に「(自分たち以外の) 誰かに死を」(That Others May Die) という文句が添えられているという。本書でも触れたとおり、空軍には子どもっぽい悪趣味がつきものなのである。

こんな禍々しいリーパーに対して「ドローン」はオスのミツバチ（またはそのブンブンという羽音）のことで、特に交尾をめあてに女王バチに群がり寄る名もないオスを指している。国防省が発行する『ディフェンス・ニューズ』に掲載された「歴史こぼれ話」によると、一九三〇年代に英海軍を訪ねたアメリカの海軍将校が、視察先で対空火砲の練習用の標的に複葉の練習機を無線で飛ばせるように改造したデ・ハヴィランド社製ＤＨ-82Ｂを見て感銘を受け、帰国後に同様の試みを上層部に進言。このときの英軍機が「女王バチ《クイーン・ビー》」と名づけられていたのに敬意を表して、米軍ではブンブンと羽音を立てて飛び回るオスのハチすなわち「ドローン」になったのだという。

なんだか模型飛行機マニアが喜びそうなエピソードだが、実はこの話には先がある。それによると英軍が先行したＲＣ（無線操縦《ラジコン》）機の軍事利用は第二次大戦に参戦して大幅な空軍力増強に舵を切った米軍によって引き継がれたが、ここで陸軍を顧客に標的用の無線操縦機を多数納入したのがレジナルド・デニーという人物だった。彼は子役上がりのイギリス人俳優で、第一次大戦で英空軍に入隊し、個人的にもラジコンに夢中になったらしい。その後、渡米先のハリウッドで俳優業のかたわら目抜き通りのハリウッド・ブルヴァードに本格的な上級マニア向けの模型飛行機店を開き、合衆国参戦後には航空兵力増強に乗り出したアメリカ軍のために合計一五〇〇機にのぼる訓練標的用のＲＣ機を製造・納入したのだという。さらにもうひとつ、実はこのころ彼のカリフォルニアの工場で働いていた工員のひとりが本名ノーマ・ジーン・モーテンセン、のちの女優マリリン・モンローだった。このとき戦時下の女性労働者の士気を鼓舞する目的で撮影された宣伝写真に写った赤毛時代の彼女の写真がノーマ・ジーンをハリウッド映画界に連れ出すきっかけとなり――つまりモンローも例の「リベット工《こう》ロージー」のひとりだったわけである――、さらにこの小さな事実がはるか後年、軍用無人機が世間の注目を集めるようになってから、にわかに一部の映画マニアのあいだで秘められた歴史の奇異なるひとこまとして知られるようになったのである。

ここまで来ると話はもはやラジコン・マニアの域を越えて、まるでケネス・アンガー『ハリウッド・バビロン』さながらの大衆文化裏面史めいてくるが、それについてはまたべつの機会に改めるとしよう。ここではなによりも軍用無人機について、ひととおり見ておかねばならない。

プレデターの識別攻撃

先にも触れたように軍用ドローンはUAVないしRPAと呼ばれており、一部にはマルチコプター（多翼ヘリ）も含まれるが、多くは固定翼のいわゆる飛行機の形状をしている。ジェネラル・アトミック航空システムズ社が製造するプレデターの場合、複合素材のセラミックとグラスファイバーを主素材とし、機体は全長八・二二メートル、全幅一四・八メートル、全高二・一メートル、総重量五一二キロ。機体の底部は平たく、パラボラ・アンテナのほか各種のカメラやセンサー類を搭載した機首は上部に大きくふくらんだ頭のかたちをしている。有人機と違って窓のないその姿は、さながら目玉のない深海魚か、映画『エイリアン』の怪物のようだ。

巡航速度は時速八四マイル（一三五キロ）、最高速でも時速一三五マイル（二二〇キロ弱）だからセスナやパイパーなど軽飛行機の部類に属し、戦闘任務にも就く空軍機——RQ－1型は偵察と監視を主任務とするが、派生型のMQ－1はレーザー誘導のヘルファイア空対地ミサイルを搭載する武装型になる——としてはきわめて遅い。その理由のひとつはプレデターが一回の出撃で二四時間滞空したまま対象を監視しつづけ、いわゆる「識別攻撃」(signature strike) をおこなうためのものだからである。

”signature”はコンピュータ用語では特定のパターンの情報を指しており、この場合でいうと監視対象が示す独自の行動パターンや身体上の特徴——たとえば歩き方や外見、習慣的な服装や行動、なにかの拍子に見せるしぐさの癖など——を識別し、その対象が特定の誰かであるのを見きわめること、を意味する。この識別攻撃《シグネチャー・ストライク》のおそらく最も論議を呼んだ例が、二〇一一年九月三〇日、東アフリカのジブチ共和国にあるキャンプ・レモニエとニューメキシコ州のキャノン米空軍基地を拠点におこなわれた、反米テロ容疑者アンワル・アル・アウラキの標的殺害《ターゲット・キリング》作戦だろう。

アル・アウラキは一九七一年にニューメキシコで生まれた国籍上のアメリカ人で、父がフルブライト・プログラムでイエメンからニューメキシコ大学に留学していたときに生まれた。七歳になるまで父の転勤にともなってネブラスカ、ミネソタと転居し、その後イエメンで育ってから、今度は自分自身がコロラド州立大学で学ぶために二〇歳で渡米。以来、米国内のいくつかの大学と大学院を転籍しながら米国内のイスラム教団で次第に過激化し、ソ連軍撤退後のアフガニスタンで聖戦士《ムジャヒディーン》として訓練まで受けて、二〇〇一年の「九・一一」テロにも深く関与したといわれている。但しこれについては諸説あり、果たしてアメリカ軍が——ということは合衆国大統領が——いかにテロの主犯格だ（と目される）からといって米国籍を持つ市民を殺害する権限を有し得るのかについていまだに法的根拠をめぐる議論がくすぶっているのだが、ともあれオバマ大統領は米四軍の最高司令官としてこれを裁可し、ヘルファイア・ミサイルを装備した三機のプレデターが連携して彼とその仲間の乗ったトヨタのピックアップ・トラック二台を追尾、空中からの一撃で爆殺した。

「誤爆すれば大惨事」

識別攻撃や標的殺害をおこなうプレデターやリーパーはしばしば「無人暗殺機」とも呼ばれるため、一般には狙撃ライフルを構えた暗殺者のようなイメージで受け取られがちだが、プレデターが装備するヘルファイアは重戦車を大破させるミサイルであり、けっして「音もなく」標的のみを倒すわけではない。現にこの作戦にキャンプ・レモニエ側の遠隔操縦パイロットとして従事した空軍中佐（現在は退役）は、攻撃の適法根拠を確保するのに極力努めたことを強調する一方、いかに周囲の民間人を巻き添えにしないようにも腐心したかを次のように書いている——

「交戦規定は、戦闘攻撃を合法的に行うための一連の条件だ。これが満たされなければプレデターのクルーは攻撃できない。今回も、標的が本当にアル・アウラキなのかを慎重に確認しなければならない。……（標的の乗った）トラックが村を抜けるまでは攻撃できない。ヘルファイア・ミサイルでトラックは完全に破壊できるが、同時に周囲の建物に致死的な破壊力を持つ爆弾破片が飛び散ってしまう。村の中で誤爆でもすれば大惨事に至る」（深澤誉子

訳)

このときまでにアル・アウラキを見つけるのにCIAは何十ヵ月もの時間を費やしており、内偵を警戒するテロ組織側も影武者を幾人も配置するなどして、双方いたちごっこの神経戦のきわみにあった。加えて周囲の巻き添えを避けながら確実に目的を達成するためには、潜伏先の村を抜けて荒野の自動車道に出るまでの短い直線道路の区間を狙うしかない。もしこれで万が一にも失敗すれば、再びアル・アウラキとおぼしい存在を捜し当てるまでに果たして何年かかるかもわからなくなってしまう。ついでながらこの作戦はオバマ政権時代の最もよく知られた「戦果」であるオサマ・ビン・ラディンの標的殺害作戦の五ヵ月後におこなわれたもので、ビン・ラディン殺害が「ネイヴィー・シールズ」こと海軍特殊部隊を実行部隊としたことが大々的に報じられたこともあって、アル・アウラキ殺害は空軍の無人機部隊による対テロ作戦の確実な成果となることを期待されていた。それだけに空軍としても失敗は許されなかったのである。

現代の「空の対テロ戦争」

しかしここで肝心なのは軍同士の手柄争いの話ではなく、これらの事例が現代における「空の対テロ戦争」の特徴をそのままに体現しているところだろう。いうまでもなく対テロ戦争は「正規軍対テロ組織」——または「国家常備軍対非国家組織」——という点で「非対称の戦争」だが、この非対称性は単なる量的な戦力不均衡ではなく、またヴェトナム戦争のときのような民族革命型のゲリラとの戦いとも様相が違う。そもそもヴェトナム戦争で神出鬼没のゲリラ集団の曖昧な正体を見きわめることに悩まされつづけた米正規軍は、その後、非通常戦争への備えをたくわえる一方で本質的には自己定義を変えないまま、正規軍として非国家組織との持久戦に勝利する方法を模索しつづけてきた。その重要な指針のひとつが軍事技術の高度化（ハイテク化）であり、米軍は一貫して、相手の持ち得ない高次のテクノロジーを手に情報の優位に立つことで、これまでの非対称戦争における優劣関係を覆そうと試みつづけてきたのである。

一九六〇年代に開発された微光暗視装置《スターライト・スコープ》や、一九九〇年代に実戦使用されるようになった熱線暗視器《サーマル・イメジャー》といった機器は漆黒の闇のなかで相手の姿を捕捉するためのものであり、相手方からは自分が見えない、というところに絶対の優位を見出す点にアメリカ軍ならではの非対称性がある。さらに二〇〇〇年代には犯罪捜査現場からの需要にもうながされた顔面認証など個体識別の画像技術が加わり、相手に悟られぬまに遠方から精密なプロファイリングをおこなうことが可能になってきた。こうしてのち二〇一〇年代に入って本格的に戦場に姿を現した遠隔操縦の無人機はこれら非対称的技術の集大成ともいうべきものであり、消音低速のプロペラエンジンで高度五〇〇〇〜七〇〇〇メートルをゆっくり旋回しながら相手を監視しつづけるプレデターは、夜陰ならぬ青天のかなたにまぎれて相手を支配・拘束するという他に類を見ない兵器なのだ。――支配？　そう、昔と違って現代の最先端秘密兵器は、「秘密」のヴェールをまとうことなどせず、しばしばおおっぴらに自らの存在を誇示する。そうすることによって相手の内面に「監視されている」という意識を植えつけ、行動に制限を加え、非対称の劣位の側に立たせるのである。

CIAの深い関与

と同時にもうひとつ、現代における「空の対テロ戦争」にはこうした技術的側面とは異なる、いわば戦争のしくみをめぐる新たな特徴があることにも注意しよう。空の対テロ戦争において個別の誰かを「敵」と特定する任務は主にCIAの諜報活動に依拠しており、それゆえ、攻撃そのものは軍が担当するにもかかわらず、軍とは異なる政府組織であるCIAが命令系統のなかに介在する――ばかりでなくときには主導権を握る――という事態が生じているのである。

具体的に見てみよう。標的殺害作戦では、攻撃の直前まで対象についての識別データの見きわめをする必要があるせいもあって、識別攻撃の現場にCIAの要員が介在することが常態化した。武装プレデターによる作戦の場合、この「現場」にはふた通りがある。先に述べたアル・アウラキ殺害作戦の例でいうと、ジブチ共和国のキャンプ・レモニエで実際の機体の離陸を担当する「現場」がひとつ。もうひとつはニューメキシコ州にあるキャノン空軍基地にある「現場」で、こちらは離陸後のRPAを操縦してミサイルを発射する業務を担当する。要するに一万キロほども離れた地球上の二ヵ所に操縦室があり、それぞれにフライト・クルーがいるわけである。

これらの現場にはいずれも「地上誘導ステーション」（Ground Control Station）と呼ばれる操縦室があるが、通常の建物の内部ではなく、海上輸送などに使う貨物用の二〇フィート級コンテナを流用したもので、大きさは縦二四フィート（七・三メートル）、横と高さがそれぞれ八フィート（二・四三メートル）。パイロットとセンサー・オペレーターの二名からなるフライト・クルーの操縦席と各種計器類が入ると、あとはクルーが着座した後ろに二、三名ほどが立てる程度の狭苦しい空間でしかない。外観もこれが二一世紀の米空軍の最新鋭機のものかと驚くほど殺風景で、いわゆる「トップガン」に憧れて空軍に入隊したような若いパイロットたちが志願したくなる、といった雰囲気は皆無だ。が、米国内外のほとんどの無人機基地ではこれが標準仕様となっており、この操縦席で正規の資格を持つ飛行士が遠隔操作することを根拠に、空軍では（自動操縦のイメージの強い「無人航空機」という用語を避けて）「遠隔操縦《リモートリー・パイロテッド》」航空機（RPA）という呼称に統一している。ところがその任務遂行の実態はといえば、さらに数百キロ離れたヴァージニア州ラングレーにあるCIA本部のモニター室にいるCIAの担当者が攻撃担当のフライト・クルーたちと同じ映像を見ながら、しばしば主導的に指示を出すのである。

それはすなわちCIA職員という非軍事要員が軍事作戦遂行の現場に深く関与し、意思決定を左右することを意味する。という以上に、いわゆる「文民統制《シヴィリアン・コントロール》」の意味がきわめて皮肉なかたちで試され、あるいは空洞化しつつあるということでもある。「シヴィリアン・コントロール」とは、正当な権限を有する政治的存在が国家の武力を統率することを通して国の内外にその国家の遂行する戦争の正当性を開示することだが、諜報機関という組織の性質上、多くの情報をできるだけ秘匿しようとする傾向の強いＣＩＡの職員が国家による戦争遂行者の一部となって実際の戦闘行為に直接関与し、ときには自分自身で殺害作戦をも実行するとなると、それはほとんど「文民統制」の戯画とでもいうべきものになりかねない。

無人機戦争の実態は二〇〇九年一〇月に雑誌『ニューヨーカー』に掲載されたジェイン・メイヤーの力作ルポルタージュ「プレデター戦争」によって広く知られるようになったが、それを読んで驚かされたことのひとつは、空軍による無人機作戦が場所も対象も明らかにされているのに対して、ＣＩＡによる作戦が米軍駐留地以外の地域をふくむ世界中におよび、しかもテロリスト「容疑者」をもしばしばふくんで多数実行されていることだった。その実態は不分明で、たとえば軍による無人機作戦が二〇〇一年から一一年までにおよそ二〇〇にのぼったのに対して、ＣＩＡによるものは作戦数も不明である上に、そもそもＣＩＡが無人機をいくつ、どのように保有しているのかさえ明らかにはされていないのである。

オバマ政権下の無人機攻撃

軍事的側面について、最後にもうひとつ注目しておくべきは、こうした無人機の軍事使用がブッシュ政権よりもオバマ政権によってもっぱら推進され、頻用されたことだろう。ブッシュ政権が公的に宣言した「対テロ戦争」では、英米を主軸とする有志連合がアフガニスタンでタリバン政権への空爆を開始しておよそ一ヵ月後に、ＣＩＡがアフガニスタンでの情報収集のためにプレデターを利用し始めた。さらに一年後までには、イエメンで組織の幹部をふくむ六名のアルカイダ・メンバーがCIAの指揮によるプレデター攻撃で死亡。その後、ブッシュ政権下ではイエメン、パキスタン、ソマリアにおいて合計五〇回の無人機攻撃で二九六名のテロリストと一九五名の民間人が死亡したという。ただ、ブッシュ政権時代にこの問題は注目される度合いが少なかった。というのも同政権下の対テロ戦争ではドローンによる情報収集以上に捕縛したテロリスト容疑者への拷問による自白強要が横行しており、イラクにあったアブ・グレイブ捕虜収容所での醜悪な虐待事件が暴露されたこともあって、大方の関心はそちらに集まってしまったからである。

代わって二〇〇九年に発足したオバマ政権は就任から二日目にすぐさま拷問を禁止する大統領令に署名したが、他方で無人機による識別攻撃と標的殺害を多用し、就任三日目に裁可したCIAによる無人機攻撃では早くもテロリスト一名のほか四名ないし五名の児童をふくむ一〇名の民間人が巻きこまれて死亡している。それでも同政権は躊躇することなく無人機攻撃を拡大し、二〇一六年一月までに計五〇六回の無人機攻撃で三〇四〇名のテロリスト容疑者を殺害する一方、三九一名の民間人をも犠牲にしたのである。

オバマ政権は無人機作戦を頻用するのみならず、その法的な正当性についての再定義を試みることはせず、法的処遇については曖昧な現状維持に終始した。二〇〇九年一二月、オバマ大統領はノーベル賞授賞式のスピーチの席で「交戦規定を遵守しない悪意ある敵と対峙するときも……アメリカ合衆国は戦争遂行における（交戦規定の）誠実な守り手でなければならないのです」と強調した。しかし「不幸なことに」と、二〇一一年、無人機の軍事使用とCIAの関与についてのレポートを空軍大学に提出した現役の空軍中佐は述べている——「戦争法からの逸脱は現今の（オバマ大統領下での）紛争によって裏づけられている」。

なお、二〇一七年に誕生したドナルド・トランプ政権においても軍用無人機の使用傾向は変わらず、したがって民間人の巻き添えも、増えこそすれ減ってはいない。ロンドンを拠点に無人機戦争の実態を調査報道する非営利組織「エアウォーズ」（Airwars.org）の調べによれば二〇一七年一一月末までの段階で三八七五名の民間人の巻き添えを記録し、「過去最悪」に達したという。

JSOCと隠密部隊

すでに触れたように、無人機作戦の問題点のひとつはCIAのような軍隊以外の政府組織が戦争の遂行に荷担し、ときには主導することにあるが、これは単にCIAの事情というよりアメリカ軍における特殊作戦を担当する組織がからんでいるためでもある。現在のアメリカ軍の編制にあって陸・海・空・海兵の各特殊部隊は、四軍を横断する特殊作戦コマンド(US Special Operations Command:SOCOM) のもとに統合指揮されており、無人機作戦はこの特殊作戦軍のなかにある統合特殊作戦コマンド（Joint Special Operations Command: JSOC）が担当している。JSOCは陸軍のグリーン・ベレーや海軍のネイヴィー・シールズなどメディアにも頻繁に登場するオープンな特殊部隊とはべつに、その存在自体を軍が「認めも否定もしない」という隠密部隊——陸軍ではデルタ・フォース、海軍では海軍特殊作戦開発グループ（US Navy Special Warfare Development Group: DEVGRU）など——を指揮下に置く組織で、この極度に秘密性の高い部局がCIAと協同して世界各地における「テロリスト容疑者の排除」に従事する。議会上院の軍事委員会もこれについては限られた情報しか知らされていないが、標的殺害はこの部局で立案される作戦において頻用されているのが実態なのである。

ドン二等曹長の証言

無人機戦争についての現在最も精力的な論客である米外交問題評議会の元委員マイカ・ゼンコ（Micah Zenko）は、無人機作戦がもろもろのテロ組織の弱体化に貢献していることは認めつつも、長期的・戦略的に見ればむしろ逆効果を招いていると指摘している。理由はふたつ。ひとつはJSOCとCIAの協同作戦がアメリカにとって直接の脅威を排除するというより、ソマリアやアフガニスタンでアメリカが支援する現政権への保護や助力になってしまっていること。要するに政治介入のための軍事利用になっているのである。そしてもうひとつの理由が、標的殺害が不可避的に惹き起こす民間人の巻き添えが結局は現地の民衆のなかに反米感情を育てることにしか帰着していないことである。

二〇一八年一月に英『ガーディアン』に掲載された米カンザス州にある空軍基地のルポルタージュは、この民間人巻き添えの実態を、自身で体験した空軍の「ドン二等曹長」（機密保持のため記事ではファーストネームだけしか明らかにされていない）の言葉で伝えている。それによると某国で米海兵隊に榴弾攻撃していたテロ組織員二名をプレデターで追尾し、ミサイル攻撃しようとしたものの許可が下りない。カメラは攻撃された海兵の混乱を捉えているが、地点が街中であることから、再度の申請も許可されない。そのうちようやくテロリストたちがひとけのない場所に車を駐めた。――あたりは彼らだけ、ほかに誰もいない。千載一遇のチャンス、攻撃許可、ミサイル発射。そして着弾するまでの八秒間、ふいにかたわらの建物から家族らしい数人が走り出てきて……「ドン曹長が見たのはまばゆい閃光だった。『もう止めようはなかった』と彼はいった」。

空撮映像のカタルシス

民生用ドローンと空飛ぶカメラ

こうしてみると軍用無人機の世界で起こっていることの多くは、私たちがドローンについて想起するイメージとは大きくかけ離れていることがわかる。軍用無人機問題が世界中で特に集中的に報じられたのは、オバマ政権の「次」の戦略がどうなるかに関心が集まった二〇一六年のことだったのに、それからわずかなあいだに「ドローン」という言葉を聞いて人々が連想するものは大きく変貌した。なにしろその「最悪の」イメージが、冒頭に紹介したアウディＡ６の広告に登場する不気味で滑稽なマルチコプター型の荷運びドローンの群れなの

民生用のドローン　DJI社のファントム

である。

あのコマーシャルに出てくるドローンは、外観から察するに中国・深圳《しんせん》に本社を置く民生用ドローンのメーカー、ＤＪＩ（Da-Jiang Innovations Science and Technology　大疆創新科技有限公司）の製品だと思われる。ＤＪＩは米３Ｄロボティクス、仏パロットなどと競う民生用ドローン市場で世界一位を占める企業で、創業者のフランク・ワン（汪滔 Wāng Tāo）は幼いころから模型のヘリコプターに夢中になり、長じては香港の大学で本格的な実験と開発に取り組んで、二〇〇五年に大学を卒業するとすぐに起業した。その後、深圳に集積された安価な労働力を武器にＤＪＩは民生用ドローン市場のパイオニアとして急成長し、一〇年後までには新興グローバル企業の期待の成長株の一社として世界の投資筋から注目を受けるまでにのし上がった。

そうした来歴を見るにつけ、ＤＪＩの成功がいわゆるミレニアム期の情報技術革命のさなかに創業したフェイスブックやテスラなどと共通するものであることは疑いない。だが、注目すべきはこの成功を支えるドローン・ユーザーの関心が「空飛ぶ物体を自由に操る」という点に対して向けられているわけではないということだろう。それは飛ぶことそのものにではなく、飛ぶことで得られる鳥瞰の視野——というよりむしろ「空撮の視界」に向かっているのである。

実際に自分で操作してみるとわかることだが、マルチコプター型のドローンは、出来がよければよいほどラジコン操縦のマニアには面白みがない。ドローンの完成度とは安定した操縦性が容易に得られることであり、マニアックな上級者が克服したくなるような困難などはあらかじめ排除されている。なぜなら多くのドローン・ユーザーが求めるのは「飛行物体を飛ばす」ことではなく、無線操縦で飛ぶ物体に撮影装置を搭載し、より美麗な空撮映像を得ることだからである。「空飛ぶカメラ」が、彼らの求めるものなのだ。

「ドローン・ビジネス」の成立まで

実際、ＤＪＩの創業からわずか一〇年ほどで民生用ドローンがひとつの産業分野を形成し、いわゆる「ドローン・ビジネス」が成り立つほど広く世間に出回ったのは、遊戯心を満たしたいマニアが大勢いたからではなく、できるだけ手軽に空撮映像を得ることでドラマティックな映像効果や作業の効率化を図りたいという需要が産業界に潜在していたからである。たとえば二〇一〇年ごろにはそれまでヘリコプターなど使いたくとも使えなかった低予算の劇映画でもオープニングやクライマックスなどの場面で空撮映像を使う例が増え始め、五年後までにはこれがＴＶニュースにも広がった。カメラの解像度などの性能が急上昇したことと相まって、いまや単身で紛争地帯に乗りこむヴィデオ・ジャーナリストのなかにもドローンを持ちこんで使用する例が必ずしも珍しくないのである。

他方、二〇一三年を過ぎたころからは、映像制作畑ではないところにまでドローン映像の需要が広がった。たとえばドローンの主力メーカーやその代理店が開く無料の販促セミナーなどでは、このころを境に映画やTV制作のカメラマンたちの姿が潮を退くように少なくなっている。代わりに目立ったのが損害保険会社の調査員や建設会社の検査担当者といった人々だ。それまでなら多数の人手と時間を要した山火事や大水害、あるいは崩落の危険のある巨大建造物の事故の調査などでドローンは引き合いが急増し、それまでは専門の鳶職人を高給で雇わねばならなかった高層ビルなどの検査もたちまち、しかも安価に実施することができるようになった。二〇一八年の夏に報道されたところによると、世界の主要航空企業や船会社では格納庫で巨大な旅客機や船舶の定期点検をおこなう際にドローンを使う例が増えているという。ここでも「低空・低速」を可能にするドローンは、いまや、空を飛ぶことについて本家といってもいいはずの航空会社のふところの裡にまで普及しているのである。

オバマのパーティ・ジョーク

しかしこうした状況の陰で、人々の想像力になにか見逃し得ない変化が起こっていると指摘する声もある。一九四五年に原子爆弾が実戦使用されて以来、アメリカの新兵器は各時代の人々の話題になり、心理に影響を与え、「科学」や「軍事」や「戦争」や「文明」についての認識をも左右してきた。しかし今日の軍事用をふくむドローンほど笑いやパロディや風刺の的になってきたものはない――というのである。

一例に、再びオバマ大統領を挙げよう。無類の演説の名手であると自他ともに認める彼は、毎年ホワイトハウス担当の記者会が開催するディナーパーティ（就任直後のトランプ大統領が毛嫌いして拒否した催し）に出席するのを愉しみにしていた。そこでならふだんの謹直な国家元首の顔とは違って、相当に辛辣なジョークを飛ばし、すれすれのきわどい政治風刺を口にすることも許されるからである。むしろそういうリスクを冒すことをホワイトハウス記者会は歓迎し、その大統領を「仲間」と見なすのである。

さて、二〇一〇年に開かれたこのパーティで挨拶に立ったオバマ大統領は、その日のゲスト・エンタテイナーに招ばれていたジョナス・ブラザーズを話題にした。いまでは兄弟げんかで解散してしまったが、ジョナス・ブラザーズはこのころ全米で最も人気の高い若者バンドのひとつで、いわゆるイケメン三兄弟が黄色い歓声を浴びる、というお決まりの存在である。その彼らを指して「今日はジョナス・ブラザーズが来てますね」とオバマ氏。「そのへんの席にいるのかな？（大統領の愛娘の）サーシャとマリアも彼らの大ファンなんです。でもね、君たち、ヘンな気は起こすなよ。ふたつの単語を忘れないでくれ、『プレデター・ドローン』ほら、君らは気づいてないだろう？」。

年頃の娘を持つ父親は、彼女たちに近づく若い男を警戒する。特にアメリカでは父親と娘の絆には独特のものがあり、それゆえ男たちは恋人や妻の父親の前ではことのほか緊張するし、父親のほうも格段に厳しい監視の目を怠らない。そういう生活感覚をふまえながら発せられたこのジョークは、オバマ政権の識別攻撃作戦重視をよく知るホワイトハウス記者会の爆笑を誘い、翌日からしばらく新聞の政治コラムや夜中のトークショーで、ひとしきりいじりのネタにされたのである。

ニューヨーク市近郊のバード大学を拠点に「ドローン研究センター」を設立した評論家のアーサー・ホランド・マイケルは、もしもこのジョークが「ふたつの単語を忘れないでくれ、『ネイヴィー・シールズ』ほら、君らは――」だったとしたらこれほど笑えただろうか、と問いかける。そこに思い浮かぶのは、自動小銃を構えた覆面の特殊部隊員がいきなり部屋になだれこんでくるような陳腐なアクション映画の一場面のようなイメージだけで、軽妙な機知に富むとは到底いいがたい。それに対してこのタイミングでの「プレデター・ドローン」は、それが就任一年目の難局を乗り切った四軍の最高司令官たる合衆国大統領の口から出たものであるがゆえに、大いに笑えたのだ、と。

確かにこの種のジョークは時機と場所を得て初めて笑いを誘うものであり、それが過ぎればわからなくなるか、笑えなくなるか、いずれにせよ消えてしまう「何か」の産物である。その意味でこれはドローンをめぐる大衆的なイメージが、禍々しい軍用機械から剽軽な宅配ロボットふうのものに変貌し始めた時機ならではの笑いだったといえるだろう。現に、もしもこれがオバマ氏の「次の」大統領の口から出たとしても、およそ笑えはしなかったに違いないからだ。

「ドローン大統領」への失望

しかしそれ以上に忘れてならないのは、こうした笑いがどこか背筋をひやりとさせるような不気味で剣呑《けんのん》なものをふくんでいる、ということである。ホワイトハウス記者会が一座爆笑したのもこれが舌を刺すような味つけになっていたからであって、その場にあふれただろう大統領と記者たちの仲間意識を取り去ってしまえば、このジョークは相当に悪趣味ともいわねばならない。そして事実、二期目のオバマ政権が発足するころにはノーベル「平和賞」大統領の面影は消え、代わって「ドローン大統領」という陰険なイメージが付与されるようになってゆく。

たとえば二期目の就任演説直前の二〇一三年一月半ば、気鋭の新進作家として知られるテジュ・コールはつづけざまに打ったツイッターのひとつに「ぼくをイシュメールと呼んでくれ」と書いて発信した。"Call me Ishmael."はハーマン・メルヴィル『白鯨』の有名な冒頭の一行で、コールのツイートは有名な七つの書物の冒頭をそれぞれ借りたのだが、先の一行につづくツイートは大方の読者を絶句させずにはいなかったろう――「ぼくをイシュメールと呼んでくれ。齢は徴兵年齢、（入隊前の）結婚式で吹き飛ばされた。両親の嘆きは慰めようがなかった。／二〇一三年一月一五日午前二時六分」。

実は軍用無人機によるＣＩＡの識別攻撃作戦では、結婚式に集まった一族の祝いの宴をテロリストの集会と間違って誤爆する例が多発しており、このしばらく前にもパキスタンで同様の事件が起こっていた。さらにこのひとつ前のツイートでもコールはヴァージニア・ウルフの『ダロウェイ夫人』の冒頭を借用し、「お花を買わなくちゃ、とダロウェイ夫人は思った。でも残念。花屋はもう、識別攻撃に狙いをつけられていた」と発信している。ちなみにコールはアメリカ生まれナイジェリア育ちのアフリカ系アメリカ人作家で、その生い立ちがオバマ大統領にも似ていると話題になったことがある。それだけにこれらのツイートは、若いころ詩人をめざしたこともある元文学青年の大統領に鋭い刃を突きつけるものだったのである。

またこの翌日には、やはり若手詩人のマイケル・ロビンズが「ヤフー・ニューズ」に依頼された「ドローン大統領のための詩」で一悶着起こした。実はこの詩は性的な卑語がふくまれているという理由で「ヤフー・ニューズ」側が事前に掲載をとりやめており、ロビンズはそちらに激怒して話題の焦点がずれてしまったのだが、この詩の冒頭でロビンズは無人機作戦がいまや世界中に広がっていることを揶揄するように「ドローン最高司令官」と呼びかけたのである――「ムンバイはかつてボンベイと呼ばれてた／爆弾《ボム》―湾《ベイ》は女陰の屁で開く」。なんとも形容しがたい詩行だが、コールといいロビンズといい、彼らがオバマ大統領誕生に驚喜した当時の若い世代でもあることを思うと、その失望の深さがしのばれる。「オバマの戦争」を彩った不気味なドローンの羽音が、深いためいきまじりの彼らの詩行の背後でずっと低く鳴り響いているのである。

ペット化する「全周監視ロボット」

そうして思えばちょうどこのころから、軍用無人機戦争の醜悪な実態が知られるようになるのとは裏腹に、民生用ドローンをめぐる新たな経験とイメージの領分が人々の前に開かれるようになってきたのだった。それを称して「全周監視型自動飛行ロボット」としてのドローン社会、と名づけてみようか。

すでに見たように民生用マルチコプター型ドローンの急速な普及と市場の拡大は、自由自在な超低空低速飛行物体としてのドローンと、そこに搭載された高精細カメラの威力に期待してのものだった。なにぶんにもタンカーや大型旅客機や鉄骨橋のような巨大構造物の周りにドローンを飛ばし、巨体に生じた微細な亀裂などを発見するためには、滑空速度が速すぎてはならず、視力も抜群のものが求められる。そしてそれは裏返せば、遠近大小をとわず、社会活動のあらゆる側面を浮遊するドローンが見守り、監視し、監督し、必要なら制御したり処罰したりする、ということでもある。いわゆる超・監視社会の到来である。

もちろん監視社会とそれをめぐる議論はいまに始まった話ではない。それはミシェル・フーコーの刑罰論をひとつの淵源に、社会学が長年注意を振り向けてきた事象と論題であり、たとえばマイケル・ライアンに代表される監視社会＝リスク社会論の系譜は、市民社会における「公共圏」の衰退や対テロ・リスク等々の急展開への危機感を背景に、早くから一般の知識層にまで届くものになってきた。

また現実の社会生活においても、すでに一九九〇年代半ばのロンドンでは市中に乗り入れる市外ナンバーの車両を対象に今日の渋滞税（コンジェスチョン・チャージ）の前身にあたる通行料を取り立てており、そこでも幹線道路の主要地点に設置された監視カメラが水も洩らさぬ体で、行き交う車両のナンバープレートを驚くほどの精度で識別していた。それはまだ対テロ戦争が公式化される以前のことであって、長年都市型テロの対策を強いられてきたロンドン市にはジェレミー・ベンサム以来の監視術の蓄積が脈々と受け継がれていることを実感させたのである。

しかしながら、いまにしてみればこの監視網は「水も洩らさぬ」と豪語するだけの比較的単純なフィルター・スクリーン型のものでしかなかったというべきだろう。というのも現代の全周飛行ドローンによる監視は、固定された一網打尽型の透過スクリーン方式というよりむしろ、いうならばフロイト心理学の臨床術のほうに似ているのである。

臨床の場で患者を前にした診断者は、相手の話をまるで聞いていないかのような態度をとることがある。双方とも同じ場にあって対峙してはいるものの、診断者は手元のパイプなどをいじって患者の目を見ようともしない。不安にかられた患者は、つい「先生、話を聞いているんですか」などと詰め寄ったりもするのだが、診断者は慌てず騒がず、態度を変えることもない。が、実はその陰で患者の発する声音やしぐさや話しぶりや態度のすべてに注意を払い、しかもその場では答えを追究しようとせず、ほとんどくまなく観察を行き届かせたままにしておく——。これをフロイトは「平等に漂える注意《フリー・フローティング・アテンション》」と呼んだが、現代社会のあらゆる場に張り巡らされつつある低空低速の全周飛行ドローンは、いわば「平等に漂える監視」(free floating surveillance) なのである。

実際、想像してみよう、「ヘリコプター・ペアレンツ」とは子どもにつきまとって離れない神経質な親たちを揶揄した言葉だが、彼らにとって登下校中はもとより、あらゆる密室空間にまで我が子に随伴してくれる極小ドローンは、もし発売されたらたちまち予約で一杯になるほどの需要が見込まれるに違いない。そして生まれてまもないころからそんなドローンをかたわらに育つ子どもたちにとって、極小の飛行体はもはや監視人というよりお供のペットに近いだろう。この章の冒頭に触れたアウディＡ６のコマーシャルに登場したドローン軍団が、狂暴化した監視飛行物体という設定でありながら空の段ボール箱をまちがえて次々落としてしまう迷走した宅配ロボットのようにも描かれているのは、このペット的な感覚がすでに視聴者の側に芽生え始めていることをふまえてのことなのである。

これまでの監視社会論は、ジョージ・オーウェル流の「ビッグ・ブラザー」にせよベンサム＝フーコー流の「パノプティコン」にせよ、威圧的で上からのしかかってくる巨大な天蓋状の空間を想起させるものだった。しかし大小さまざまな種類のドローンがほとんど個人化されたサイズで飛び交う社会は、堅牢な格子状の空間に社会成員を収容するというよりも、真綿で心地よくくるんだようにあらかじめリスクを取り除いてくれる、柔軟で繊細な繭のような手触りをしている。近年の日本で「見守り」という保育的な用語が「監視」の婉曲語法になっていることはそのわかりやすい徴候のひとつだろう。

暗殺には十分な道具

加えてもうひとつ、この一見柔弱で親しげな飛行物体がそれでも一皮むけば軍用の「キラー・ドローン」と背中合わせのマシーンであることは疑いを容れないが、それを典型的にかいま見せるのは軍用のプレデターやリーパーではなく、一般向けの市場で安価に売られているマルチコプター型のドローンのほうなのだ。現に二〇一五年一月、アメリカで非番の大統領護衛官が近くの友人宅から遊びでドローンを飛ばし、操作を誤ってホワイトハウスの敷地内に墜落させた事件で使われたのは、前の年にＤＪＩが発売して大ヒット商品となった「ファントムⅡ」だった。また同年四月には、この事件に刺激された日本の元自衛官が東京の総理大臣官邸を狙って同型のドローンを意図的に墜落させる出来事が起こっている。さらに二〇一八年八月には、ベネズエラでいわくつきの選挙を経て再選された独裁者のマドゥロ大統領が軍隊の閲兵式典で演説中、上空に飛来した二機のドローンが空中で爆発し、暗殺未遂かとの噂でもちきりになった。このときも使用されたのはＤＪＩ製のドローンだったといわれているのである。

二〇一三年に最初期型が発売された「ファントム」シリーズは三年経った時点でも初期型が米ドルで一〇〇〇ドル、最新型（ファントムⅣ Ｐｒｏ）は二〇〇〇ドルを上回ったという代物だからとうてい子どもの玩具とはいえないが、プロの空撮業者が使用する上級機材に比べると半分ほどの価格に過ぎない。が、それでも政治的な示威行為や暗殺テロの道具には十分だということが、これらの事件を通して人々に認識されている。というよりむしろ、正規軍としての米軍が駆使する（空軍機としては破格に廉価な）一機およそ四五〇万ドルのプレデターに対して、わずか二〇〇〇ドルで空中爆破テロを仕掛けることもできるという意味で、いまなお非対称戦争は弱者の側にも健在なのである。

日常化する戦争

こうしてみると、私たちの現在はもはや、軍・民の別をしかと明示することさえできない戦争と暴力の遍在化のなかにあることを認めざるを得ないだろう。戦争の遍在化とは、すなわち戦争の日常化である。日常生活に戦争状態が織りこまれ、取り去ることのできない太い織り芯になっている、ということである。この憂鬱な事実を示すのが、毎日の紛争地帯からのニュースだ。

あれは確か二〇一七年秋の、テロ組織ＩＳＩＳが首都としていたシリアのラッカが陥落したときの報道だったと思う。英ＢＢＣの国際ニュースはことのほか熱心に現地の模様を伝え、熟練した報道カメラマンの技で、連日のレポートの終わりをドローンからの空撮映像で締めくくるのをいつしか定例化していた。空爆と戦闘で廃墟になった街の全貌が、わずかなぶれもなく速やかに上昇するドローンからの視点でしだいに明らかになり、あるところまで来るとぴたりと静止して、滅びの街を広々と映し出す。

かつて飛行機からの鳥瞰映像は、速度が速く、高度もあり過ぎて、記録のため以上の劇的な視覚効果を得るには抽象度が高すぎるものだった。それはいわば地図に似ていたのである

（そして、だからこそこの埋まらない距離をめぐるもどかしい思いが、稲垣足穂の心を占めたのだ）。それに対して、足許の地面から人の目の高さを経て高度数十メートルまで——しかも適度にゆっくりと——浮上するドローンからの空撮映像には、見る者の気持ちをわかりやすく昂揚させ、あっというまにカタルシスへと導く効果がある。そうした生理的な反応が、醜悪な戦争の無残な痕跡を見ているはずの自分のなかに生まれるのを実感するときの、このなんともいえない絶望感をどう形容すればよかったろう。

直訳すれば「空は限界」になる"Sky is the limit."という英語は、空は無限に高いのだから限りがない、つまりは「どこまでも高く」を意味するおおらかな語感の慣用表現である。けれども、いまや見るたびに絶望をもたらす空からの景観に馴れた今日の私たちは、ライト兄弟のキティホークから余りにも遠く離れて、この言い回しの朗らかさに笑みを浮かべることすらしだいにできなくなり始めているのかもしれない。それが二一世紀全体の宿命ではないことを、せめて祈るほかないのだとしても。

おわりに——リンドバーグ大統領の悲劇

さて、以上で本稿は終わる。本書の原本刊行以降、現在までの「空のアメリカ」をめぐる概観を目的とする本稿にとって、二〇一六年大統領選挙で登場したドナルド・トランプ政権の動きにはさしあたり特筆すべきものがないからである。同政権は彼に投票した有権者にとってさえ予想外といわれた驚くべき展開の末に生まれたが、発足後に明らかになった「空」に関する新規の政策は多くない。二〇一八年夏には「宇宙軍の創設」がひととき話題となったが、この種の構想は前々からいわれてきたものでもあり、いまはまだ画餅にとどまっているだろう。また二〇一八年秋には、米海軍がかねて検討していた無人機空母構想の一環としてＭＱ25‐Ａスティングレイの導入を正式決定し、開発元のボーイング社と計八億ドル強の契約を締結したことを発表した。スティングレイは当初、遠隔操縦の無人空中給油機ＲＡＱ‐25として開発されたが、軍用無人機の有用性についての理解が連邦議会にも浸透したとの認識が強まるにつれて、より重要な地位に押し出されつつある。要するに軍用無人機は、いまや既存の「軍需」の構造にも受け容れられ、深く根づいているのである。

　しかしトランプ政権に関しては、そうした話題とはまったく異なった次元で避けがたく想起されるものがある。二〇一八年五月に亡くなったフィリップ・ロスの小説『プロット・アゲンスト・アメリカ』である。

　作家逝去の報道にからめてすでに改めて紹介もされているが、二〇〇四年、アフガン／イラク戦争の混迷がますます深まるばかりだった時期に発表されたこの大冊は、初の大西洋単独横断飛行を成功させた「空の英雄」チャールズ・リンドバーグがもしも合衆国大統領になっていたら……という設定で書かれた、いわゆる偽史または「歴史改変《オルタナティヴ・ヒストリー》」小説である。一九三〇年代、大不況下の社会不安を前にした「リンディ」ことリンドバーグが当時の一部財界人——その代表格がヘンリー・フォード——に吹きこまれた反ユダヤ主義（ユダヤ陰謀史観）に深く心酔し、アドルフ・ヒトラーを「麻のごとく乱れた」ワイマール・ドイツを立て直した救国の英雄、アメリカが手をとり合うべき欧州の風雲児と見ていたことはよく知られている。またフランクリン・ローズヴェルトが三期目の大統領選に臨んだ一九四〇年の選挙のとき、庶民に人気絶大の「われらがリンディ」を候補に担ごうとする動きが共和党右派の一部に見られたことも事実だ。ロスはこれらのエピソードを手がかりに、「九・一一」事件でとめどもなく右傾化してゆくアメリカ社会に一石を投ずべく、「庶民のヒーロー」としてのリンドバーグ大統領のもとで社会が自らすすんでユダヤ人狩りに手を染めるという奇想のこの小説を書き上げたのである（もっとも、二〇一四年に出版された邦訳の訳者あとがきによればロスが最初に着想を得たのは「九・一一」よりも前のことだったというから、文学者の直観にはけだし脱帽というべきだろうか）。

作中、リンドバーグ政権が発足して本格的にファッショ化してゆく社会の空気を活写する作家の筆は目を見張るものがあるが、ここではむしろ、肝心なはずのリンドバーグという人物が小説のなかに余り表だって出てこず、華々しい活躍もしない――というところに注目しておきたい。本書でも触れたようにリンドバーグはひょろりと背の高い、控えめで押しつけがましさのない人物として公の場につねに現れており、いかにも中西部ふうの「本当の」アメリカを体現する存在と見られていた。そしてその、けっして我を忘れることのない慎ましくも頑固な自立精神こそが、本書でも触れた「翼の福音」に通じるアメリカの風土と空の文化の根底に脈打っているものでもあった。

小説のなかのリンドバーグ大統領は、ときおりふと思い出したように公衆の面前に現れ、お供もつけず、相変わらずの愛機「スピリット・オヴ・セントルイス」号に単身ひらりと飛び乗って地方遊説に出かけてゆく。行った先で群集に向けて口にするのは――

「『わが国は平和です。わが国の国民は仕事をしています。わが国の子供たちは勉強しています。そのことを申し上げるために私はここへ飛んできました。そういう状態をこれからも保つために、ワシントンへ帰ります』、これだけである。毒にも薬にもならないセンテンスのつながりにすぎない。が、丸二日にわたって全米の注目を集めてきたこれら十数万のケンタッキーの民にとっては、この世のすべての苦難が終わったと大統領が宣言してくれたように聞こえる。天地を揺るがす喝采がもう一度上がるなか、例によって口数少ない大統領が、別れの挨拶にも手を一回振っただけで、そのひょろ長い体を操縦席に押し込むと……エンジンが回り出し、孤高の鷲《ローン・イーグル》はふたたび最後に手を振る」（柴田元幸訳）

見てきたような嘘、とはまさにこのことで、しかし歴史に残されたイメージそのままにこの寡黙なカリスマは振る舞い、そして社会の側が積極的にユダヤ人狩りへと走り出してゆく。そのなんともいえず胡乱《うろん》な恐怖の設定と描写が、この偽史小説の白眉だろう。

そして翻ってこれに比べるなら、現実の世界、トランプ大統領に率いられた現今のアメリカ社会の、なんとまあ笑えない道化芝居じみていることだろう。二〇一七年一月の『ニューヨーカー』に掲載されたおそらく生涯最後のインタヴュー（但しEメールによる）で、ロスは「ナチのシンパで人種差別主義だったことを除けば」とリンドバーグについて述べている。「たぐいまれな勇気と天才的な飛行家魂に恵まれて一九二七年の大西洋横断をなしとげた偉大な空のヒーローだった。彼には個性があったし、中身もあったし、ヘンリー・フォードと同じく世界的な、あの時代の最も有名なアメリカ人だった」。そしてそれに比べると、とロスは言葉をつづける――「トランプはただの詐欺師だ」。

おそらく誰もが思い出すだろうカール・マルクスの有名な科白は「歴史は繰り返す。一度目は悲劇として、二度目は茶番劇として」というのだった。けれど、かの哲人も、まさか小説の悲劇が茶番の現実に化ける日が来るとは思いもよらなかったに違いない。

- Arthur Holland Michel, "Drones in Popular Culture," in the Blog of the Center for the Study of the Drone at Bard College, Sep.4, 2015.

*

オバマ政権の標的殺害作戦についての文学者たちの反応について、『マザー・ジョーンズ』誌がおこなったテジュ・コールへのインタビューがニューオーリンズ在住の作家カラムー・ヤ・サラームのブログに転載されている。

- http://kalamu.com/neogriot/2013/08/17/interview-tweets-teju-cole/

詩人マイケル・ロビンズの「ドローン大統領のための詩」は本人のブログに掲載されている。

- http://michaelrobbinspoet.tumblr.com/post/40735037994/this-is-a-poem-for-president-drone

最晩年のフィリップ・ロスへのEメールによるインタヴューは『ニューヨーカー』誌に掲載された。記事はインターネットでも読むことができる。

- Judith Thurman, "Philip Roth E-mails on Trump," *The New Yorker*, Jan.30, 2017.
- https://www.newyorker.com/magazine/2017/01/30/philip-roth-e-mails-on-trump

照。

• Jameel Jaffer, *The Drone Memos: Targeted Killing, Secrecy, and the Law* (The New Press, 2016).

＊

その後、2016年の大統領選挙の年には、本文で触れたようにオバマ政権の「次」がどうなるかという関心を背景に、無人機攻撃の法的・政治的・倫理的な問題をめぐる議論が急増した。

本文でも触れた通り、安全保障問題のアナリストで米外交問題評議会の元委員マイカ・ゼンコは、この問題に関するリベラル派の批判的論客の最も活発なひとりとして知られている。

• Micah Zenko, "Obama's Embrace of Drone Strikes Will Be a Lasting Legacy," *The New York Times*, Jan. 12, 2016.

また論壇誌『アトランティック』（*The Atlantic*）は、同じく2016年にさまざまな筆者による長文の寄稿論文を掲載した。その多くはインターネットでいまも読むことができる。検索キイワードはthe Atlantic, drone, signature strike, targeted killingなど。

＊

識別攻撃作戦に従事した空軍中佐の回想（本文中に引用）は、

• T・マーク・マッカーリー、ケヴィン・マウラー『ハンター・キラー――アメリカ空軍・遠隔操縦航空機パイロットの証言』深澤誉子訳　角川書店　2015年

アメリカの航空・軍事ジャーナリストによるノンフィクションに、

• リチャード・ウィッテル『無人暗殺機ドローンの誕生』赤根洋子訳　文藝春秋　2015年

オバマ政権下での標的殺害作戦について、日本のジャーナリストがまとめたものとして、

• 杉本宏『ターゲテッド・キリング――標的殺害とアメリカの苦悩』現代書館　2018年

また無人機の軍事使用についてフランスの哲学者が論じたものに、

• グレゴワール・シャマユー『ドローンの哲学――遠隔テクノロジーと〈無人化〉する戦争』渡名喜庸哲訳　明石書店　2018年

＊

軍用・民生用をふくむドローンや無人機と現代のポピュラーカルチャーの関わりについては、本文でも触れた米バード大学に拠点を置く「ドローン研究センター」のアーサー・ホランド・マイケルのブログを参照。

は、ああ、日本の婦人たちの全部を自由に飛行機に乗せることが出来、みんなをここに連れて来ることが出来るならば、どんなにいいだろう、と思ったのであった」と書いている。彼女の随筆「作戦地区の空」「空を征く心」および戦後になって空襲体験を回想した「記憶と願いと」はそれぞれ以下に収められている。

- 『佐多稲子全集』第16巻（エッセイ・戦前） 第17巻（エッセイ・戦後Ⅰ）講談社 1979年

戦中・戦後の佐多稲子を批判的に論じたものとして、

- 高崎隆治『戦場の女流作家たち』論創社 1995年

エノラ・ゲイ展をめぐる論争等については以下の文献を参照。

- 油井大三郎『日米戦争観の相剋』 岩波書店 1995年
- マーティン・ハーウィット『拒絶された原爆展――歴史のなかの「エノラ・ゲイ」』山岡清二監訳 みすず書房 1997年
- トム・エンゲルハート、エドワード・T・リネンソール編『戦争と正義――エノラ・ゲイ展論争から』島田三蔵訳 朝日選書 1998年

*

学術文庫版のために新たに書き下ろした補章では以下を参考または引用の出典とした。

軍用無人機を使用した対テロ戦争（特に識別攻撃）について、最初に警鐘を鳴らしたひとりがウォーターゲート事件報道で知られた『ワシントン・ポスト』のボブ・ウッドワード記者である。

- Bob Woodward, “Secret CIA Units Playing A Central Combat Role,” *The Washington Post*, Nov. 18, 2001.

無人機攻撃の実態を一般読者によりくわしく知らせたルポルタージュは、

- Jane Mayer, “The Predator War,” *The New Yorker*, Oct.26, 2009.

本文でも「ドン二等曹長」の言葉を引用した英『ガーディアン』紙の記事は、

- Roy Wenzl, “The Kill Chain: Inside the Unit That Tracks Targets For US Drone Wars,” *The Guardian*, Jan.23, 2018.

米空軍のなかで無人機攻撃作戦の適法性を議論した例として、

- Lt. Col. Scott T. Ecton (USAF), “Unlawful Combatants at the Controls: The CIA, Armed RPAS and LOAC,” Research report to the Air War College (Feb., 2011).

標的殺害作戦をめぐる米政府の対応と法的疑義については以下を参

・Rebecca S. Bjork, *The Strategic Defense Initiative: Symbolic Containment of the Nuclear Threat,* State University of New York Press, 1992.

　ブッシュ（父）政権の湾岸戦争、クリントン政権の旧ユーゴ問題については次の本が経緯を活写している。

・デービッド・ハルバースタム『静かなる戦争』全２巻　小倉慶郎ほか訳　PHP研究所　2003年

　ブッシュ（父）に関する世論調査については、

・阿南東也「ポスト冷戦期のアメリカ世論と対外政策――冷戦終結、大統領選挙、その後」佐藤誠三郎編『新戦略の模索――冷戦後のアメリカ』日本国際問題研究所　1994年

＊

　本書第10章は下記に収められた旧稿を改訂した。引用出典を含むくわしい注は下記を参照。

・生井英考「テロリズムと総動員の修辞学」山之内靖、酒井直樹編『総力戦体制からグローバリゼーションへ』平凡社　2003年

　９.11をめぐるアメリカ文学界の状況については、

・青山南『ネットと戦争――９.11からのアメリカ文化』岩波新書　2004年

＊

　ヴェトナム戦争時代の反戦派ジャーナリストたちのその後については、

・Jonathan Schell, "The Phony War," *The Nation*, Oct.22, 2001.
・Michael Moran, "The Wrong Metaphor," MSNBC (Dec.7, 2001), Feb.2, 2002. <http://www.msnbc.com/news/668556.asp?cp1=1>
・Scott Simon, "Even Pacifists Must Support This War," *Wall Street Journal,* Oct. 11, 2001.

　チャールズ・クラウトハマーによる「非対称戦争」論は以下にある。

・Charles Krauthammer, "Wars Of Choice, Wars Of Necessity," *Time,* Nov.5, 2001.

＊

　エピローグで触れたポール・ファッセルの「黒と白の戦争」は以下に収められている。

・Paul Fussell, "War in Black and White," *The Boy Scout Handbook and Other observations,* Oxford University Press, 1982.

　佐多稲子は「作戦地区の空」の２年後に書いた随筆「空を征く心」でも、爆撃機に搭乗して戦場に赴いた経験をふりかえって「そのとき私

• Christina Klein, *Cold War Orientalism: Asia in the Middlebrow Imagination, 1945-1961,* University of North Carolina Press, 2003.
• Thomas Doherty, *Cold War, Cool Medium: Television, McCarthyism, and American Culture,* Columbia University Press, 2003.
• Christpher Endy, *Cold War Holidays: American Tourism in France,* The University of North Carolina Press, 2004.

＊

第８章の空軍独立問題については、先述のNalty, *Winged Shield, Winged Sword*の第１巻を参照。戦略空軍の存在を誇示するためのルメイの軍事的パフォーマンスについては、

• Bud Baker, "On the Importance of Image: Some Lessons from the B-52, Curtis LeMay, and P. D. Eldred," *Aerospace Power Journal,* Summer, 1994.

ルメイの「クィック・キック」作戦については以下に記事がある。

• "Quick Kick," *Time,* Dec. 3, 1956.

戦中・戦後の米軍再編問題については以下も参照。

• 村田晃嗣『米国初代国防長官フォレスタル』中公新書　1999年

＊

ヴェトナム戦争の航空戦に関しては多数の報告書がある。以下は、第二次大戦、朝鮮戦争、ヴェトナム戦争を比較した空軍の出版物。

• William W. Momyer, *Air Power in Three Wars: WW II, Korea, Vietnam,* U.S. Government Printing office, 1983.

ディッキー・シャペルについては彼女の自伝および伝記を参照。

• Dickey Chapelle, *What's A Woman Doing Here?: A Reporter's Report on Herself,* Morrow, 1962.
• Roberta Ostroff, *Fire in the Wind: The Life of Dickey Chapelle,* Naval Institute Press, 2001.

＊

第９章の戦略防衛構想について。政策論争全体については、

• 斎藤直樹『戦略防衛構想――ミサイル防衛論争を振り返って』慶應通信　1992年

レーガン政権の政策決定を描く優れたノンフィクションに、

• Frances FitzGerald, *Way Out There in the Blue: Reagan, Star Wars and the End of the Cold War,* Simon & Schuster, 2000.

SDI計画を宗教社会学的な観点で論じた独創的な仕事に、

• Edward T. Linenthal, *Symbolic Defense: The Cultural Significance of the Strategic Defense Initiative,* University of Illinois Press, 1989.

During World War II, University of Massachusetts Press, 1984.
- Leisa D. Meyer, *Creating GI Jane: Sexuality and Power in the Women's Army Corps During World War II*, Columbia University Press, 1996.
- 佐藤千登勢『軍需産業と女性労働』彩流社　2003年
- 兼子歩「戦争とジェンダー」紀平英作、油井大三郎編『グローバリゼーションと帝国』ミネルヴァ書房　2006年

*

原爆投下については日米で実証的にその非を問う論が多数ある。以下はその一部。

- ロナルド・タカキ『アメリカはなぜ日本に原爆を投下したのか』山岡洋一訳　草思社　1995年
- ロナルド・シェイファー『アメリカの日本空襲にモラルはあったか――戦略爆撃の道義的問題』深田民生訳　草思社　1996年

*

1940年代初頭における「ひとつの世界」論の高まりについては以下を参照。

- Wendell L. Willkie, "One World," completely compiled in *Preface to Peace,* Simon and Shuster, 1943.
- 高田馨里「第二次大戦期、アメリカ合衆国における『新しい世界観』の広がり――『航空時代の教育』の普及努力を中心に」『歴史学研究』第759号　2002年
- 西崎文子『アメリカ外交とは何か』 岩波新書　2004年

*

第７章では戦後冷戦期の大衆消費社会のイメージを描いたものとして、

- デイヴィッド・ハルバースタム『ザ・フィフティーズ』上下 金子宣子訳　新潮社　1997年

近年、冷戦時代に関する文化研究が大きな成果を上げている。

- Lary May, *The Big Tomorrow: Hollywood and the Politics of the AmericanWay*, University of Chicago Press, 2000.
- Joanne P. Sharp, *Condensing the Cold War: Reader's Digest and American Identity,* Minneapolis: Univ. of Minnesota Press, 2000.
- Cynthia Hendershot, *I Was a Cold War Monster: Horror Films, Eroticism, and the Cold War Imagination,* Popular Press, 2001.
- Jerome F. Shapiro, *Atomic Bomb Cinema: The Apocalyptic Imagination on Film*, Routledge, 2001.

the Dawn of the Atomic Age, The University of North Carolina Press, 1985.

日本でも戦略爆撃を対象とする評論やノンフィクション、資料集が近年増えてきた。

・前田哲男『戦略爆撃の思想――ゲルニカ-重慶-広島への軌跡』 朝日新聞社 1988年
・中山伊佐男編著『ルメイ・最後の空襲――米軍資料に見る富山大空襲』 桂書房 1997年
・E・バートレット・カー『東京大空襲』大谷勲訳 光人社 2001年
・奥住喜重、日笠俊男『ルメイの焼夷電撃戦』 岡山空襲資料センター 2005年

戦略爆撃に関する日本の国際法解釈の変化をたどった論考に、

・伊香俊哉「戦略爆撃から原爆へ――拡大する『軍事目標主義』の虚妄」 倉沢愛子ほか編『岩波講座 アジア・太平洋戦争５ 戦場の諸相』 岩波書店 2006年

ビリー・ミッチェルの伝記として、

・William Schwarzer , *The Lion Killers: Billy Mitchell and the Birth of Strategic Bombing,* Aerial Perspective, 2003.

第一次・第二次大戦での兵士の体験と記憶に関してはポール・ファッセルの２冊の著書が頼りになる。以下の前者は第一次大戦、後者は第二次大戦についてのもの。

・Paul Fussell, *The Great War and Modern Memory*, Oxford University Press, 1975.
・Paul Fussell, Wartime: *Understanding and Behavior in the Second World War,* Oxford University Press, 1989.（ポール・ファッセル『誰にも書けなかった戦争の現実』宮崎尊訳 草思社 1997年）

第二次大戦時の戦時動員について。黒人社会の「ダブルV」キャンペーンの事例研究は、

・Beth Bailey and David Farber, “The ‘Double-V’ Campaign in World War II Hawaii: African Americans, Racial Ideology, and Federal Power,” *Journal of Social History,* Vol. 26 (Summer, 1993).
・Lawrence P. Scott, and William M. Womack, Sr., *Double V: The Civil Rights Struggle of the Tuskegee Airmen,* Michigan State University Press, 1994.

第二次大戦下の女性軍需労働と女性部隊について。

・Maureen Honey, *Creating Rosie; the Riveter:Class, Gender, and Propaganda*

• James Morgan Read, *Atrocity propaganda, 1914-1919* , Yale University Press, 1941.

第一次大戦期のアメリカにおける言論検閲と国民統合については、

• 中野耕太郎『戦争のるつぼ——第一次世界大戦とアメリカニズム』人文書院　2013年

＊

第３章では先述のCorn, *The Winged Gospel*のほか、以下を参考にした。

• 多田憲一『飛行機の科學と藝術』 厚生閣書店　1931年
• 稲垣足穂『ライト兄弟に始まる』 徳間書店　1970年

多田は哲学者で、その後『擊滅の哲学——近代戦の本質的考察』（東文館、1943）でファシズムに急傾斜した。

マシーン・エイジについては以下を参照。大戦間期の美術史とデザイン史を橋渡しし、「精密派《プレシジョニズム》」美術の再評価に貢献した。

• Richard Guy Wilson, *The Machine Age in America, 1918-1941*, Harry N. Abrams, 1986.

「消費」は近年の社会史研究のなかで最も発達した主題のひとつ。以下にはその成果がよく反映されている。

• 常松洋、松本悠子編『消費とアメリカ社会——消費大国の社会史』 山川出版社　2005年

＊

第４章から第６章までにまたがる戦略爆撃について、戦争政策としての歴史的有効性を論じたものに以下がある。

• Robert A. Pape, *Bombing To Win: Air Power and Coercion in War,* Cornell University Press, 1996.

第二次大戦における戦略爆撃の批判的評価として次のものがある。終章でハンブルク、ドレスデン、東京、広島、長崎の５都市を比較している。

• Stewart Halsey Ross, *Strategic Bombing by the United States in World War II: The Myths and the Facts,* McFarland & Co., 2003.

アメリカ空軍史を原爆投下に至る戦略爆撃の歴史として捉えた重要な業績に、

• Michael S. Sherry, *The Rise of American Air Power: The Creation of Armageddon,* Yale University Press, 1987.

原爆投下を社会思想史の観点から捉えた優れた業績に、

• Paul Boyer, *By the Bomb's Early Light: American Thought and Culture at*

だった。1980年代までアメリカ空軍士官学校の教科書に使われたMonro MacCloskey, *The United States Air Force* (Praeger, 1967)などはその好例だろう。しかし1980年代からは軍の歴史部や軍事専門のシンクタンクに歴史の博士号を持つ研究者が籍を置く例が増えている。これまでのところ最も精度の高い空軍史は統合参謀本部歴史局のバーナード・ナルティによる上記の編書である。なお、上記の陸軍史の著者ラッセル・ウェイリーは2004年に物故したテンプル大学の有名な歴史学者だった。近年ではプリンストン大学で教鞭をとっていたジョン・キーガンが戦争の文明史家として最も有名だろう。

マハン海軍戦略の歴史的重要性については次の３冊が役立つ。

- Ronald Spector, *Professors of War: The Naval War College and the Development of the Naval Profession,* Naval War College Press, 1977.
- John B. Hattendorf, ed., *The Influence of History on Mahan: The Proceedings of a Conference Marking the Centenary of Alfred Thayer Mahan's The Influence of Sea Power upon History, 1660-1783,* Naval War College Press, 1991.
- James Goldrick and John B. Hattendorf, eds., *Mahan Is Not Enough: The Proceedings of a Conference on the Works of Sir Julian Corbett and Admiral Sir Herbert Richmond,* Naval War College Press, 1993.

日本の歴史学者によるアメリカ近代史と戦争の関わりについては、

- 油井大三郎『好戦の共和国アメリカ——戦争の記憶をたどる』岩波新書　2008年

他方、アメリカの日本近現代史家による「アメリカの戦争」論として、

- ジョン・W. ダワー『アメリカ 暴力の世紀——第二次大戦以降の戦争とテロ』田中利幸訳　岩波書店　2017年

＊

大戦間期のアメリカで刊行された第一次世界大戦のプロパガンダ研究には以下のようなものがある。ラスウェルはシカゴ学派を代表する政治学者で、最初の本は彼の書いたプロパガンダ論の古典。

- Harold D. Lasswell, *Propaganda Technique of the Great War* , K. Paul, Trench, Trubner & Co., Ltd., 1927.
- Leonard W. Doob, *Propaganda : Its Psychology and Technique* , Henry Holt, 1935.
- H. C. Peterson, *Propaganda for War: The Campaign Against American Neutrality, 1914-1917* , University of Oklahoma Press , 1939.

参考文献

アメリカ合衆国の航空史は航空技術史、産業・政策史、軍事史・戦史、政治・社会思想史、ジェンダー論、大衆文化史まで多様な分野にまたがる。

最初に目につくのはライト兄弟伝や初期の航空技術史で、スミソニアン協会航空宇宙博物館のトム・クラウチはこの分野の権威として知られる。彼の主著は以下の２冊。前者はライト兄弟の伝記の決定版とされる。後者はライト兄弟以前の航空開発者たちの足跡をたどる。第１章でのラングレー、シャヌートらについて特に参考とした。

- Tom D.Crouch,*The Bishop's Boys: A Life of Wilbur and Orville Wright,* W.W. Norton, 1989.
- Tom D.Crouch,*A Dream of Wings: Americans and the Airplane, 1875-1905,* Smithsonian Institution Press, 1989.

*

第１章や第３章で触れた航空文化の大衆的受容については、

- Joseph J. Corn, *The Winged Gospel: America's Romance With Aviation, 1900-1950,* Oxford University Press, 1983.

和書では次のものが技術史から飛行家の列伝まで目を配って有用である。

- 吉川康夫『航空の世紀』 技報堂出版 1996年

*

第２章で触れた合衆国陸軍の通史、および空軍史と航空軍事史については、

- Russell F. Weigley, *History of the United States Army,* Indiana University Press, 1984.
- C.J. Heatley, *Forged In Steel: U.S. Marine Corps Aviation,* Naval Institute Press, 1987.
- Bernard C. Nalty, ed., *Winged Shield, Winged Sword: A History of the United States Air Force,* 2 vols., 1997.
- Richard R. Burgess, *The Naval Aviation Guide,* 5th Edition, Naval Institute Press, 1997.

いずれも米国陸海空軍の士官学校で教科書としても使われてきたものである。かつて軍事史はリデル・ハートに代表されるイギリスの戦略史家の独壇場で、アメリカ各軍の通史は退役軍人の好事家が書くのが通例

西暦	アメリカ史	日本および世界
	爆。7 米ロ首脳会談。8 サブプライムローン問題で金融市場混乱	自民党大敗。ペルーで大地震。郵政民営化
2008	3 ABCテレビ、イラクのフセイン政権とアル・カイーダは無関係と報道。11 大統領選で民主党バラク・オバマ候補が勝利	北京オリンピック。リーマン・ショックによる世界的金融危機
2009	1 USエアウェイズ機、ハドソン川に不時着。7 オバマ大統領、ロシアと戦略核削減の共同文書に署名。10 オバマ大統領にノーベル賞	日本､民主党政権発足。サモア沖、スマトラ島沖で大地震
2010	1 オバマ大統領、一般教書演説でアフガニスタン駐留米軍撤退を表明。3 医療保険改革法（オバマ・ケア）成立	ハイチ､チリで大地震。尖閣諸島沖で中国船と海保の巡視船衝突
2011	7 スペースシャトル最終飛行。12 米軍、イラクからの撤退完了、イラク戦争終結宣言	東日本大震災・原発事故。金正日総書記死去
2012	8 NASAの探査機が火星に到着 12 民主・共和両党、歳出の強制削減を2ヵ月間凍結する法案を可決し、「財政の崖」を回避	ギリシャ財政危機・ヨーロッパ債務危機。衆院選で自民党圧勝
2013	10 予算案が成立せず、一部政府機関が17年ぶりに閉鎖	安倍政権、集団的自衛権行使を容認
2014	1 オバマ・ケアの保険適用開始。8 アメリカ他の連合軍が、ISIL（IS）に対して空爆開始。	日本、消費税8%に。露でウクライナ危機
2015	6 最高裁判所、同性婚を合法化。7 キューバと54年ぶりに国交回復。12 米連邦準備制度理事会（FRB）、9年半ぶりにゼロ金利解除	日本、安保関連法案成立、反対運動が高揚。パリ、同時多発テロ
2016	5 オバマ大統領、現職大統領として初めて被爆地・広島を訪問。11 大統領選で共和党ドナルド・トランプ候補が勝利	英、国民投票でEU離脱。熊本、鳥取等M6超の地震続発
2017	4 トランプ大統領、中国・習近平国家主席と米中会談。6 トランプ大統領、地球温暖化対策の「パリ協定」から離脱を表明	森友・加計問題、国会で論議。北朝鮮弾道ミサイル発射
2018	5 在イスラエル米国大使館をテルアビブからエルサレムへ移転。6 トランプ大統領、北朝鮮・金正恩委員長と米朝首脳会談	韓国と北朝鮮、首脳会談開催。オウム真理教死刑囚に死刑執行

西暦	アメリカ史	日本および世界
2001	3 ジョージ・W・ブッシュ大統領、京都議定書からの離脱を表明。5 ブッシュ大統領、新ミサイル防衛構想を提唱。9 ニューヨークの世界貿易センタービルなど同時多発テロ起きる（9・11事件）。10 米英連合軍、アフガニスタンのタリバン政権を攻撃	英で、口蹄疫に感染した豚を発見、感染広まる。アフガニスタンのタリバン政権、バーミヤン石窟の石像等の破壊を命令
2002	1 ブッシュ大統領、一般教書演説でイラン、イラク、北朝鮮を「悪の枢軸」と非難。5 露と戦略攻撃力削減条約締結。8 ラムズフェルド国防長官、国防報告において対テロ先制攻撃辞さずと言明。10 米英政府、国連安保理にイラクへの査察と武力行使容認を提示	イスラエル軍、アラファトPLO議長を幽閉。国連安保理、イラクへの民生品輸入規制を解除。北朝鮮、IAEAの査察官を追放
2003	2 スペースシャトル・コロンビア号着陸直前に空中分解、7人死亡。パウエル国務長官、イラクの大量破壊兵器の計画・保有の情報を国連で発表。3 米英軍、イラク領内に侵攻。4 米英軍、バグダッドを制圧、フセイン政権崩壊。5 ブッシュ大統領、イラクにおける戦闘終了を宣言。12 イラクの米英占領当局、フセイン元大統領を拘束	新型肺炎SARS世界各地で猛威をふるう。日米英等の国際チーム、ヒトゲノム解読完了を宣言。日本、イラク復興特別措置法成立
2004	4 CBSテレビ、米軍兵士によるイラク人捕虜虐待場面を放映。9 パウエル国務長官、イラクの大量破壊兵器の発見を断念。10 米政府調査団、イラクに大量破壊兵器なしと報告	日本の陸上自衛隊、イラクへ派遣。スマトラ沖で大地震、津波の被害甚大
2005	7 スペースシャトル・ディスカバリー号、2年半ぶりに打ち上げ。8 ハリケーン「カトリーナ」フロリダに上陸、死者1000人を超える	中国、韓国で反日デモ相次ぐ。ロンドンで同時爆破テロ
2006	6 イラク駐留米軍、アルカイダ幹部ザルカーウィを空爆で殺害。9 上院、イラクのフセイン政権は、大量破壊兵器を計画・保有しておらず、アルカイダとの関係もないと結論	北朝鮮、日本海に向け弾道ミサイル発射。イラク派遣の自衛隊、第一陣帰国
2007	1 米軍、ソマリアのアルカイダ関連施設を空	中越沖地震。参院選で

西暦	アメリカ史	日本および世界
1985	11 レーガン、ゴルバチョフと米ソ首脳会議	G5、プラザ合意
1986	4 米空軍、リビア政府のテロ支援に対する報復としてトリポリなどを爆撃。11 イラン・コントラ疑惑浮上	ソ連、チェルノブイリ原発事故
1987	10 ニューヨーク株式市場で株価大暴落（暗黒の月曜日）。12 米ソ、INF全廃条約に調印	ソ連でペレストロイカ政策が推進
1989	12 米ソ首脳、マルタ会談で冷戦終結を宣言	中国で天安門事件。ベルリンの壁崩壊
1990	8 米軍、イラクのクウェート占領に対しサウジアラビアに派兵	東西ドイツ統一
1991	1 ジョージ・H.W.ブッシュ大統領、「新世界秩序」演説。7 米ソ、第1次戦略兵器削減条約（START-Ⅰ）調印	国連多国籍軍、イラクを攻撃（湾岸戦争）。ソ連解体
1992	4 ロサンジェルスで大規模な人種暴動事件起こる。12 米軍、ソマリアへ派兵	ユーゴスラヴィア解体、内戦が始まる
1993	1 米露、第2次戦略兵器削減条約（START-Ⅱ）調印。2 ニューヨーク世界貿易センタービルで爆破事件。10 ソマリアで米兵が惨殺され、米軍が撤退を始める	イスラエルとPLO、パレスチナ暫定自治を合意。欧州連合（EU）発足
1994	1 北米自由貿易協定（NAFTA）発効。ロサンジェルスで大地震	南ア大統領にマンデラ就任
1995	4 オクラホマ連邦ビルで爆破テロ	阪神・淡路大震災、国
1996	8 福祉改革法成立。9 イラクへ空爆	連、CTBT採択
1997	8 カリフォルニア州、アファーマティヴ・アクション（積極的優遇措置）を撤廃	香港、中国に返還
1998	3 米軍、アフガニスタンとスーダンのテロ関連施設をミサイル攻撃。12 米英空軍、国連大量破壊兵器査察を拒否したイラクを空爆	インド、パキスタン、相次いで核実験
1999	1 上院、クリントン大統領に対する弾劾裁判（無罪）。3 NATO軍、コソヴォを空爆。12 パナマ運河をパナマに返還	EU、単一通貨ユーロ導入。NATO軍、セルビアを空爆
2000	6 連邦地裁、マイクロソフトに分割命令	露、チェチェン制圧

西暦	アメリカ史	日本および世界
	国を訪問。8 ニクソン大統領、ドルと金の交換停止などを含む「新経済政策」を発表（ニクソン・ショック）	ヵ国蔵相会議で、スミソニアン合意
1972	2 ニクソン大統領訪中、上海コミュニケを発表。5 米ソ、第1次戦略兵器制限交渉（SALT-Ⅰ）と弾道弾迎撃ミサイル（ABM）制限条約に調印。6 ウォーターゲート事件発覚。12 アポロ17号打ち上げ（アポロ計画終了）	連合赤軍、浅間山荘事件。日中共同声明（日中国交正常化）
1973	1 北ヴェトナムとヴェトナム和平協定調印。2 ドル10%切り下げ。3 米軍、南ヴェトナムから撤退完了	第4次中東戦争。第1次オイルショック
1974	7 下院司法委員会、ニクソン大統領弾劾を勧告。8 ニクソン大統領、辞任	1975年、南ヴェトナム、サイゴン陥落
1976	2 上院公聴会でロッキード社の航空機売り込み工作を暴露	中国で四人組事件
1977	2 カーター大統領、国連演説で「人権外交」を打ち出す	チェコの自由派知識人「憲章77」を発表
1978	11 緊急ドル防衛策を発表、為替市場への介入強化	イラン革命。第2次オイルショック
1979	1 中国と国交樹立。3 スリーマイル原発で事故発生。6 米ソ、第2次戦略兵器制限交渉（SALT-Ⅱ）調印（批准は不成立）	中越戦争。イランで米大使館人質事件。ソ連、アフガンに侵攻
1981	1 レーガン大統領、就任演説で「小さな政府」を提唱。4 スペースシャトル、コロンビア号、飛行成功。10 レーガン大統領、MXミサイルの開発・配備等軍拡路線を明確化	1980年、韓国で光州事件。ポーランドで「連帯」結成。イラン・イラク戦争（～88）
1982	1 レーガン大統領、新連邦主義を提唱。6 米ソ、戦略兵器削減交渉（START）開始	フォークランド（マルビナス）紛争
1983	1 米ソ、中距離核戦力（INF）制限交渉開始。3 戦略防衛構想（SDI）発表。10 米軍、カリブ6ヵ国軍とともにグレナダに侵攻	大韓航空機、サハリン上空でソ連軍機に撃墜される

西暦	アメリカ史	日本および世界
	ソ首脳会議中止	
1961	1 キューバと国交断絶。4 対キューバのピッグズ湾上陸作戦失敗。5 米国初の有人宇宙ロケット打ち上げに成功。ケネディ大統領、10年以内の有人月探査船打ち上げを声明	ソ連の有人宇宙船ヴォストーク1号、地球一周飛行に成功。ベルリンの壁構築
1962	2 対キューバ全面禁輸命令。10 ケネディ大統領、ソ連のキューバ・ミサイル基地建設中止と海上封鎖を声明（キューバ危機）	中国、米U2型機1機を撃墜と発表
1963	8 人種差別撤廃を求めるワシントン行進に20万人参加。11 ケネディ大統領暗殺、ジョンソン、大統領に就任	米英ソ、部分的核実験停止条約調印
1964	7 公民権法成立。8 国防総省、米駆逐艦が北ヴェトナム魚雷艇に攻撃されたと発表（トンキン湾事件）	東京オリンピック開催。中国、核実験に成功
1965	2 北ヴェトナムへの爆撃開始。4 ワシントンで1万人の反戦デモ。5 ジョンソン大統領、ドミニカの共産化防止を表明。8 ロサンジェルスのワッツで黒人暴動。10 移民法成立（西欧優先の割当制度廃止）	ソ連のレオノフ、初の宇宙遊泳に成功。日韓基本条約調印
1966	10 全米女性機構（NOW）発足	中国で文化大革命発動
1967	1 宇宙平和利用条約調印。7 デトロイトで大規模な黒人暴動、全米各地に波及	第3次中東戦争。欧州共同体（EC）発足
1968	4 キング牧師、暗殺。5 ヴェトナム和平会談開始。黒人による「貧者の行進」。6 ロバート・ケネディ大統領候補、暗殺。10 ジョンソン大統領、北爆全面停止を声明	北ヴェトナム、テト攻勢。パリで五月危機。核拡散防止条約調印。チェコ事件
1969	3 上院、核拡散防止条約を批准。7 アポロ11号、月面着陸に成功。11 ワシントンの反戦集会に25万人参加	機動隊、東大安田講堂の学生を排除
1970	4 米軍、カンボジアに侵攻。11 米ソ、核拡散防止条約を批准	中国、人工衛星打ち上げに成功
1971	7 キッシンジャー大統領補佐官、秘密裏に中	沖縄返還協定調印。10

西暦	アメリカ史	日本および世界
1948	4 米州21ヵ国、ボゴタ憲章に調印（米州機構〔OAS〕結成）。7 トルーマン大統領、連邦政府職員雇用における人種差別禁止を命令。11 蔣介石、トルーマンに緊急軍事援助要請	ガンディー暗殺。ソ連、ベルリン封鎖開始（～49）。イスラエル共和国成立
1949	1 トルーマン大統領、年頭教書で「フェアディール政策」を発表。4 NATO条約、ワシントンで調印	北大西洋条約機構（NATO）成立。中華人民共和国成立
1950	1 トルーマン大統領、台湾不介入を声明。2 マッカーシー上院議員、国務省に共産主義者がいると告発、マッカーシー旋風起こる	インド共和国成立。朝鮮戦争始まる（～53）
1951	4 ローゼンバーグ夫妻、原子力スパイ容疑で死刑判決	サンフランシスコ講和条約
1952	6 インドシナへの軍事援助を発表。マッカラン＝ウォルター移民法成立。11 エニウェトク環礁で水爆実験	キューバのバディスタがクーデタ。エジプト革命
1953	1 ダレス国務長官「巻き返し」政策発表	ソ連、水爆保有を宣言
1954	1 ダレス国務長官、大量報復戦略を表明。3 ビキニ水域で水爆実験。5 最高裁、公立学校における人種隔離教育に違憲判決。12 上院、マッカーシー非難決議案可決	ジュネーヴ協定調印。第5福竜丸、ビキニ水域で被爆
1955	12 キング牧師「バス・ボイコット」を指導（～56年12月）	1956年、ハンガリー事件。スエズ戦争始まる 1957年、ソ連、人工衛星スプートニク1号の打ち上げ成功
1958	1 人工衛星エクスプローラー打ち上げ成功。7 海兵隊、レバノンに進駐。航空宇宙局（NASA）設置法設立	ヨーロッパ経済共同体（EEC）発足。アルジェリア独立戦争
1959	9 フルシチョフソ連首相訪米、キャンプ・デーヴィッドで米ソ首脳会談、緊張緩和で合意	キューバ革命。中ソ対立激化
1960	2 人種差別に抗議する「座り込み」運動始まる。5 U2偵察機、ソ連上空で撃墜され、米	日本で安保闘争激化。コンゴ紛争

西暦	アメリカ史	日本および世界
	ルカディア」戦争指導会議始まる	
1942	1 メキシコと共同防衛委員会設置。2 日系人に対し強制移住命令。3 参謀本部、北フランス上陸計画（マーシャル計画）作成。6 米ソ相互援助条約調印。第２次米英戦争指導会議開催。8 原爆製造のための「マンハッタン計画」発足。10 ド・ゴール政権を承認。英とともに対中不平等条約撤廃を発表。12 シカゴ大学でウランの核分裂に成功	連合国26ヵ国、ワシントンで連合国共同宣言調印。日米、ミッドウェー海戦。独、スターリングラードを攻撃、スターリングラード攻防戦始まる（～43）
1943	1 モロッコのカサブランカで第３次米英戦争指導会議開催。6 スミス＝コナリー反ストライキ法成立。12 中国人移民排斥法廃止	米英軍、ローマに空爆、ハンブルク、ベルリンに重爆撃。伊、無条件降伏
1944	6 米軍サイパン島に上陸。7 グアム島、テニアン島に上陸。10 レイテ沖海戦（24日）。中国基地のB-29、北九州を空襲（25日）。11 マリアナ基地のB-29、東京を空襲	連合軍、ノルマンディ上陸作戦。ブレトンウッズで連合国44ヵ国、経済会議開催
1945	4 米軍、沖縄に上陸（１日）ローズヴェルト急死、トルーマンが大統領に（12日）。5 トルーマン大統領、日本に無条件降伏を勧告。7 ニューメキシコ州アラモゴルドで初の原子核爆発実験に成功。8 広島・長崎に原爆投下。12 トルーマン大統領、マーシャル特使を中国に派遣、中国の国共内戦の調停へ	ヤルタ会談。独、無条件降伏。米英ソ、ポツダム宣言発表。日本無条件降伏。第二次世界大戦終結。国際連合成立。ニュルンベルク国際軍事法廷開廷
1946	8 マクマホン法成立（原子力委員会設置）。12 トルーマン大統領、公民権に関する諮問委員会設置	極東国際軍事裁判開廷。インドシナ戦争始まる
1947	3「トルーマン・ドクトリン」発表。6 マーシャル国務長官、対外援助法（マーシャル・プラン）発表。7 国家安全保障法成立。ジョージ・ケナン、対ソ封じ込めを提唱。9 米州相互援助条約（リオ条約）調印	コミンフォルム結成。国連、パレスチナ分割案を採択

西暦	アメリカ史	日本および世界
	輸）。11 AFL大会で、産業別労働組合委員会（CIO）結成	
1936	1 最高裁、AAAに違憲判決。2 第2次中立法成立（交戦国への貸付禁止）	日本で二・二六事件。スペイン市民戦争始まる（～39）
1937	5 第3次中立法成立（軍需品輸出の現金決済等）。10 ローズヴェルト大統領、日独を侵略国家として非難（隔離演説）	盧溝橋事件、日中戦争始まる。中国で第2次国共合作
1938	2 新農業調整法成立。5 海軍拡張法（ヴィンソン法）成立。11 CIO、産業別労働組合会議（CIO）として独立	独、オーストリアを併合。ミュンヘン協定
1939	1 ローズヴェルト大統領、年頭教書で国際危機への対処を強調。2 行政府再編法成立。9 ローズヴェルト大統領、第二次世界大戦に中立の姿勢を表明。11 議会、中立法修正し、武器禁輸等の条項を撤廃	満蒙国境で日ソ軍衝突（ノモンハン事件）。独、ポーランドに侵攻、第二次世界大戦始まる
1940	1 日米通商条約失効。6 外国人登録法（スミス法）制定。7 汎米外相会議開催、ハバナ宣言を採択（米大陸の共同防衛）。9 英と駆逐艦・基地交換協定調印。選抜徴兵法公布。12 ローズヴェルト大統領、米国が「民主主義の兵器廠」となる旨の演説を発表	独軍、パリを占領。ソ連、バルト3国を併合。日独伊三国同盟調印。日本、大政翼賛会発足
1941	1 ローズヴェルト大統領、年頭教書で「4つの自由」演説。ワシントンで米英参謀本部の秘密会議始まる（～3月）。3 武器貸与法成立。5 非常事態宣言。6 独伊の在米資産を凍結。7 米英中、重慶で軍事合作会議。在米日本資産を凍結。8 対日石油輸出全面禁止。米英首脳会談、共同宣言（大西洋憲章）発表。11 議会、米商船の武装、交戦国への武器輸送承認。12 対日、対独伊に宣戦布告。ローズヴェルト大統領とチャーチル英首相の「ア	日ソ中立条約締結。ヴェトナム独立同盟（ヴェトミン）結成。独ソ戦争始まる。日本でゾルゲ事件。日本、ハワイ真珠湾空襲、太平洋戦争始まる

西暦	アメリカ史	日本および世界
	8月にいったん撤退)	
1927	5 リンドバーグ、北大西洋単独無着陸横断	日本で金融恐慌
1928	7 中国の関税自主権を承認	パリ不戦条約調印
1929	10 ニューヨーク株式市場で株大暴落(暗黒の木曜日)、大恐慌始まる	
1930	2 ハイチにフォーブス委員会を派遣。6 フーヴァー大統領、スムート=ホーリー関税法(輸入原料に対する高関税)に署名	ロンドン海軍軍縮条約調印。ガンディー、第2次非暴力抵抗運動開始
1931	6 フーヴァー大統領、賠償及び戦債支払いの1年間モラトリアムを提案	スペイン第2共和政成立。満州事変始まる
1932	1 スティムソン国務長官、満州事変に関し不承認を表明。3 ノリス=ラガーディア法成立(労働者の権利保全)	上海事変。満州国成立
1933	3 フランクリン・ローズヴェルトが大統領に就任(4日)、翌5日、4日間全国的に銀行休日を宣言。4 金本位制廃止。5 連邦緊急救済法、農業調整法(AAA)、テネシー川流域公社(TVA)法、成立。6 全国産業復興法(NIRA)成立。11 ソ連を承認。12 憲法修正第21条(禁酒条項廃止)発効	ヒトラー、独の首相に就任、ナチス政権獲得。日本、国際連盟脱退。キューバのバティスタ、クーデタを起こす。独、国際連盟を脱退
1934	3 タイディングズ=マクダフィ法成立(10年後のフィリピン独立を承認)。5 米の内政干渉権を認めるキューバ憲法のプラット修正条項を廃止。6 インディアン再組織法制定(部族による土地の共同所有、管理及び独自の文化の育成等)	ウィーンでナチスの一揆起こる。ソ連、国際連盟に加入。スターリンによる粛清政治始まる
1935	1 ローズヴェルト大統領、年頭教書で改革の推進を強調(第2次ニューディール)。5 最高裁、NIRAに違憲判決。7 全国労働関係法(ワグナー法)成立。8 社会保障法成立、第1次中立法成立(交戦国への武器弾薬の禁	第7回コミンテルン大会で人民戦線テーゼを採択。伊、エチオピアに侵入、エチオピア戦争始まる

西暦	アメリカ史	日本および世界
1917	1 ウィルソン大統領、「勝利なき平和」演説。4 対独宣戦布告（第一次世界大戦参戦）。5 選抜徴兵法成立。6 防諜法成立。11 石井＝ランシング協定（中国での特殊権益等）成立	第２次ロシア革命（二月革命・十月革命）。英、バルフォア宣言
1918	1 ウィルソン大統領、平和「14ヵ条」発表。4 戦時労働委員会設置。5 治安法成立。8 米軍、シベリアに出兵（〜20年４月）	日本で米騒動。ドイツ革命。第一次世界大戦終結
1919	1 憲法修正第18条（禁酒法）発効。2 ウィルソン大統領、国際連盟規約を提案。6 ヴェルサイユ条約調印。10 ヴォルステッド法（全国禁酒法）成立（20年１月実施）。11 上院、ヴェルサイユ条約批准案否決	朝鮮で三・一独立運動。インドのガンディー、第1次非暴力抵抗運動開始（〜22）。中国で五・四運動
1920	1 パーマー司法長官の「赤狩り」により、多数の逮捕者。3 上院、ヴェルサイユ条約留保付き批准案も否決。5 強盗殺人容疑でサッコとヴァンゼッティ逮捕（国内外で赦免運動が広がったが、27年処刑）。8 憲法修正第19条（婦人参政権）発効	国際連盟発足。ドイツ労働者党、国家社会主義労働者党（ナチス）に改称。ヒトラー、25ヵ条綱領を発表
1921	5 移民制限法成立。11 ワシントン海軍軍縮会議開催（〜22年２月）	中国共産党創立
1922	12 ハーディング大統領、年次教書で政府支出の削減、減税等を表明	オスマン帝国滅亡。ソ連邦成立
1923	8 ハーディング急死、カルヴィン・クーリッジ大統領に。10 議会でハーディング期の汚職調査が始まる（ティーポット・ドーム・スキャンダル）	仏・ベルギー軍、独のルール地方に侵入・占領。関東大震災。独でミュンヘン一揆
1924	4 賠償専門委員会、独の賠償支払い案（ドーズ案）を発表。5 移民割当法成立（国別割当による移民制限。日本人移民禁止）	中国、第１次国共合作。モンゴル人民共和国成立
1925	7 高校の教師ジョン・スコープス、進化論を講義したため有罪判決（スコープス裁判）	上海で五・三〇事件
1926	5 海兵隊、再度ニカラグアに上陸（前年25年	蔣介石、北伐開始

西暦	アメリカ史	日本および世界
	白艦隊、世界周航に出発（～09年２月）	
1908	11 高平＝ルート協定（太平洋地域における現状維持、中国における商業の機会均等）	青年トルコ党革命
1909	8 ペイン＝オルドリッチ関税法成立（関税率の引き下げ）	
1910	6 マン＝エルキンズ法成立（鉄道、電信、電話等、ICC州際通商委員会の権限を拡大）。8 ローズヴェルト大統領「ニュー・ナショナリズム」を宣揚	日本で大逆事件。日本、韓国を併合。南アフリカ連邦、英の自治州として発足
1911	1 ラ・フォレット上院議員、全米革新共和党連盟を結成。5 最高裁、シャーマン反トラスト法に基づき、スタンダード石油会社、アメリカ煙草会社に解散命令。この年フォード、自動車の大量生産開始	第２次モロッコ事件。トリポリ戦争始まる（～12）。中国で辛亥革命始まる
1912	8 タフト大統領、ニカラグア介入を決定、同国へ海兵隊を派遣	清朝滅亡、中華民国成立。第１次バルカン戦争始まる
1913	5 カリフォルニア州で排日移民法成立。10 アンダーウッド関税法成立（奢侈品以外の関税一律30%引き下げ）	第２次バルカン戦争始まる。ブカレスト講和条約調印
1914	4 ウィルソン大統領、海兵隊をメキシコに派遣しヴェラクルスを占領。8 ウィルソン大統領、第一次世界大戦に対し中立を宣言。10 クレイトン反トラスト法成立	サラエボ事件。第一次世界大戦始まる
1915	5 英客船ルシタニア号、独潜水艦に撃沈される（米国人128名死亡）。7 海兵隊、革命運動弾圧のためハイチに上陸	日本、中国に21ヵ条の要求。独軍、ワルシャワ占領
1916	3 米軍、パンチョ・ビリャ軍追討でメキシコへ侵入。5 海兵隊、ドミニカのサント・ドミンゴに上陸。8 ジョーンズ法成立（フィリピン独立付与方針）。9 連邦児童労働法、アダムソン法（鉄道労働者の労働時間等）成立	ヒジャーズ地方で反トルコ反乱起こる。独、ロンドンへの空襲開始

西暦	アメリカ史	日本および世界
1869	5 大陸横断鉄道開通	スエズ運河開通
1870	2 黒人上院議員初当選	普仏戦争（～71）
1886	12 アメリカ労働総同盟（AFL）結成	
1887	2 ドーズ法制定（先住民に対する一般土地割当法）	1889年、大日本帝国憲法公布
1890	7 シャーマン反トラスト法成立（カルテル禁止等）。12 第7騎兵隊、サウスダコタのウーンデッド・ニーでスー族を虐殺。この年、連邦政府地理局「フロンティアの終焉」を宣言	1894年、朝鮮、東学党の乱。日清戦争（～95）。仏でドレフェス事件
1898	4 米西戦争（～12月）。7 ハワイ併合	
1899	9 ヘイ国務長官、第1次中国門戸開放通牒を発す（翌年7月第2次通牒）	中国で義和団の乱（～1900）。南アフリカ（ボーア）戦争（～02）
1901	9 マッキンレー大統領が暗殺され、セオドア・ローズヴェルト、大統領に就任	
1902	4 中国人移民禁止法成立	日英同盟調印
1903	1 米・コロンビア間でヘイ＝エラン条約調印、パナマ運河地帯の租借地権を規定。11 パナマ、コロンビアから独立。米、運河地帯を永久租借。12 ウィルバーとオーヴィルのライト兄弟、ノースカロライナ州のキティホークで世界初の有人動力飛行に成功	ベルギーでコンゴ・スキャンダル。英仏協商始まる
1904	5 パナマ運河建設開始（14年8月完成）。12 ローズヴェルト大統領、年次教書で「ローズヴェルト系論」を発表	日露戦争（～05）。英仏協商調印。伊でゼネスト
1905	7 世界産業労働者同盟（IWW）結成。8 ローズヴェルト大統領の調停により、ポーツマスで日露講和会議開催（9月調印）	第1次ロシア革命。アインシュタイン、特殊相対性理論を発表
1906	4 サンフランシスコ大地震。6 ヘップバーン法（鉄道規制の強化）成立。食肉検査法、純良食品・薬剤法制定	英仏伊3国間に協定調印。インドで外国品排斥等決議
1907	3 日米紳士協定成立（08年2月発効）。12 大	英仏露、三国協商成立

年 表

西暦	アメリカ史	日本および世界
1492	10 コロンブス、バハマ諸島に到着。1502年まで4回の航海	
1497	ジョン・カボット、英ヘンリー7世の勅許を受け北アメリカを探検（～98）	
1584	英のローリー卿、この年より4回にわたってノースカロライナのロアノーク島に植民者を派遣（～86）	1600年、英、東インド会社成立 1603年、江戸幕府開幕
1620	12 ピルグリム・ファーザーズ102名、メイフラワー号にてプリマスに上陸	1618年、独で三十年戦争（～48）
1630	6 マサチューセッツ湾会社総督ジョン・ウィンスロップ、1000名近くのピューリタンを率いてセーラムに到着	1644年、明、滅亡、清王朝成立
1754	6 フレンチ・インディアン戦争(～63年2月)	
1773	12 ボストン・ティーパーティ事件	
1775	4 対英独立戦争始まる	
1776	7 独立宣言公布	
1783	9 パリ講和条約調印、英、米の独立を承認	
1787	9 フィラデルフィア連邦憲法制定会議で憲法草案成立（翌88年6月発効）	
1789	3 第1回連邦議会開催。4 ジョージ・ワシントン、初代大統領に	フランス革命
1812	6 第2次米英戦争始まる（～14）	ナポレオン、露に遠征
1823	12 ジェームズ・モンロー大統領、年次教書演説で「モンロー宣言」	1825年、露でデカブリストの乱
1830	5 連邦政府、先住民に強制移住法施行	仏で七月革命
1846	4 対メキシコ戦争始まる（～48年2月）	1840年、アヘン戦争
1848	1 サクラメント渓谷で金を発見（翌49年、カリフォルニアでゴールドラッシュ）	仏で二月革命、独で三月革命
1861	2 南部6州、連邦を脱退。4 南北戦争始まる	露、農奴解放令
1865	4 南北戦争終結。12 憲法修正第13条（奴隷制廃止）発効	
1867	3 露からアラスカ地方を購入	1868年、明治維新

キャスパー・ワインバーガー　Caspar Willard Weinberger（1917～2006）　アメリカの政治家。ハーヴァード大学を卒業後、真珠湾攻撃直前に歩卒に志願。太平洋戦線で士官としてマッカーサー司令部の参謀本部に入る。1968年レーガン・カリフォルニア州知事のもとで州財政長官に就任。レーガン政権成立と共に81年国防長官に。レーガン政権が打ち出した「スター・ウォーズ計画」（戦略防衛構想SDI）の中心的推進者となる。イラン・コントラ事件に関与していたとして糾弾されるが、事件の真相解明を見ないまま、87年国防長官を自ら辞任。

ノーマン・シュウォルツコフ　Herbert Norman Schwarzkopf Jr.,（1934～2012）　アメリカの軍人。同名の父ノーマン・シュウォルツコフは、1953年イランのモサデク政権転覆を謀る米CIAのクーデター工作の責任者。ウェストポイント陸軍士官学校を卒業後、歩兵将校としてドイツに駐留。ヴェトナム戦争では南ヴェトナム軍の空挺部隊の軍事顧問、83年のグレナダ侵攻作戦の司令官代理を務める。91年湾岸戦争では「砂漠の嵐」作戦を指揮。

リチャード・ホルブルック　Richard Charles Albert Holbrooke（1941～2010）　アメリカの外交官。クリントン政権の国連大使。1962年ブラウン大学卒業後、国務省外交局に入局、66年までサイゴン（当時）の米大使館で国際協力担当の大使館員。帰国後ジョンソン大統領の下でヴェトナム問題担当外交チームの一員に。67年パリ和平会談アメリカ代表団の一員となり、「ペンタゴン・ペーパーズ」執筆にも参画。クリントン政権でドイツ駐在大使等を務めた後、95年ボスニア和平交渉アメリカ代表特使に就任、「デイトン和平条約」の締結にこぎつける。

W・H・オーデン　Wystan Hugh Auden（1907～73）　イギリスの詩人。パブリックスクールのグレシャム校在学中より詩作を始め、オクスフォード大学時代にはS・スペンダー、C・イシャーウッドらと「オーデン・グループ」を形成、新しい文学運動を唱導する。卒業後、ドイツへ遊学。帰国後、教員生活の傍ら詩集を発表。1934年、ナチス・ドイツから逃れさせるため、トーマス・マンの娘エリカと結婚。37年内戦中のスペインに義勇軍として参加、詩集『スペイン』を上梓。39年日中戦争視察の帰途、アメリカに立ち寄りそのまま移住。以後、72年にイギリスに戻るまでアメリカに留まる。73年ウィーンで客死。主な詩集に『演説家たち』『見よ、旅人よ』『新年の手紙』『クリオー賛歌』など。

戦後、陸海軍に分離していた航空部隊を空軍として一本化することを主張。1925年飛行船シェナンドー号墜落に際し、軍上層部の航空兵力の運用に対する無知による事故だと激しく非難するが、逆に軍紀違反として軍法会議にかけられ、停職５年の処分を受ける。翌年自ら退役。

ヘンリー・「ハップ」・アーノルド Henry Harley "Hap" Arnold（1886〜1950） 第二次世界大戦の米陸軍航空軍総司令官。1903年陸軍士官学校卒業。12年陸軍のパイロット第一号として陸軍通信隊に配属される。18年第一次世界大戦参戦のため渡仏を命じられるが、病気のため不参加。24年陸軍航空部長の参謀スタッフとなるも、ビリー・ミッチェルの反逆罪に連座し左遷。軍復帰後はアラスカの軍事的利用に関する調査飛行の功績等、航空隊の増強、航空機開発に尽力。第二次大戦終結直後、陸軍航空軍の総司令官を最後に退役。

カーティス・ルメイ Curtis Emerson LeMay（1906〜90） 第二次世界大戦時の軍人。無差別戦略爆撃の立案者。パイロットの資格を得て、1937年陸軍爆撃隊に転属。第二次大戦開戦当初は大尉。その後中佐に昇任し、渡英。第８航空軍の一員としてドイツ空爆を指揮。44年少将に。第20爆撃兵団司令官として東南アジアや北九州の日本の軍事施設への爆撃を指揮した後、グアムの第21爆撃兵団司令官に。従来の高々度からの精密爆撃から低空からの無差別爆撃へと転じ、東京大空襲をはじめ、日本本土爆撃の総指揮を執る。戦後は、日本の自衛隊の戦術指揮を行い、その功績により64年勲一等旭日大綬章を受章。しかし、東京大空襲の指揮官への叙勲には日本国内で反対の声も多かった。

コリン・パウエル Colin Luther Powell（1937〜） アメリカの軍人・政治家。湾岸戦争時の統合参謀本部議長。両親はジャマイカからの移民。ニューヨーク市立大学に入学、同校の予備役将校訓練課程を経て陸軍に入隊。朝鮮戦争、ヴェトナム戦争に従軍した後、国防総省に勤務。カーター政権で国防長官付軍事副補佐官、レーガン政権で国家安全保障担当大統領補佐官、ジョージ・H・W・ブッシュ政権では史上最年少の統合参謀本部議長に就任、湾岸戦争の指揮を執る。2001年アフリカ系アメリカ人として初めての国務長官に。03年の国連安保理でイラクが大量破壊兵器を所持しているとの「パウエル報告」を行ったが、06年、米上院は大量破壊兵器はなかったと結論した。

主要人物略伝

ウィルバー&オーヴィル・ライト Wilbur Wright（1867〜1912）& Orville Wright（1871〜1948） 史上初の有人動力飛行に成功した発明家兄弟。兄弟は、地元のオハイオ州デイトンで自転車屋を開業の傍ら1900年から飛行実験を行い、03年12月17日ノースカロライナ州キティホークでガソリンエンジン付きのフライヤー号が飛行に成功。その後、飛行時間、高度の新記録を更新、2人乗りにも成功するが、12年兄のウィルバーがチフスに罹り死亡（45歳）。15年にはオーヴィルも特許権を売却し航空事業から手を引き、以後48年の死まで静かな余生を送った。

ヴァージニア・ウルフ Virginia Adeline Woolf（1882〜1941） イギリスの小説家。父はヴィクトリア朝の著名な文人レズリー・スティーヴン。13歳の時母が死亡、強度の神経症に罹り、以後終生の宿痾となる。父の死後、ブルームズベリーに移住、そこで兄トビーの学友と交流を深め、L・ストレイチー、J・M・ケインズなどと共に〈ブルームズベリー・グループ〉を形成。1912年レナード・ウルフと結婚。15年処女作『船出』を刊行、19年には長篇『夜と昼』を発表、注目を集める。25年の『ダロウェイ夫人』は第一次世界大戦の「シェル・ショック」に苦しむ若者を登場させ、当時の社会を批評的に描く。以後、『燈台へ』『オーランドー』など名作を生むが、41年、戦争の不安に駆られるように、ウーズ川に入水。

アルフレッド・マハン Alfred Thayer Mahan（1840〜1914） アメリカの海軍軍人。アナポリスの海軍士官学校を卒業後、同校の教官などを務める。1885年新設の海軍大学の海軍史・海軍戦略の教官となり、翌年には校長に就任。同校での講義をもとに、90年『海上権力史論』を上梓。「制海権（シー・パワー）」概念の理論的確立をなし、洋上制圧の知見を論理的に構築された世界観を体系化して、高い評価を受ける。98年の米西戦争時には海軍作戦部に勤務、翌99年の第１回ハーグ平和会議に、アメリカ代表団顧問として参加。

ウィリアム・「ビリー」・ミッチェル William"Billy"Mitchell（1879〜1936） アメリカの陸軍軍人。フランスのニース生まれ。1898年米西戦争勃発と共に義勇部隊に志願、陸軍通信隊に転じて士官に。航空学校で飛行技術を修得し、第一次世界大戦時には陸軍航空班副司令官として活躍。

〈ワ行〉

〈ヤ行〉

〈ラ行〉

〈マ行〉

〈ナ行〉

〈ハ行〉

〈タ行〉

〈サ行〉

〈カ行〉

索 引

頻出する用語は、主要な記載のあるページを示した。
＊を付した語は、巻末の「主要人物略伝」に項目がある。

〈ア行〉

本書の原本は、二〇〇六年一一月、「興亡の世界史」第19巻として小社より刊行されました。文庫化にあたり「補章」等を加筆しました。

生井英考（いくい　えいこう）

1954年生まれ。慶應義塾大学文学部卒業。共立女子大学教授などを経て，現在，立教大学社会学部教授。専門は視覚文化論，アメリカ研究。著書に『ジャングル・クルーズにうってつけの日』『負けた戦争の記憶』ほか。訳書に『カチアートを追跡して』（ティム・オブライエン著），『アメリカ写真を読む』（アラン・トラクテンバーグ著，共訳）ほか。

講談社学術文庫

定価はカバーに表示してあります。

興亡の世界史

空《そら》の帝国《ていこく》 アメリカの20世紀《せいき》

生井《いくい》英考《えいこう》

2018年12月10日　第１刷発行

発行者　渡瀬昌彦

発行所　株式会社講談社

東京都文京区音羽2-12-21　〒112-8001

電話　編集（03）5395-3512

販売（03）5395-4415

業務（03）5395-3615

装　幀　蟹江征治

印　刷　大日本印刷株式会社

製　本　株式会社国宝社

ISBN978-4-06-514093-2

「講談社学術文庫」の刊行に当たって

これは、学術をポケットに入れることをモットーとして生まれた文庫である。学術は少年の心を養い、成年の心を満たす。その学術がポケットにはいる形で、万人のものになることは、生涯教育をうたう現代の理想である。

こうした考え方は、学術を巨大な城のように見る世間の常識に反するかもしれない。また、一部の人たちからは、学術の権威をおとすものと非難されるかもしれない。しかし、それはいずれも学術の新しい在り方を解しないものといわざるをえない。

学術は、まず魔術への挑戦から始まった。やがて、いわゆる常識をつぎつぎに改めていった。学術の権威は、幾百年、幾千年にわたる、苦しい戦いの成果である。こうしてきずきあげられた城が、一見して近づきがたいものにうつるのは、そのためである。しかし、学術の権威を、その形の上だけで判断してはならない。その生成のあとをかえりみれば、その根は常に人々の生活の中にあった。学術が大きな力たりうるのはそのためであって、生活をはなれた学術は、どこにもない。

開かれた社会といわれる現代にとって、これはまったく自明である。生活と学術との間に、もし距離があるとすれば、何をおいてもこれを埋めねばならない。もしこの距離が形の上の迷信からきているとすれば、その迷信をうち破らねばならぬ。

学術文庫は、内外の迷信を打破し、学術のために新しい天地をひらく意図をもって生まれた。文庫という小さい形と、学術という壮大な城とが、完全に両立するためには、なおいくらかの時を必要とするであろう。しかし、学術をポケットにした社会が、人間の生活にとってより豊かな社会であることは、たしかである。そうした社会の実現のために、文庫の世界に新しいジャンルを加えることができれば幸いである。

一九七六年六月

野間省一

十二世紀ルネサンス
伊東俊太郎著（解説・三浦伸夫）
中世の真っ只中、閉ざされた一文化圏であったヨーロッパが突如として「離陸」を開始する十二世紀。多くの書がラテン訳され充実する知的基盤。先進的アラビアに接し文明形態を一新していく歴史の動態を探る。
1780

紫禁城の栄光　明・清全史
岡田英弘・神田信夫・松村　潤著
十四～十九世紀、東アジアに君臨した二つの帝国。遊牧帝国と農耕帝国の合体が生んだ巨大な多民族国家・中国。政治改革、広範な交易網、度重なる戦争……。シナが中国へと発展する四百五十年の歴史を活写する。
1784

文明の十字路＝中央アジアの歴史
岩村　忍著
ヨーロッパ、インド、中国、中東の文明圏の間に生きた中央アジアの民。東から絹を西から黄金を運んだシルクロード。世界の屋根に分断されたトルキスタン。草原の民とオアシスの民がくり広げた壮大な歴史とは？
1803

生き残った帝国ビザンティン
井上浩一著
興亡を繰り返すヨーロッパとアジアの境界、「文明の十字路」にあって、なぜ一千年以上も存続しえたか。皇帝・貴族・知識人は変化にどう対応したか。ローマ皇帝の改宗から帝都陥落まで「奇跡の一千年」を活写。
1866

英語の冒険
M・ブラッグ著／三川基好訳
英語はどこから来てどのように世界一五億人の言語となったのか。一五〇〇年前、一五万人の話者しかいなかった英語の祖先は絶滅の危機を越えイングランドの言葉から「共通語」へと大発展。その波瀾万丈の歴史。
1869

中世ヨーロッパの農村の生活
J・ギース、F・ギース著／青島淑子訳
中世ヨーロッパ全人口の九割以上は農村に生きた。舞台はイングランドの農村。飢饉や黒死病、修道院解散や囲い込みに苦しむ人々は、村という共同体でどう生き抜いたか。文字記録と考古学的発見から描き出す。
1874

外国の歴史・地理

竹内弘行著
十八史略
神話伝説の時代から南宋滅亡までの中国の歴史を一冊に集約。韓信、諸葛孔明、関羽ら多彩な人物が躍動し、権謀術数は飛び交い、織りなされる悲喜劇――。簡潔な記述で面白さ抜群、中国理解のための必読書。
1899

浜林正夫著
世界史再入門 歴史のながれと日本の位置を見直す
生産力を発展させ、自由・平等を求めてきた人類の歴史を、特定の地域に偏らない普遍的視点から捉える。教科書や全集では摑めなかった世界史の大きな流れを概説し、現代世界の課題にも言及する画期的な試み。
1927

鹿島　茂著
ナポレオン フーシェ タレーラン 情念戦争1789―1815
「熱狂情念」のナポレオン、「陰謀情念」の警察大臣フーシェ、「移り気情念」の外務大臣タレーラン。情念史観の立場から、交錯する三つ巴の心理戦と歴史事実の関連を読み解き、熱狂と混乱の時代を活写する。
1959

山上正太郎著（解説・池上　彰）
第一次世界大戦 忘れられた戦争
「戦争と革命の世紀」はいかにして幕を開けたか。交錯する列強各国の野望、暴発するナショナリズム、ボリシェヴィズムの脅威とアメリカの台頭……「現代世界の起点」を、指導者たちの動向を軸に鮮やかに描く。
1976

杉山正明著
クビライの挑戦 モンゴルによる世界史の大転回
チンギス・カンの孫、クビライが構想した世界国家と経済のシステムとは？「元寇」や「タタルのくびき」など「野蛮な破壊者」というモンゴルのイメージを覆し、西欧中心・中華中心の歴史観を超える新たな世界史像を描く。
2009

鹿島　茂著
怪帝ナポレオン三世 第二帝政全史
ナポレオン三世は、本当に間抜けなのか？偉大な皇帝ナポレオンの凡庸な甥が、陰謀とクー・デタで権力を握っただけという紋切り型では、この摩訶不思議な人物の全貌は摑みきれない。謎多き皇帝の圧巻の大評伝！
2017

A・J・P・テイラー著／吉田輝夫訳
第二次世界大戦の起源
「ヒトラーが起こした戦争」という「定説」に真っ向から挑戦して激しい論争を呼び、研究の流れを変えた名著。「ドイツ問題」をめぐる国際政治交渉の「過ち」とは。大戦勃発に至るまでの緊迫のプロセスを解明する。

2032

山内　進著（解説・松森奈津子）
北の十字軍　「ヨーロッパ」の北方拡大
「ヨーロッパ」の形成と拡大、その理念と矛盾とは何か？　中世、ヨーロッパ北方をめざしたもう一つの十字軍が聖戦の名の下、異教徒根絶を図る残虐行為に現代世界の歴史的理解を探る。サントリー学芸賞受賞作。

2033

エウジェニア・サルツァ＝プリーナ・リコッティ著／武谷なおみ訳
古代ローマの饗宴
カトー、アントニウス……美食の大帝国で人々は何を食べ、飲んでいたのか？　贅を尽くした晩餐から、農夫の質実剛健な食生活まで、二千年前に未曾有の繁栄を謳歌した帝国の食を探る。当時のレシピも併録。

2051

佐藤次高著
イスラームの「英雄」サラディン　十字軍と戦った男
十字軍との覇権争いに終止符を打ち、聖地エルサレムを奪還した「アラブ騎士道の体現者」の実像とは？　ヨーロッパにおいても畏敬の念をもって描かれた英雄の、人間としての姿に迫った日本初の本格的伝記。

2083

阿部謹也著
西洋中世の罪と罰　亡霊の社会史
個人とは？　国家とは？　罪とは？　罰とは？　キリスト教と「贖罪規定書」と告解の浸透……。「真実の告白が、権力による個人形成の核心となる」（M・フーコー）過程を探り、西欧的精神構造の根源を解明する。

2103

若桑みどり著
フィレンツェ
ダ・ヴィンチやミケランジェロ、ボッティチェッリら、天才たちの名と共にルネサンスの栄光に輝く都市。その起源からメディチ家の盛衰、現代まで、市民の手で守り抜かれた「花の都」の歴史と芸術。写真約二七〇点。

2117

外国の歴史・地理

大聖堂・製鉄・水車 中世ヨーロッパのテクノロジー
J・ギース、F・ギース著／栗原　泉訳
「暗闇の中世」は、実は技術革新の時代だった！　建築・武器・農具から織機・印刷まで、直観を働かせ、失敗と挑戦を繰り返した職人や聖職者、企業家や芸術家たちが世界を変えた。モノの変遷から描く西洋中世。
2146

悪魔の話
池内　紀著
ヨーロッパ人をとらえつづけた想念の歴史。彼らの不安と恐怖が造り出した「悪魔」観念はやがて魔女狩りという巨大な悲劇を招く。現代にも忍び寄る、あの悪夢を想起しないではいられない決定版・悪魔学入門。
2154

ヴェネツィア 東西ヨーロッパのかなめ　1081～1797
ウィリアム・H・マクニール著／清水廣一郎訳
ベストセラー『世界史』の著者のもうひとつの代表作。十字軍の時代からナポレオンによる崩壊まで、軍事・造船・行政の技術や商業資本の蓄積に着目し、地中海最強の都市国家の盛衰と、文化の相互作用を描き出す。
2192

イザベラ・バード 旅に生きた英国婦人
パット・バー著／小野崎晶裕訳
日本、チベット、ペルシア、モロッコ……。外国人が足を運ばなかった未開の奥地まで旅した十九世紀後半の最も著名なイギリス人女性旅行家。その幼少期から異国での苦闘、晩婚後の報われぬ日々まで激動の生涯。
2200

ローマ五賢帝「輝ける世紀」の虚像と実像
南川高志著
賢帝ハドリアヌスは、同時代の人々には恐るべき「暴君」だった！「人類が最も幸福だった」とされるローマ帝国最盛期は、激しい権力抗争の時代でもあった。平和と安定の陰に隠された暗闘を史料から解き明かす。
2215

イギリス　繁栄のあとさき
川北　稔著
今日英国から学ぶべきは、衰退の中身である――。産業革命を支えたカリブ海の砂糖プランテーション。資本主義を担ったジェントルマンの非合理性……。世界システム論を日本に紹介した碩学が解く大英帝国史。
2224

《講談社学術文庫　既刊より》

外国の歴史・地理

本村凌二著
愛欲のローマ史　変貌する社会の底流

カエサルは妻に愛をささやいたか？　古代ローマ人の愛と性のかたちを描き、その内なる心性と歴史の深層をとらえる社会史の試み。性愛と家族をめぐる意識の変化は、やがてキリスト教大発展の土壌を築いていく。

2235

笈川博一著
古代エジプト　失われた世界の解読

二七〇〇年余り、三十一王朝の歴史を繙く。ヒエログリフ（神聖文字）などの古代文字を読み解き、『死者の書』から行政文書まで、資料を駆使して、宗教、死生観、言語と文字、文化を概観する。概説書の決定版！

2255

篠田雄次郎著
テンプル騎士団

騎士にして修道士。東西交流の媒介者。王家をも経済的に支える財務機関。国民国家や軍隊、多国籍企業の源流として後世に影響を与えた最大・最強・最富の軍事的修道会の謎と実像に文化社会学の視点から迫る。

2271

ロベール・ド・ボロン著／横山安由美訳・解説
西洋中世奇譚集成　魔術師マーリン

神から未来の知を、悪魔から過去の知を授かった神童マーリン。やがてその力をもって彼はブリテンの王家三代を動かし、ついにはアーサーを戴冠へと導く。波乱万丈の物語にして中世ロマンの金字塔、本邦初訳！

2304

橋場　弦著
民主主義の源流　古代アテネの実験

民主政とはひとつの生活様式だった。時に理想視され、時に衆愚政として否定された「参加と責任のシステム」の実態を描く。史上初めて「民主主義」を生んだ古代アテナイの人びとの壮大な実験と試行錯誤が胸をうつ。

2345

森谷公俊著
興亡の世界史　アレクサンドロスの征服と神話

奇跡の大帝国を築いた大王の野望と遺産。一〇年でギリシアとペルシアにまたがる版図を実現できたのはなぜか。どうして死後に帝国がすぐ分裂したのか。栄光と挫折の生涯から、ヘレニズム世界の歴史を問い直す。

2350

外国の歴史・地理

森安孝夫著
興亡の世界史　シルクロードと唐帝国
従来のシルクロード観を覆し、われわれの歴史意識をゆさぶる話題作。突厥、ウイグル、チベットなど諸民族の入り乱れる舞台で大役を演じて姿を消した「ソグド人」とは何者か。唐は本当に漢民族の王朝なのか。

2351

杉山正明著
興亡の世界史　モンゴル帝国と長いその後
チンギス家の「血の権威」、超域帝国の残影はユーラシア各地に継承され、二〇世紀にいたるまで各地に息づいていた！　「モンゴル時代」を人類史上最大の画期とする、日本から発信する「新たな世界史像」を提示。

2352

林　佳世子著
興亡の世界史　オスマン帝国500年の平和
中東・バルカンに長い安定を実現した大帝国。その実態は「トルコ人」による「イスラム帝国」だったのか。スルタンの下、多民族・多宗教を包みこんだメカニズムを探り、イスタンブルに花開いた文化に光をあてる。

2353

姜尚中《カンサンジュン》・玄武岩《ヒョンムアン》著
興亡の世界史　大日本・満州帝国の遺産
岸信介と朴正熙。二人は大日本帝国の「生命線」たる満州の地で権力を支える人脈を築き、戦後の日本と韓国の枠組みを作りあげた。その足跡をたどり、蜃気楼のように栄えて消えた満州国の虚実と遺産を問い直す。

2354

カルピニ、ルブルク著／護　雅夫訳
中央アジア・蒙古旅行記
一三世紀中頃、ヨーロッパから「地獄の住人」の地へとユーラシア乾燥帯を苦難と危険を道連れに歩みゆく修道士たち。モンゴル帝国で彼らは何を見、どんな宗教や風俗に触れたのか。東西交流史の一級史料。

2374

土肥恒之著
興亡の世界史　ロシア・ロマノフ王朝の大地
欧州とアジアの間で、皇帝たちは揺れ続けた。民衆の期待に応えて「よきツァーリ」たらんとしたロマノフ家の群像と、その継承国家・ソ連邦の七十四年間を描く。暗殺と謀略、テロと革命に彩られた権力のドラマ。

2386

栗田伸子・佐藤育子著
興亡の世界史　通商国家カルタゴ

前二千年紀、東地中海沿岸に次々と商業都市を建設したフェニキア人は、北アフリカにカルタゴを建国する。ローマが最も恐れた古代地中海の覇者は、歴史に何を残したか？　日本人研究者による、初の本格的通史。

2387

小杉　泰著
興亡の世界史　イスラーム帝国のジハード

七世紀のムハンマド以来、イスラーム共同体は後継者たちの大征服でアラビア半島の外に拡大、わずか一世紀で広大な帝国を築く。多民族、多人種、多文化の人々を包摂、宗教も融和する知恵が実現した歴史の奇跡。

2388

原　聖著
興亡の世界史　ケルトの水脈

ローマ文明やキリスト教に覆われる以前、ヨーロッパ文化の基層をなしたケルト人は、どこへ消えたのか？巨石遺跡からアーサー王伝説、フリーメーソン、ナチス、現代の「ケルト復興」まで「幻の民」の伝承を追う。

2389

林　俊雄著
興亡の世界史　スキタイと匈奴　遊牧の文明

前七世紀前半、カフカス・黒海北方に現れたスキタイ。前三世紀末、モンゴル高原に興った匈奴。ユーラシアの東西で草原に国家を築き、独自の文明を創出した騎馬遊牧民は、定住農耕社会にとって常に脅威だった！

2390

氣賀澤《けがさわ》保規《やすのり》著（解説・上野　誠）
則天武后

猛女、烈女、女傑、姦婦、悪女……。その女性は何者か？　大唐帝国繁栄の礎を築いた、中国史上唯一の女帝、その冷徹にして情熱的な生涯と激動の時代を、学術的知見に基づいて平明かつ鮮やかに描き出す快著。

2395

下斗米《しもとまい》伸夫《のぶお》著
ソビエト連邦史　1917－1991

共産党が所有する国家＝ソビエト連邦の誕生と崩壊は二十世紀最大の政治事件であった。革命、権力闘争、陰謀、粛清、虐殺。新出の史資料を読み解き、社会主義国家建設という未曾有の実験の栄光と悲惨を描く。

2415

外国の歴史・地理

松本宣郎著
ガリラヤからローマへ 地中海世界をかえたキリスト教徒

帝国の辺境からあらわれた奇妙な集団。それがキリスト教徒だった。いかがわしく忌まわしい存在とされた彼らは迫害を乗り越え、どのようにして社会をかえていったのか。世界宗教へと飛躍する、一歩手前の物語。

2426

フランシス・ギース著／椎野　淳訳
中世ヨーロッパの騎士

十字軍、吟遊詩人、アーサー王物語、そしてドン・キホーテ……。豪壮な城での華麗な騎馬試合、孤独な諸国遍歴。王の信頼を争いつつも強い連帯意識で結ばれていた馬上の戦士たち。その栄光の時代と黄昏を描く。

2428

澁谷《しぶたに》由里著
馬賊の「満洲」 張作霖《ちょうさくりん》と近代中国

馬賊から軍閥、そして元帥へ――。虚飾にとらわれた張作霖像を解体し、中国社会が包含する多様性にねざす地域政権と自治組織の真実を描く。近代へと歩を進める中国と日中関係史を鮮やかに描き出した意欲的作。

2434

マルク・ブロック著／髙橋清德訳
比較史の方法

歴史学に革命を起こした「アナール派」の創始者による記念碑的講演。人はなぜ歴史を学ぶのか？　そして、歴史から何を知ることができるのか？　根本的な問いを平易に説いた名著を全面改訂を経た決定版で読む。

2437

長澤和俊著
世界探検史

太古の人々の移動から、アレクサンドロスの東征、ヨーロッパによる「地理上の発見」、二十世紀の極地探検まで、古今東西の探検家を網羅し、人類の歩みを通観するユニークな世界史。壮大なロマンと情熱のドラマ。

2438

チャールズ・H・ハスキンズ著／別宮貞徳・朝倉文市訳
十二世紀のルネサンス ヨーロッパの目覚め

ローマ古典の再発見、新しい法学、アラビアの先進知識との遭遇、大学の誕生――イタリア・ルネサンス以前、中世の西欧ではすでに知的復興が行われていた！　世界史の常識を覆し、今も指標とされる不朽の名著。

2444